LÉONCE JANMART DE BROUILLANT

DE LA SOCIÉTÉ DE L'HISTOIRE DE FRANCE

L'État de la Liberté de la Presse

EN FRANCE

AUX XVIIe ET XVIIIe SIÈCLES

HISTOIRE

DE

Pierre du Marteau

IMPRIMEUR A COLOGNE

(XVIIe ET XVIIIe SIÈCLES)

*Ouvrage dédié à MM. les Membres de l'Académie des Inscriptions
et Belles-Lettres de France.*

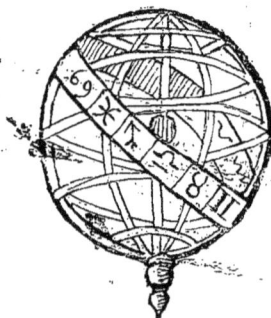

PARIS

MAISON QUANTIN

COMPAGNIE GÉNÉRALE D'IMPRESSION ET D'ÉDITION

7, rue Saint-Benoît, 7

1888

1999

Cette édition de l'histoire de PIERRE DU MARTEAU a été tirée à
5oo exemplaires numérotés sur papier de Hollande, et 10 exemplaires
sur papier impérial du Japon, avec 2 suites des planches.

————————

HISTOIRE

DE L'IMPRIMEUR

PIERRE DU MARTEAU

LÉONCE JANMART DE BROUILLANT

LA LIBERTÉ DE LA PRESSE EN FRANCE
AUX XVIIe ET XVIIIe SIÈCLES

HISTOIRE
DE
PIERRE DU MARTEAU

IMPRIMEUR A COLOGNE

(XVIIe-XVIIIe SIÈCLES)

suivie d'une

NOTICE D'UN LIVRE

intitulé :

Histoire || des amours || dv || Grand Alcandre ||
en laqvelle sovs des noms || empruntez, se lisent les advantures amoureuses ||
d'un grand Prince du dernier siècle. ||
A Paris || de l'Imprimerie de la veusve Jean Guillemot ||
Imprimeuse ordinaire de son Altesse royale,
rue des || Marmouzets proche de la Magdelaine || M DC LII. ||

Ouvrage dédié à Messieurs les Membres de l'Académie des Inscriptions et Belles-Lettres de France

PAR

LÉONCE JANMART DE BROUILLANT

De la Société de l'Histoire de France,
Membre titulaire correspondant de la Société des Études historiques de France,
Membre des Sociétés des Bibliophiles de Belgique et de Liège,
Des Sociétés d'Archéologie de Bruxelles et d'Anthropologie de Bruxelles,
De la Société belge de Géologie, de Paléontologie et d'Hydrologie, etc., etc.

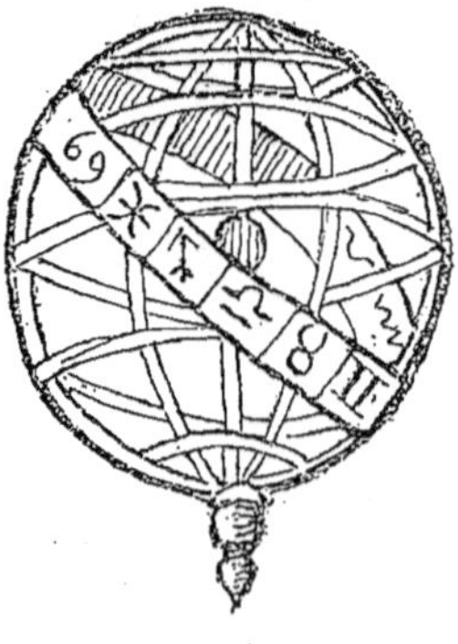

Sphère qui se trouve sur le frontispice de l'Edition originale des célèbres Mémoires || de || Mr d'Artagnan, || capitaine-lieutenant de la première || compagnie des Mousquetaires du Roi, || contenant quantité de choses || particulières et secrètes || qui se sont passées sous le règne de || Louis le Grand. ||
A Cologne || chez Pierre Marteau || M DCC || in-12. Bibl. de l'Auteur.

PARIS
MAISON QUANTIN
COMPAGNIE GÉNÉRALE D'IMPRESSION ET D'ÉDITION
7, rue Saint-Benoît, 7

M DCCC LXXXVIII

A MESSIEURS LES MEMBRES

DE

L'ACADÉMIE DES INSCRIPTIONS ET BELLES-LETTRES DE FRANCE

C'est à vous, Messieurs, arbitres de la critique et de l'érudition appliquées à l'archéologie et à l'histoire, qui êtes animés d'un profond amour pour les lettres et les spéculations de la pensée, que nous avons l'extrême honneur de dédier ce livre.

L'histoire de l'imprimeur Pierre du Marteau, Messieurs, est à ce point intimement liée à l'histoire de France, durant le XVIIe et le XVIIIe siècle, les productions imprimées sous son nom sont d'un intérêt si supérieur et d'un si immense secours pour ceux qui veulent avoir une connaissance approfondie du règne de Louis XIV, que nous n'avons pu songer un seul instant à ne pas l'adresser à l'Académie des Inscriptions et Belles-Lettres de France, qui jouit d'une renommée universelle, acquise par les précieux Mémoires concernant l'histoire de France que publient les savants illustres qu'elle comprend dans son sein.

Nous savons mieux que personne, Messieurs, le peu que nous vous offrons; nous osons cependant espérer que vous excuserez le dessein hardi qui nous a poussé à vous faire hommage de notre livre, en voulant bien vous persuader que nous n'avons rien négligé pour qu'il fût aussi complet que possible malgré les grandes difficultés que nous avons rencontrées pour sa rédaction, et en ayant l'excessive complaisance, Messieurs, de voir dans cette dédicace un témoignage de notre plus haute déférence pour vous.

LÉONCE JANMART DE BROUILLANT.

HISTOIRE

DE

PIERRE DU MARTEAU

————

I

BIOGRAPHIE [1]

Quærite et invenietis.

Si vous vous étonniez, lecteur, de ne point trouver de
Préface en tête de ce livre, ce serait à Locke qu'il faudrait
vous en prendre.

« Il est fort inutile, écrit ce savant, que l'auteur défende,
dans sa préface, le livre qui ne répond pas pour lui-même
devant le public. »

Locke, à notre avis, a parfaitement raison; aussi nous
sommes-nous empressé de suivre son conseil.

Il n'est point de question, disons-nous, qui ait eu le
talent de piquer davantage la curiosité des bibliophiles,
d'être l'objet de recherches plus ardentes de la part des
bibliographes et des savants, que celle de savoir s'il existait

---

1. Cette première partie a paru dans *le Livre,* Revue du monde
littéraire. 7ᵉ année, 10ᵉ livraison.

au xvii⁰ siècle, à Cologne, un imprimeur du nom de Pierre du Marteau.

Cette singulière question a donné lieu aux réponses les plus divergentes. Nous pouvons ramener les opinions émises par les bibliographes à trois groupes.

Le premier groupe affirme l'existence de Pierre du Marteau.

Le second groupe, représenté par un savant allemand, ne se prononce ni pour ni contre son existence.

Enfin, le troisième groupe nie son existence.

PREMIER GROUPE

Ce groupe affirme son existence.

Le rédacteur du catalogue des livres de la bibliothèque de MM. Deville et Dufour (Paris, Bohaire, 1831) écrit au n⁰ 327 :

« En 1696, *Pierre Marteau* fit reparaître l'ouvrage :

« *Julien l'Apostat* ou *Abrégé de sa vie avec une comparaison du papisme et du paganisme,* traduit de l'anglais. 1688, 1 vol. pet. in-12, sous le titre nouveau de :

« *La Peste du genre humain* ou *la Vie de l'apostat,* mise en parallèle avec celle de Louis XIV. »

Dans *les Recherches historiques, généalogiques et bibliographiques sur les Elzevier* (Bruxelles, 1847, gr. in-8⁰), par A. de Reume, on lit à la page 60 :

« *Un certain Pierre du Marteau* a imprimé en 1671, à Cologne, pour Daniel Elzevier :

« Les dialogues où les fables les plus anciennes de

l'antiquité sont expliquées d'une manière fort agréable. »

M. Paulin Paris, dans une notice[1] sur deux romans anecdotiques : *les Amours d'Alcandre* et *les Adventures de la cour de Perse*, écrit :

« M. Brunet, notre loi vivante, ne paraît pas le moins du monde avoir connu l'édition de *l'Histoire des Amours d'Alcandre*, in-4° de 1651, et ceux qui en ont parlé l'ont fait uniquement d'après le faux titre de *Pierre du Marteau*. Je crois donc à l'erreur de *Pierre du Marteau; il aura mal daté* l'édition unique et rarissime de la veuve Guillemot. »

On lit dans *le Palais Mazarin et les grandes habitations de ville et de campagne au* XVIIe *siècle,* par le comte de Laborde, membre de l'Institut et de la Chambre des députés (Paris, Franck, 1846), page 362, note 558 ·

« On a vu (note 552) la duchesse Mazarin dicter ses souvenirs à Saint-Réal qui les livra à l'impression Ils eurent un grand succès et les contrefaçons de Hollande profitèrent assez aux imprimeurs pour donner l'idée à *l'un d'eux* de doubler la dose en publiant pour pendant *les Mémoires de Marie Mancini*. Cet ouvrage supposé parut *en 1676, à Cologne, chez le même Pierre Marteau,* et sous ce titre qui porte la sphère : *les Mémoires de M. L. P. M. M.* (Mme la princesse Marie Mancini) Colonne, G. Connétable du royaume de Naples. *Le libraire* met en tête de cet avertissement au lecteur : Voicy, cher lecteur, les Mémoires de Mme la princesse Marie Mancini Colonne, que je donne à ta curiosité pour marque de l'obligation que je t'ay d'avoir

---

1. *Bulletin du bibliophile,* de J. Techener, 1852, 10e série, p. 812 et suivantes.

eu la bonté d'agréer celles de la duchesse Mazarine, sa
sœur. Je me veux flatter de croire que tu m'en sauras bon
gré, et que tu auras la mesme bonté pour celles-ci : et cela
estant je te promets aussi celles de Mme la D. de B. dans peu
de temps. Agrée donc celles-cy, si tu désires les autres, que
je te promets. Le tout est traduit de l'italien. »

DEUXIÈME GROUPE

Ce groupe admet la possibilité de son existence, mais
avec le tempérament de l'impuissance de la prouver.

M. Émile Weller, dans l'introduction de son ouvrage :
Die falschen und fingirten druchkorte, écrit :

« Es is wohl moglich, dass einmal ein Setzer dieses Na-
mens « Pierre du Marteau » existirt hat; mit bestimmtheit
lasst es nicht sagen. »

TROISIÈME GROUPE

Ce groupe nie son existence.

Nous lisons dans un article non signé, inséré dans le
Bulletin du bibliophile, de J. Techener [1] :

« Je crois qu'un homme d'esprit qui consacrerait quelques moments à des recherches sur la fausse géographie
bibliographique y trouverait matière à quelques rapproche-
ments piquants et curieux. Les livres énoncés avec fausse
indication de l'endroit où ils sont imprimés sont presque

---

1. *Bulletin du bibliophile,* de J. Techener, 1838, 3e série, Bull.
n^e 3, p. 117 et suivantes.

tous condamnés ou dignes de l'être, et malheureusement, ce ne sont pas ceux-là que déteste plus d'un lecteur et qui dorment sans espoir chez le libraire.

« Un esprit méthodique pourrait s'amuser à la diviser en quatre classes :

« La première comprendrait les ouvrages imprimés dans les endroits imaginaires.

« Dans la seconde classe nous mettrions les livres indiqués comme imprimés dans les pays qui existent sur la carte, mais qui n'ont encore ni Elzevier ni Didot.

« La troisième classe offrirait les livres qui portent l'indication d'une ville d'Europe, mais dont la supposition est évidente : qui ne connaît Cologne, où « Pierre Marteau », ses héritiers, son gendre, Adrien l'Enclume, ses acolytes, Jacques ou Louis le Sincère, Robert le Turc, Jean le Blanc, F. Revels, etc., étaient censés reproduire à profusion tant de libelles.

« La quatrième classe se composerait des ouvrages peu nombreux que leur frontispice annonce comme publiés : A cent lieues de la Bastille : Partout et Nulle Part, etc. »

M. P.-Gustave Brunet, dans son livre *Imprimeurs imaginaires et Libraires supposés,* étude bibliographique, suivie de Recherches sur quelques ouvrages imprimés avec des indications fictives de lieux ou avec des dates singulières (Paris, Jouaust, 1866), s'exprime ainsi :

« On remarquera la quantité de livres qui furent attribués aux presses de « Pierre Marteau », de Cologne. Pendant un siècle, ce nom figura au frontispice des volumes condamnés ou condamnables : satires, livres philosophiques, romans licencieux, poésies badines. Il n'est aucun typographe imaginaire dont le nom ait été aussi souvent employé.

« Pendant la seconde moitié du règne de Louis XIV surtout, les presses de Hollande multiplièrent les écrits politiques, les libelles, les satires dont on lui impose la responsabilité. Il est permis de supposer que c'était une étiquette qui aux yeux de certains amateurs recommandait une marchandise épicée. »

M. Émile Picot, dans sa *Bibliographie Cornélienne* ou *Description raisonnée de toutes les éditions des œuvres de Pierre Corneille,* inscrit Pierre du Marteau à la table des imprimeurs et libraires sous la rubrique : *Imprimeurs et Libraires imaginaires.*

M. J.-Ch. Brunet, l'auteur du célèbre *Manuel du libraire et de l'amateur de livres,* dans une note sur un ouvrage intitulé :

Les Amours d'Anne d'Autriche, épouse de Louis XIII, avec le C. d. R. le véritable père de Louis XIV aujourd'huy Roy de France.

A Cologne, chez Pierre Marteau, 1663, pet. in-12,

écrivait :

« D'après le témoignage d'un petit catalogue qui, sous le titre d'*Avis du libraire,* occupe un feuillet séparé à la fin d'une partie des exemplaires du pamphlet intitulé : *Confession réciproque*[1], *les Amours d'Anne d'Au-*

---

1. *La Confession réciproque,* ou Dialogue du temps entre Louis XIV et le père Lachaise, son confesseur. A Cologne, chez Pierre du Marteau, 1694; petit in-12.

triche[1] seraient l'ouvrage d'un certain Pierre le Noble, lequel aurait aussi composé plusieurs autres pièces du même genre; mais comme le catalogue cité est évidemment une plaisanterie du libraire, nous regardons le nom de Pierre le Noble comme aussi peu sérieux que celui de Pierre Marteau qu'a pris ce même libraire pour donner le change au lecteur. »

M. Charles Pieters, dans ses *Annales de l'imprimerie elzévirienne* ou *Histoire de la famille des Elzevier et de ses éditions* (Annoot-Braekman. Gand, 1851), disait à propos de l'

Histoire du cardinal duc de Richelieu, par le sieur Aubéry, avocat au Parlement et aux Conseils du Roy.

A Cologne, chez Pierre du Marteau, 1666, 2 vol. pet. in-12 :

« Cette histoire est signée Pierre du Marteau, que je rencontre quelquefois comme pseudonyme des Elzevier d'Amsterdam. Au bas des cinq volumes des *Mémoires du cardinal duc de Richelieu,* par Aubery, il y a Pierre Marteau, nom avec lequel, quand il est précédé de *du,* je n'ai reconnu jusqu'ici aucune édition comme véritablement imprimée par eux. »

M. Alphonse Willems, dans l'introduction de son ouvrage *les Elzevier,* faisant l'appréciation d'une traduction

1. Consulter : *Extrait de la Bibliographie des impressions de l'Imprimerie imaginaire*, à Cologne, chez Pierre du Marteau, par Léonce Janmart de Brouillant. *Bulletin du bibliophile et du bibliothécaire,* de Léon Techener, 1885, livraison de juillet-août, p. 353 et suivantes.

du livre de M. Rammelman-Elzevier parue en 1847 sous
ce titre : *Recherches historiques, généalogiques et bibliographiques sur les Elzevier,* par M. A. de Reume, capitaine
d'artillerie, membre de plusieurs sociétés savantes (Bruxelles, Ad. Wahlen, 1847, in-8°), écrit :

« A propos d'un volume portant l'adresse banale de Cologne, chez Pierre du Marteau, M. de Reume annonce qu'un
certain Pierre du Marteau a imprimé ce volume à Cologne,
pour Daniel Elzevier. »

Enfin MM. Barbier, Bérard, Chenu, Paul Lacroix,
Leber, Renouard, n'admettent pas non plus l'existence de
Pierre du Marteau.

Ne serait-ce pas ici le cas de dire : autant de bibliographes, autant de solutions différentes.

De toutes ces opinions, laquelle est la vraie, laquelle
nous faut-il adopter ?

N'oublions pas de faire remarquer tout d'abord que les
bibliographes précités ont résolu la question sans apporter
à l'appui de leur affirmation ou de leur négation d'arguments concluants, qu'ils semblent n'avoir point lu ce qu'avec
raison Mignet a écrit :

« Les découvertes n'appartiennent pas à ceux qui affir-
ment, mais à ceux qui prouvent. »

Pour nous assurer de l'existence ou de l'inexistence de
l'imprimeur Pierre du Marteau, nous prîmes la peine de
parcourir les listes officielles et autres des Imprimeurs et
Libraires français, allemands et des Pays-Bas.

Sur aucune desdites listes nous ne rencontrâmes ce nom.
Il n'y avait donc pas eu d'imprimeur nommé Pierre du

Marteau. Mais comment s'expliquer alors l'existence des nombreux ouvrages portant à leur frontispice ce nom?

L'art de l'imprimerie, qui à ses débuts en France fut tant favorisé par Louis XII, dut bientôt se soumettre sous le règne de François Ier à des règlements d'une rigueur excessive. Ce prince, par une ordonnance du 13 juin 1521, défendit aux vingt-quatre imprimeurs établis à Paris d'imprimer, de vendre ou de débiter aucun livre qui n'eût été préalablement examiné et approuvé par l'Université et la Faculté de théologie.

La Sorbonne, qui, elle aussi, avait protégé l'imprimerie, à son tour effrayée de la rapidité avec laquelle la typographie propageait les ouvrages de Luther et des Réformateurs, sollicita, en 1533, de François Ier l'abolition à jamais de l'imprimerie en France.

François Ier obtempéra à cette demande de la Sorbonne, et le 13 janvier 1534, il publia un édit frappant d'interdiction toute imprimerie et portant la peine de hart contre les imprimeurs. — Toutefois le Parlement ne voulut point enregistrer ce décret. Vis-à-vis de cette opposition, François Ier l'abrogea le 23 février de la même année, et limita les imprimeurs de Paris à douze, lesquels ne pouvaient publier que des livres approuvés.

Sous ses successeurs étaient punis de mort : les auteurs ou distributeurs d'ouvrages attaquant la religion et le gouvernement, les libraires qui publieraient des livres ou gravures sans l'autorisation expresse du roi.

Les imprimeurs Dolet, Martin et bien d'autres encore que nous ne citerons pas ici, furent pendus.

On conçoit aisément que, pendant ces mauvais jours, les libraires se tinrent sur leurs gardes, et qu'ils recoururent à tous les stratagèmes imaginables afin de sauver leur vie.

Pour qu'on ne pût pas les reconnaître, ils ne mirent sur les livres qu'ils imprimèrent ni nom d'auteur ni nom d'imprimeur, et encore moins celui de la ville où était sise leur imprimerie. On les voit inventer les noms de villes les plus fantaisistes, ainsi :

IMPRIMÉ A

Arraïogat — l'Arrivour — Beau-Jeu — Bourdeaus — Callicuth — l'Enclose — Gingins — Honnefleur — la Jaquetière — au Mont-Parnasse — à Pincenarille, ville de la Morosophie — Selon-en-Provence — Sifla — en Utopie — en la ville de Luce-Nouvelle, etc., etc.

Quant aux noms d'imprimeurs et aux enseignes de leur domicile, ils étaient, comme on va le voir, des plus curieux et des plus variés. On trouve sous la rubrique :

A PARIS

Chez l'Amoureux.

Chez le baron de l'Artichaux, au royaume d'Écosse, à l'enseigne des Cailloux de bois.

Chez Julien le Dinde, à l'enseigne de la Pierre de bois.

A l'enseigne de la Quadrature du cercle, en la rue du Tonneau-des-Danaïdes.

De l'Imprimerie de Lucas Joffu, comédien ordinaire de l'isle du Palais.

Chez Lucas Joffu, rue des Farces, à l'enseigne de la Bouteille.

Chez Lucas le Gaillard, rue des Farces.

Rue Galande, aux Trois Chapelets.

Chez Guillaume Gratte-Lard, rue des Poireaux, vis-à-vis de la Citrouille, à l'enseigne des Trois Navets.

De l'Imprimerie de la Ville, à l'enseigne des Trois Pucelles.

Honoré l'Ygnoré, à la Fille qui truye, rue Sans-Bout.

De l'Imprimerie de Julien Trostolle.

De l'Imprimerie de la voix publique, qui chante vive le Roy.

Chez Va-du-Cul, gouverneur des singes.

Chez la veuve et héritiers de l'auteur, rue Bon-Conseil, à l'enseigne du Bout-du-Monde.

Chez la veuve de l'auteur, rue de l'Orphelin, vis-à-vis de la Limasse.

Par la Société typographique du pays grec et latin au Mont-Parnasse.

Chez Jean-Baptiste Bouche-d'Or, à la Croix-de-Hiérusalem.

Mais ce fut surtout dans les Pays-Bas que les imprimeurs insérèrent des noms fantastiques au frontispice de pamphlets dus à la plume des ennemis politiques de la France, de libelles écrits par des Réfugiés irrités contre le persécuteur des protestants[1].

1. Lorsque Louis XIV tomba sous la domination des ultramontains et que, poussé par son bigotisme effréné, il se porta à des excès

˜ Ces productions, introduites clandestinement en France, avaient tout l'attrait du fruit défendu, et malgré qu'on prît à leur égard les mesures de répression [1] les plus rigoureuses, elles y fourmillaient.

Le tableau que voici donnera une idée du nombre et de la variété de ces noms :

contre les protestants, la Hollande leur tendit les bras avec empressement. En dépit des mesures de surveillance et des menaces de mort, la partie la plus intelligente et la plus laborieuse de la population française émigra.

Amsterdam accorda aux Réfugiés le libre exercice de leurs industries et leur fit des avances considérables.

Les États hollandais les dispensèrent de tous impôts durant douze ans. En 1685, ils votèrent pour les prédicateurs réfugiés une somme de 12,000 florins, portée peu après à 25,000. Les États de Zélande votèrent 4,000 florins pour ceux qui s'établirent dans leur île. La Frise, Utrecht, Groningue, Middelbourg firent des collectes pour eux. La Hollande, dit Bayle, était devenue « la grande arche des fugitifs ».

La situation des Réfugiés politiques français à l'étranger a été décrite dans un curieux et savant ouvrage : *les Réfugiés protestants de France, depuis la révocation de l'édit de Nantes jusqu'à nos jours,* par M. Ch. Weiss.

1. J.-Ch. Brunet, dans son *Manuel du libraire,* écrit dans une note sur un libelle intitulé : *Scarron apparu à Mme de Maintenon,* à Cologne, chez Jean le Blanc, 1694 : « Le 19 octobre de cette année, un compagnon et un garçon relieur, après avoir subi la question ordinaire et extraordinaire, furent pendus pour avoir imprimé, relié et vendu ce libelle écrit contre le roi. Deux autres accusés furent envoyés aux galères, un cinquième subit la question, et il allait être conduit à la potence, qui était déjà dressée, lorsque survint un ordre de surséance obtenu, dit-on, par le père Lachaise, avec lequel ce malheureux avait quelque parenté. »

I

A AMSTERDAM

Chez l'Ami de l'auteur — Jacques Cœur, à la Corne d'abondance — Jacques le Curieux — Isaac van Dyck — Paul l'Enclume — Pierre l'Enclume — Jacques le Franc, à l'enseigne du Chat botez — chez l'imprimeur Jaques le Jeune — Léonard le Jeune — Pierre la Loy — Pierre Marteau — Antoine Michiels — Guillaume le Sincère, au Mont-Parnasse — à Ansterdam (*sic*), chez le Sincère — Ansterdam (*sic*), chez le Vrai, etc., etc.

Ouvrons une parenthèse : dans la Préface de son roman, *les Trois Mousquetaires*, M. Alexandre Dumas écrivait : « Il y a un an à peu près qu'en faisant à la Bibliothèque royale des recherches pour mon *Histoire de Louis XIV*, je tombai par hasard sur *les Mémoires de M. d'Artagnan*, imprimés, comme la plus grande partie des ouvrages de cette époque, où les auteurs tenaient à dire la vérité sans aller faire un tour plus ou moins long à la Bastille, à Amsterdam, chez Pierre Rouge. A toutes les époques et dans tous les pays, la vérité a été parfois obligée de sortir de sa terre natale et de s'exiler pour pouvoir y rentrer. »

Qu'il nous soit permis de dire que, malgré le très grand nombre de catalogues que nous avons lus (environ onze mille), nous n'avons jamais rencontré ni cette édition ni le pseudonyme de Pierre Rouge.

II

A COLOGNE

Chez Simon l'Africain — Jean Lamoureux — Philippe le Barbu — Jean le Blanc — Pierre le Blanc — David le Bon — Jacques le Bon — Roger Bontemps — Jean du Buisson — Guillaume Cadet — Jean du Castel — J. de Clou — Louis de Clou-Neuf — chez la veuve de Cour-Après — chez le Dispensateur de secrets — Jacob le Doux — A. van Dyck — Christophe van Dyck — Corneille Egmont — les héritiers de Corneille Egmont — Pierre ab Egmont — Balthazar d'Egmont — Pierre van Egmond — Adrien l'Enclume — Jacques l'Enclume — Paul l'Enclume — Richard l'Enclume — Jean l'Endormy — Jacques l'Équitable — Jean d'Escrimerie, à l'Académie de France — Pierre le Forgeur — Jean du Four — Simon le Franc — l'Indiscret — l'Ingénu — Claude le Jeune — Adrien le Jeune — Frédéric le Jeune — Guillaume le Jeune — Henry le Jeune — Jaques le Jeune — Léonard le Jeune — Pierre le Jeune — Pierre le Grand — Pierre du Marteau — Pierre Marteau — Pierre Michel — Pierre le Pain — Pierre Petit — Jean de la Pierre — de l'Imprimerie d'André Pierrot — Pasquin ressuscité — Pierre de la Place — chez le Politique — Jean Sambix — Nicolas Schouten — Isaac le Sincère — Jean le Sincère, rue de la Contre-Vérité, à l'enseigne de l'Ironie — Louis le Sincère — Pierre le Sincère — Paul de la Tenaille — Robert le Turcq, au Coq hardi — Pierre de la Vallée — Jean de la Vérité — Jacques de la Vérité — Pierre le Vray — Eugène Vérité, à l'Enclume de la Vérité — chez le Sincère, à la Vérité, etc., etc.

III

A LA HAYE

Chez Isaac Beauregard — l'habile Joueur — Pierre l'Attentif — Pierre l'Endormy — Pierre Marteau — Pierre Mortier — Guillaume de la Paix — Pierre l'Orloge — le Philantrope, etc., etc.

IV

A LEYDE

Chez Antoine du Val — Jean le Raconteur — Jean Sambix, etc., etc.

L'emploi de ces pseudonymes était la conséquence de la rigueur de la Censure, que M. Benjamin Constant dit être « une violation insolente des droits de l'homme, un assujettissement intolérable de la partie éclairée d'une nation à sa partie vile et stupide, gouvernement des muets au profit des vizirs, source de plus d'agitations, de défiances, de mécontentements et d'irritations que la licence même de la presse n'en saurait créer ».

Dans l'*Aréopagetica,* célèbre plaidoyer en faveur de la

liberté de la presse, *Milton* émet l'avis que la censure doit être considérée comme un outrage fait à l'esprit humain, une intervention dangereuse, et plus souvent nuisible qu'utile. Tuer un homme, ajoute-t-il, c'est tuer une créature raisonnable ; tuer un livre, c'est tuer la raison, c'est tuer l'immortalité plutôt que la vie. La liberté, dit-il encore, est la nourrice de tous les grands esprits ; c'est elle qui éclaire nos pensées comme la lumière du ciel.

Si l'on se demandait à qui à cette époque on était redevable de cette censure impitoyable, Gédéon Flournois, pasteur de l'Église réformée, réfugié en Hollande, dans un livre intitulé *les Entretiens des voyageurs sur la mer* [1], répondrait que c'était aux « Jésuites ».

Voici ce qu'il a dit à ce sujet dans son *Épître adressée à messieurs les commis de Sa Majesté pour la visite des livres défendus.*

« Ce n'est pas une chose rare de vous voir confisquer des livres, mettre en prison ceux qui en font venir, et vous porter aux dernières rigueurs contre ceux qui en sont chargez ; mais c'en est une, qui jusqu'à présent n'a pas été vue, et qui ne le sera peut-être pas à l'avenir, qu'un auteur que vous avez marqué en encre rouge, dont vous avez maltraité les ouvrages, vous ose pourtant offrir le dernier de ses livres, quoiqu'il y ait une espèce d'inhumanité de vous les présenter, puisque c'est en quelque façon les livrer aux flammes.

« Il est vrai que si d'un côté vous travaillez à leur

1. *Les Entretiens des voyageurs sur la mer.* A Cologne, chez Pierre du Marteau, MDCCXV. 4 vol. in-12 ; fig. Bibl. de l'auteur.

déstruction, vous travaillez d'un autre à les faire vivre, et à leur donner une estime qu'ils ne s'attireraient pas si votre haine et votre animosité contre eux ne les rendait recommandables, et ne donnait aux esprits une légitime curiosité de les lire pour juger si c'est avec justice que ces pauvres livres font les objets de votre aversion.

« C'est assurément une œuvre merveilleuse de la Providence que, croyant abattre, vous bâtissez. Vous êtes les ministres des Jésuites établis pour supprimer plusieurs bons livres, et Dieu vous a choisis malgré vous pour être ses ministres afin de donner à ces livres un nom et une réputation qu'ils n'auraient pas en partie si vos oppositions ne les faisaient paraître.

« Plus vous vous obstinez à empêcher que les bons livres n'entrent en France, plus vous vous montrez sévères sur ce point-là, plus vous donnez de goût aux Français de les voir, d'en faire venir, quelque danger qu'il y ait et quoi qu'il en coûte, et de les lire avec avidité, car tel est le naturel de l'homme qu'il dédaigne ce qu'on lui permet et qu'il court après ce qu'on lui défend, et malgré les défenses, ils tâchent de se satisfaire par toutes sortes de moyens.

« Je ne nie pas que votre charge en général ne s'étende sur tous les livres qui pourraient préjudicier à la doctrine catholique, aux bonnes mœurs ou à l'État, en favorisant les hérésies, les vices ou les ennemis de la France : si pourtant, messieurs, vous avez un peu de conscience, vous avouerez de bonne foi qu'on vous a recommandé plus fortement la suppression et la sévérité contre les livres qui découvrent les « monopoles des Jésuites » et les « ruses du clergé », que contre les livres simplement libertins, et qui ne font que corrompre les bonnes mœurs. Non seulement vous avez suivi ce conseil, mais on vous a vu suspendre votre rigueur contre des livres véritablement méchants, pour la faire tomber sur ceux que les Jésuites ou leurs créatures seules appelaient de méchants livres, parce qu'ils découvraient leurs fourberies et leurs impuretés.

« Vous ne sauriez nier que vous n'ayez eu de l'indulgence pour quantité de méchants livres, qui courent aujourd'hui par le royaume, et que vous ne sussiez qu'ils étaient méchants, et que vous étiez obligés de vous servir de votre autorité contre eux.

« Pourquoi avez-vous été lâches et froids à faire perquisition des livres libertins et impies, et pourquoi avez-vous été ardents à rechercher des livres dont tout le crime était de découvrir les injustes procédures du clergé?

«La raison d'une conduite si contraire à votre devoir, la voici : c'est que l'honneur des « Jésuites » vous a été plus cher que la gloire de Dieu, que leurs recommandations ont eu plus de pouvoir sur vos esprits que les commandements du Tout-Puissant, et par conséquent vous avez mieux aimé vous opposer à des écrits qui, selon les calomnies des Jésuites, parlaient peu respectueusement du roi, qu'à des livres par lesquels la majesté de Dieu a été directement offensée et outragée; il me semble pourtant qu'un intérêt réel et essentiel de Dieu vous devait toucher encore plus qu'un intérêt imaginaire du roi. Certes, messieurs, dites tout ce qu'il vous plaira, toutes les eaux de l'Océan ne suffiraient pas pour vous laver de cette flétrissure. Je ne puis pas plus me taire de ce que ceux qui vous ont donné la commission de faire la recherche des livres défendus vous connaissaient déjà bien, et ne se sont pas trompés dans le choix qu'ils ont fait de vous. Pour vous parler plus clairement, vous êtes les « exécuteurs de la volonté des Jésuites », qui ont fait intervenir l'autorité du roi pour vous obliger à faire ce que vous êtes.

« Je voudrais bien pouvoir finir ma lettre, comme on les finit ordinairement, mais je vous assure que j'ai toutes les répugnances imaginables à me dire votre très humble et très obéissant serviteur, car je ne suis pas d'humeur à me dire, ni à prendre la qualité de valet des valets des Jésuites, encore si c'était au sens du pape, qui, quand il se dit le serviteur des serviteurs, ne laisse pas de trancher du roi des rois, il y aurait de quoi se consoler. Comment donc finirai-je ma lettre? Ce sera en vous souhaitant autant de probité, de bonne foi, de vertu et de piété, que ceux qui vous mettent en campagne ont de mauvaise foi, de vice, d'impiété et de perfidie. »

Mais une épître encore bien plus originale et plus remarquable est celle que le soi-disant imprimeur Pierre du Marteau adresse aux Muses, et qui se trouve insérée en tête de l'ouvrage intitulé : *Nouvelles lettres écrites des Champs-Élisées à plusieurs princes et grands seigneurs, avec les réponses et deux nouvelles en vers*[1].

1. Imprimé à Cologne, chez Pierre du Marteau, MDCXCVII. Marque : la Sphère. 1 vol. pet. in-12; fig. 142 pages, plus 1 feuillet pour la Table des matières. Cet ouvrage est très rare. Vendu à Londres 12 livres sterling. Bibl. de l'auteur.

PIERRE MARTEAU

aux Muses.

« Comme vous êtes filles du maître des dieux, vous vous
offenserez peut-être de voir un pauvre libraire inconnu qui
n'imprime que le rebut des autres, vous dédier une douzaine
de lettres, où l'aigreur semble dominer et qui déplairont
sans doute à beaucoup de personnes. Mais considérez, s'il
vous plaît, que j'ai besoin d'appui, que quelques livres défendus ou suspects ne peuvent pas remplir ma boutique, et que
si vous voulez inspirer des auteurs plus doux en ma faveur,
je pourrais parvenir à l'opulence. Recevez l'hommage que je
vous présente : c'est un tribut qui vous est dû, mais n'atten-
dez pas d'un homme sans éloquence des éloges au-dessus
de sa portée, qui seraient toujours au-dessous du mérite des
filles de Jupiter ; et qui se contente de souscrire avec respect
à tout ce que Noël le Conte a dit de vous. Puisque vos dons
sont partagés, la satire n'est pas du caractère de toutes les
Muses, mais aussi elle ne leur est point généralement étran-
gère, et celles qui ont conduit les Juvénal, les Perse et tant
d'autres, pourront regarder sans dédain ces épîtres qui paraissent composées sous les auspices de la vérité. Le langage
d'Antiochus est un peu rude, mais vous connaissez l'âpreté
naturelle de son humeur. Catherine de Médicis, qui écrit à
une bonne princesse, fait voir qu'elle est encore politique.
Le cardinal Mazarin parle en maître. Le marquis d'Ancre
ne saurait démentir sa fierté. Marie d'Angleterre fait paraître

la suite d'un entêtement insurmontable. Le sincère Arlequin
se montre tel qu'il était. Ravaillac déplore 'sa misère à un
antijésuite. Le duc d'Albe témoigne de l'équité hors de saison, en donnant des leçons qu'il n'a point suivies : Philippe
Second en fait de singulières à un jeune prince qui semble
vouloir suivre un bon naturel, et ne tremper dans l'iniquité
que par une dure contrainte. L'officieux Juvénal voudrait
apprendre à Despréaux le chemin de la véritable gloire.
Diane de Poitiers, envieuse des douceurs qu'on ne lui a jamais
dites, se scandalise contre la franchise du siècle de Henri II.
Et Spencer, devenu généreux à force de tourments, peint
ses propres défauts pour corriger ceux des autres. Au reste,
il ne faut point donner le nom de satire à ces lettres, qui
sont de simples avis propres à persuader ceux qui ne sont
pas absolument corrompus. Un poète ingénieux et flatteur
vous dirait mille choses pour lesquelles je n'ai point de
talents, et il est impossible que je vous chante si vous ne
me prêtez quelqu'un de vos instruments. »

Réponse des Muses

A PIERRE MARTEAU

« Comme on ne dédie un livre que pour être payé de cet
hommage, nous tâcherons dans les occasions de faire quelque chose pour vous ; mais travaillez, s'il est possible, avec
moins de danger que vous n'avez fait par le passé. Vous
êtes bien heureux de ce que l'art de pendre est ignoré à
Cologne, et si vous étiez à Paris, il y a longtemps que vous

seriez étranglé. On a chanté depuis peu la pitoyable fin de quelques-uns de vos confrères que l'amour des richesses avait fait renoncer à celui de vivre, et le métier que vous faites n'est pas des moins dangereux.

« Pour nous, notre unique emploi est aujourd'hui la tragédie. Les Muses enjouées sont muettes dans ce siècle de fer, et tout languit depuis que la Circé moderne tient son Ulysse enchanté. Vous voyez que nous ne sommes point dans la saison des jeux; mais si elle revient jamais, soyez persuadé que vous aurez part à nos libéralités. »

N'est-ce point chose surprenante de voir un Imprimeur imaginaire s'adresser aux Muses pour les supplier de bien vouloir engager les auteurs à se montrer plus modérés dans leurs écrits, et les Muses lui conseiller de travailler avec moins de danger qu'il ne l'a fait par le passé et lui promettre, si la saison des jeux revenait jamais, une part à leurs libéralités?

Mais s'il n'y a jamais existé à Cologne un imprimeur du nom de Pierre du Marteau, de quelles presses sont donc sortis tous les livres qui portent cette adresse?

Pour pouvoir donner une solution à cette question, nous dûmes d'abord nous efforcer de trouver le premier ouvrage imprimé avec ce nom.

D'après notre catalogue des impressions avec le masque de Pierre du Marteau[1], le premier ouvrage portant cette adresse est le :

---

[1]. Nous avons publié le catalogue complet de la collection dans le *Bulletin du Bibliophile et du Bibliothécaire,* de Léon Techener, 1888.

RECVEIL

DE

DIVERSES PIÈCES

servans

A L'HISTOIRE

de

HENRY III

Roy de France et de Pologne,

Dont les tiltres se trouvent en la page suivante.

A COLOGNE

Chez Pierre du Marteau

—

M DCLX

1 vol. pet. in-12. 1 f. Titre. 474 pp. — Rarissime.

Familiarisés avec le matériel et les procédés typographi-
ques des Elzevier[1], nous reconnûmes aisément que ce Recveil était sorti des presses de Jean Elzevier, de Leyde. —
Le fleuron du titre du Recveil, les lettres grises, les signatures en 5 étaient les témoignages décisifs établissant cette
origine. Nous fûmes porté tout naturellement à rechercher
les raisons qui avaient poussé les Elzevier à se déguiser
sous des noms supposés, alors qu'un gouvernement républi-
cain les laissait jouir d'une extrême liberté.

1. Consulter : *Bibliographie des ouvrages relatifs à l'Histoire des
Elzevier*, par L. Janmart de Brouillant. *Bulletin du bibliophile et du
bibliothécaire*, de Léon Techener. 1886. Livraison : août-septembre-
octobre, p. 434 et suivantes.

A en croire M. Jules Chenu[1], correcteur de la librairie Panckoucke, de Paris, et M. A. Willems[2], ces raisons étaient au nombre de quatre.

La première était une raison politique.

Les Elzevier, disent ces écrivains, ont usé de l'anonyme et du pseudonyme toutes les fois qu'ils ont imprimé des écrits offensants pour les souverains ou gouvernements alliés de la République, et cela parce que, d'une part, ils violaient ouvertement un édit des États-généraux, et de l'autre qu'ils s'exposaient à des représailles, les princes lésés pouvant consigner leurs livres à la frontière et en interdire la vente dans leurs États.

La seconde était une raison de religion.

Les Elzevier étaient tenus, dans l'intérêt de leur considération et de leur crédit, de ménager les susceptibilités politiques et religieuses de leurs compatriotes.

La troisième était une raison de circonspection.

Leurs ouvrages devant naturellement se débiter en grande partie dans les pays catholiques, comme on y tenait pour suspect tout livre imprimé par des hérétiques, la simple prudence leur faisait une loi de ne pas donner l'éveil en indiquant le lieu de l'impression.

Les auteurs eux-mêmes réclamaient parfois un déguisement. Ainsi, les Jansénistes français, qui faisaient imprimer

1. M. Jules Chenu a publié, en 1842, un *Catalogue des Républiques des Elzevier*, où l'on trouve une série de 40 pages intitulée : Elzeviers déguisés, ou Catalogue des éditions que ces Imprimeurs ont données sous des noms supposés, avec une Préface où l'on donne les raisons qu'ils pouvaient avoir de ne point se faire connaître.

2. Willems, *les Elzevier*, p. c et suivantes.

à Amsterdam, n'auraient eu garde d'avouer qu'ils avaient recours aux presses hollandaises. On avait trop souvent affecté en France de les confondre avec les Calvinistes pour qu'ils n'eussent pas à cœur d'éviter tout ce qui pouvait prêter quelque vraisemblance à cette accusation.

Enfin la quatrième était une raison de librairie et de commerce.

Les Elzevier ne mettaient jamais leur nom aux contrefaçons. Toutes les fois qu'ils ont réimprimé sans autorisation expresse un ouvrage quelconque d'un auteur vivant, ils ont gardé l'anonymat.

Certains bibliographes ont prétendu qu'ils voulaient par là éviter de désobliger des confrères avec lesquels ils étaient en relation d'affaires. M. Willems y voit un tout autre mobile. « C'était non tant, dit-il, les libraires que les lecteurs dont il fallait se concilier le suffrage. En général, le public se défiait des livres français imprimés en Hollande et préférait les originaux; en quoi il avait raison, car ces livres fourmillaient souvent de fautes choquantes, quand ils n'avaient pas subi d'altérations graves. A peine les textes donnés par les Elzevier faisaient-ils exception à la règle. Aussi cherchait-on à donner le change aux acheteurs. Au lieu de l'adresse véritable, le frontispice portait la formule banale : Jouxte la copie imprimée à Paris. Souvent, pour parfaire la mystification, on mettait en évidence au moyen de capitales les mots A PARIS, suivis du nom et de l'adresse du premier libraire, tandis que jouxte la copie formait une petite ligne imperceptible, et se terminait par un point. De sorte que le lecteur inexpérimenté pouvait croire qu'il avait sous les yeux non une contrefaçon, mais une réimpression exécutée à Paris. »

M. Willems ajoute : « Il est juste de reconnaître que les Elzevier sont restés étrangers à ce raffinement. Mais la formule en question figure sur toutes leurs contrefaçons. »

M. Ambroise Firmin-Didot n'est pas du même avis : « Ce n'est point sur d'anciens manuscrits, écrit-il, que les Elzevier établissaient les textes de leurs éditions; elles ne sont en général que des renseignements et souvent des contrefaçons. »

N'est-ce pas là trop loin pousser les choses ? n'est-ce pas aller jusqu'à la partialité ?

Ce fut en 1638 que, pour la première fois, les Elzevier de Leyde, Abraham et Bonaventure, imprimèrent un ouvrage sur lequel, au lieu d'inscrire leurs noms, ils mirent les mots : Jouxte la copie imprimée à Paris.

Cet ouvrage était :

LE CID

Tragédie-comédie nouvelle

PAR

Le Sieur CORNÈILLE

Jouxte la copie imprimée à Paris.

M DCXXXVIII

1 vol. pet. in-8°, 95 pp[1].

___

1. Cette édition est renseignée dans la *Bibliographie cornélienne ou Description raisonnée de toutes les éditions des Œuvres de Pierre Corneille,* publiée par M. Émile Picot, p. 12 et suivantes.

Bonaventure et Abraham s'étaient associés en 1622. Leur association dura jusqu'à la mort d'Abraham, qui arriva en 1652. Abraham légua à Jean Elzevier, l'aîné de ses fils et le seul qui ait suivi sa carrière, la moitié de l'imprimerie et de tout ce qu'il possédait en commun avec son associé.

Bonaventure ne lui survécut qu'un mois. Il légua à son fils Daniel, indépendamment de sa maison, la moitié de l'imprimerie et de tous les biens de la communauté.

Les deux cousins Jean et Daniel s'associèrent. Ils se servirent aussi d'adresses fictives, et de 1652 à 1655, il sortit de leurs presses des ouvrages portant : A Leyde, chez Jean Sambix.

« Jean Sambix, écrit M. Willems[1], est évidemment un pseudonyme de Jean et Daniel Elzevier, puisqu'ils signent invariablement de la sorte tous les livres auxquels ils n'ont pas mis leur adresse; mais ce n'est pas un nom imaginaire.»

« Au commencement du siècle florissait à Delft un célèbre calligraphe, nommé Félix van Sambix, lequel, né à Anvers en 1553, s'était réfugié à Delft en 1583, et y vivait encore en 1633. (Voyez la Revue de Navorscher, t. VI, p. 241.) Ce Sambix eut un fils, également nommé Félix, qui exerça la librairie à Delft, de 1610 à 1654 (?), à l'enseigne du Livre d'écriture doré (in t'vergulde Schryfbœck), et eut pendant un temps une succursale à Rotterdam.

« Le libraire Sambix a traduit du français quelques ouvrages, entre autres le quatrième livre du Primaléon de Grèce (Rotterdam, J. van Waesberghe, 1619, in-4°.) Il si-

---

1. Willems, les Elzevier, p. cv.

gnait F. v. S. le Jeune, pour se distinguer de son père. Il
paraît qu'il épousa à Rotterdam, le 6 septembre 1608,
Élisabeth van Waesberghe, sœur aînée de Catherine van
Waesberghe, qui devint plus tard la femme d'Abraham
Elzevier et la mère de Jean.

« Suivant une généalogie manuscrite de la famille Waesberghe, appartenant à M. Ledeboer, ce Félix Sambix aurait
eu trois enfants, savoir :

« Élisabeth, qui épousa David Lopez de Haro, libraire à
Leyde, et deux fils, Félix et Jean, dont on ne sait rien de
positif (*Het Geslacht van Waesberghe, s'Grav.*, 1869, p. 227
et 234). Si ces données sont exactes, Jean Elzevier aurait pris
pour pseudonyme le nom d'un de ses cousins germains. »

Nous ne pouvons concevoir comment M. Willems
puisse admettre un seul instant que Jean Elzevier eût choisi
le nom de son cousin germain pour le mettre à des productions dont il n'osait prendre lui-même la responsabilité, alors
qu'il lui était si facile d'user de n'importe quel nom imaginaire.

Le rédacteur de l'article Elzevier, dans le *Grand Dictionnaire universel du* xixe *siècle* de Pierre Larousse, fait de
Sambix un imprimeur imitateur des Elzevier. C'est là une
profonde erreur.

M. Émile Picot, dans sa *Bibliographie cornélienne,*
écrit à la page 295 à propos de l'ouvrage :

Horace, || Tragédie, || par le sieur Corneille ||

A Leyde, || chez Jean Sambix. || CIƆIƆCLIV.   1654.

Pet. in-12 de 3 ff. et 65 pp., signé AC.

Édition imprimée par Jean Elzevier, à Leyde, pour Jean Sambix, qui n'était pas un « Imprimeur imaginaire », comme on l'a cru quelquefois.

A la page xj de la préface de ce même ouvrage, nous lisons : « M. Alphonse Willems, le savant bibliographe de Bruxelles, nous est venu en aide avec la plus grande obligeance, non seulement pour compléter ce travail, mais pour en revoir les épreuves. » Il y a lieu, en ce cas, de se demander comment il s'est fait que M. Willems ait laissé passer cette bévue.

L'association des deux cousins ne fut pas de longue durée, leurs caractères ne sympathisant pas : Jean avait l'humeur versatile et Daniel était résolu.

M. Willems nous apprend que Daniel épousa sa cousine, Anna Beerninck, petite-fille de son oncle Josse, nièce et pupille de Louis Elzevier, et qu'en 1655, il quitta Jean pour entrer à titre d'associé dans la maison d'Amsterdam de Louis Elzevier, qui était en pleine prospérité.

Le départ de Daniel fut une calamité pour la maison de Leyde, qui depuis lors ne fit plus que décliner. Cependant Jean ne perdit point courage, dit M. Willems; il s'adjoignit un collaborateur actif et intelligent : Charles Gerstecoren.

Ce fut en 1660 que, pour la première et dernière fois, Jean Elzevier se servit du masque : Pierre du Marteau, et cela pour le *Recueil de diverses pièces servans à l'histoire de Henry III.*

On le voit, c'est à tort que M. E. Weller, dans l'introduction de son ouvrage : *Die falschen und fingirten druch-*

korte, place l'apparition de Pierre du Marteau dans la presse française en 1662.

« Im jahre 1662, erscheint zuerst Pierre du Marteau in dem Französischen Presse. »

Passons maintenant à l'examen des raisons pour lesquelles Jean Elzevier n'a pas attaché son nom au Recueil.

Elles sont au nombre de trois.

La première est une raison de commerce et de librairie.

En imprimant ce Recueil, Jean commettait un brigandage typographique. Ce Recueil était une contrefaçon de pièces qui avaient grand débit en France; Jean frustrait donc les imprimeurs français d'une source de bénéfices considérables, et s'exposait de la part de ses confrères à d'énergiques réclamations, car ce Recueil renfermant plusieurs pièces des plus remarquables sous un petit format eut un grand succès.

La deuxième est une raison politique.

Jean, en sa qualité de marchand, jugea prudent de ne pas s'attirer la colère de la France, en publiant avec son nom un Recueil de pièces dont trois étaient de violents pamphlets, au point que l'*Alcandre* ou *les Amours du Roy Henry le Grand* fut retiré de la circulation par la veuve Guillemot, qui l'avait édité.

En imprimant ces pamphlets avec son nom, Jean s'exposait à des représailles de la part du gouvernement français, qui aurait pu en défendre l'entrée et en interdire la vente en France. Au surplus, déjà à plusieurs reprises les États généraux des Provinces-Unies avaient publié des placards en vue de défendre « d'imprimer des écrits diffamatoires et déshonorants par lesquels des personnes d'État des pays étrangers de haute et moyenne condition étaient infamement déchirées et déduites ». — Jean devait donc se prémunir contre les rigueurs du gouvernement des Provinces-Unies.

Enfin, la troisième est une raison de bienséance.

Jean Elzevier était imprimeur de l'Académie. En imprimant des pamphlets, il pouvait attirer des désagréments à l'Académie, le gouvernement français venant à demander des explications aux Provinces-Unies du fait que l'imprimeur de son Académie publiait des pamphlets contre ses rois.

Nous touchons à ce fameux point de savoir si Pierre du Marteau est un pseudonyme ou un nom imaginaire.

On lit dans la *Biographie de Jean Elzevier*[1] : « En 1628, âgé de seize ans, Jean fut envoyé à Paris, moins pour se perfectionner dans la typographie que pour apprendre le français et contracter d'utiles relations dans le monde des lettres et de la librairie. En 1639, Gronovius rendit visite à Jean, qui habitait alors chez un imprimeur qui devait être Guillaume Pelé, le principal correspondant des Elzevier à Paris. En 1641, on trouve Jean débitant de livres qu'il avait apportés de Hollande. En février 1644, il était à Paris ainsi que vers la fin de 1647, et cette fois ce fut probablement la dernière. »

Pierre du Marteau est un nom français, cela est de toute évidence.

N'est-il pas possible que Jean, durant ses séjours à Paris, ait connu un correcteur, un ouvrier typographe, un

---

1. Willems, *les Elzevier*, p. CLXXXIX et suivantes.

graveur ou bien encore un individu quelconque ainsi
nommé, et que, comme ce nom prêtait admirablement à la
chose, il l'ait pris pour pseudonyme, de même qu'il s'était
servi de celui de Jean Sambix lors de son association avec
Daniel?

Au reste, il y a toujours eu des personnes qui ont porté
ce nom et pour ne citer qu'un exemple, nous possédons
dans notre bibliothèque une édition du *Roman de la rose,*
accompagnée d'une traduction en vers, précédée d'une
introduction historique et critique par Pierre Marteau. —
Orléans, — Herluison, 1878-1880. 5 vol. in-12. Nous
concluons donc que Pierre du Marteau est un pseudonyme
et non pas un nom imaginaire.

Faut-il attacher quelque importance à la particularité
que certains exemplaires portent le nom de Pierre du Marteau et d'autres celui de Pierre Marteau? M. Pieters [1] écrivait à ce sujet, dans une note sur un ouvrage intitulé :

L'Histoire du cardinal duc de Richelieu, par le sieur
   Aubery, avocat au Parlement et aux Conseils du Roy.

A Cologne, chez Pierre du Marteau. M DC LXVI.

2 vol. pet. in-12.

« Cette histoire est signée Pierre du Marteau, que je
trouve quelquefois comme pseudonyme des Elzevier d'Amsterdam, et au bas des cinq volumes des *Mémoires pour
l'histoire du cardinal duc de Richelieu* recueillis par le sieur

1. *Annales de l'imprimerie elzévirienne* ou *Histoire de la famille
des Elzevier et de ses éditions,* par Chârles Pieters (Gand, Annoot-
Braeckmann, 1851), p. 255.

Aubery. *A la Sphère,* 5 vol. pet. in-12, il y a Pierre Marteau, nom avec lequel, quand il n'est pas précédé de « du »,
je n'ai reconnu jusqu'ici aucune édition véritablement
imprimée par eux. » M. Willems dit n'attacher aucune
importance à cette particularité. Cette variante lui paraît
être toute fortuite.

Pour nous, il ne faut pas faire de distinction entre les
officines de Leyde, d'Amsterdam, d'Utrecht, comme l'a fait
M. Pieters, car les Elzevier des trois officines ont fait usage
de cette adresse.

Nous n'admettons pas, avec M. Willems, que « c'est une
variante toute fortuite ». Nous ne connaissons pour notre
part aucun ouvrage à l'adresse de Pierre Marteau qui ait
été imprimé par les Elzevier. Tous les ouvrages qui sont
véritablement sortis de leurs presses portent Pierre du
Marteau; toutefois, nous ne déduisons pas de ce fait que
toutes les impressions avec le nom de Pierre du Marteau
ont été imprimées par les Elzevier.

Jean Elzevier, comme nous l'avons déjà écrit, ne se servit qu'une seule fois de ce pseudonyme. Il mourut le 8 juin
1661, à Leyde, âgé de trente-neuf ans. Sa veuve, Éva van
Alphen, se décida à continuer les affaires, sous la raison :
« la veuve et les héritiers de Jean Elzevier ». Elle fit immédiatement des démarches pour succéder à la charge d'imprimeur de l'Université; ce privilège lui fut octroyé le
12 novembre 1661, à condition qu'elle achèverait les
ouvrages commencés par son mari [1].

1. Willems, *les Elzevier,* p. cxcviii.

Le premier imprimeur qui se servit de l'adresse après Jean Elzevier fut Adrian Vlacq, de la Haye. Il l'employa en 1662 pour publier une contrefaçon du *Recueil de diverses pièces servans à l'histoire de Henry III,* etc.

C'était en 1658 que, pour la première fois, Louis et Daniel Elzevier s'étaient servis d'un pseudonyme : celui d'Antoine Michel.

Il est bien vrai qu'en 1657, ils avaient imprimé

Les Provinciales ou *les Lettres escrites par Louis de Montalte à un provincial de ses amis et aux RR. PP. jésuites*

(par Blaise Pascal), avec l'adresse fictive :
A Cologne, chez Pierre de la Vallée.

Mais ce n'était là qu'une réimpression de l'édition originale qui avait paru en France en 1656 avec cette adresse. « On sait, dit M. Willems, que les *Provinciales* de Pascal parurent d'abord par feuilles volantes, du 23 janvier 1656 au 24 mars 1657. L'édition elzévirienne est donc la première qui ait une pagination continue.

« Le pseudonyme de Pierre de la Vallée n'est pas de l'invention des Elzevier. Les éditeurs français avaient songé avant eux à réunir en volume les lettres publiées séparément, et avaient fait imprimer un titre portant l'adresse fictive de Cologne, chez Pierre de la Vallée. C'est ce titre que les Elzevier se sont bornés à reproduire. »

L'ouvrage pour lequel Louis et Daniel Elzevier se servirent du pseudonyme d'Antoine Michel est intitulé :

Les Charactères des passions, par le sieur de la Chambre, médecin de Mgr le chancelier.

A Amsterdam, chez Antoine Michel, l'an 1658.

3 tomes en 4 volumes petit in-12. Il y a deux éditions sous la même date.

M. Millot n'ayant pas compris pourquoi Louis et Daniel Elzevier n'avaient pas mis leur nom à ces deux éditions si jolies, en si beaux caractères, et incontestablement sorties de leurs presses, M. Willems lui répondit fort justement :

« La raison en est simple. La Chambre était connu pour l'adversaire déclaré du cartésianisme. Les simples convenances devaient empêcher les Elzevier, éditeurs en titre de Descartes, d'adopter ouvertement, en y mettant leur nom, un livre écrit dans des vues opposées et mêmes hostiles. Ce fut la seule fois que Louis et Daniel usèrent du pseudonyme d'Antoine Michel. »

En 1659, Foppens l'inscrivit sur sa nouvelle édition des *Essais de Michel, seigneur de Montaigne.* Seulement il lui donna une forme hollandaise : A Amsterdam, chez Antoine Michiels.

En 1663, Louis et Daniel reprirent le pseudonyme de Pierre du Marteau employé par Jean Elzevier en 1660, et par Adrian Vlacq, en 1662, et cela précisément pour une nouvelle édition du *Recueil de diverses pièces servans à l'histoire de Henri III.* La même année, ils s'en servirent encore pour l'impression d'un remarquable

Recueil || *de quelques* || *pièces* || *nouvelles* || *et galantes* || *tant en prose qu'en vers* || *dont les tiltres se trouveront après* || *la préface.*

A Cologne, || chez Pierre du Marteau. || M DC LXIII.

Marque : la Sphère. Pet. in-12. 4 ff. limin., le 1er blanc, 182 pp., 1 f. blanc.

En 1664, l'association qui existait entre Louis et Daniel Elzevier depuis 1655 prit fin. Louis Elzevier, âgé d'environ soixante ans, résolut de se retirer. Daniel resta donc seul. — Les commencements furent peu favorables, dit M. Willems ; à peine fut-il établi, que la guerre éclatait entre les Provinces-Unies et l'Angleterre, et se prolongeait durant deux ans, avec des fortunes diverses, au grand détriment de la prospérité publique et des affaires. Mais Daniel ne fit que redoubler de zèle. Cette même année 1664, Daniel [1] prend l'adresse : A Cologne, chez Pierre du Marteau, pour publier la seconde édition du

Recueil de quelques pièces nouvelles et galantes tant en prose qu'en vers.

A Cologne, chez Pierre du Marteau.

Marque : la Sphère. Pet. in-12, 180 pp.

1. En 1671, pour la première fois, Daniel Elzevier se sert du pseudonyme : Jaques le Jeune. Le premier livre qui le porte est :

Le Comte de Gabalis, ou *Entretiens sur les Sciences secrètes.*

A Amsterdam, chez Jaques le Jeune. M DC LXXI.
Sur la copie imprimée à Paris.

Marque : la Sphère. 1 vol. pet. in-12 de 228 pages.
C'est donc à tort que le rédacteur de l'article *Elzevier,* dans le

La veuve de Jean Elzevier avait continué les affaires sous la firme : « La veuve et les héritiers de Jean Elzevier », comme nous l'avons déjà dit.

En 1665, elle reprit l'adresse : A Cologne, chez Pierre du Marteau, pour l'impression des

Mémoires || *dv* || *mareschal* || *de Bassompierre*||*, concernant* || *l'histoire* || *de sa* || *vie* || *et de ce qvi s'est fait* || *de plus remarquable à la cour de France* || *pendant quelques années.* ||

A Cologne. || chez Pierre du Marteav. || M DC LXV.

2 vol. pet. in-12. T. Ier. 5 ff. limin., 564 pp.

— T. II. 1 f. Titre. 824 pp.

« Édition originale de ces Mémoires, dit M. Willems, et la seule qui soit sortie des presses elzéviriennes. » Elle a été exécutée à Leyde, par la veuve et les enfants de Jean, comme le prouvent les vignettes, les lettres grises et les signatures en 5. Selon cet écrivain, il est de toute évidence que cette édition a été imprimée aux frais des frères Steucker de la Haye, la maison de Leyde n'imprimant plus pour son propre compte.

En 1666, Daniel Elzevier imprime avec l'adresse

L'Histoire du cardinal duc de Richelieu, par le sieur Aubery, avocat au Parlement et aux Conseils du Roy.

A Cologne, chez Pierre du Marteau. M DC LXVI.

Grand Dictionnaire universel du XIXe *siècle,* de Pierre Larousse, fait de Jaques le Jeune un imprimeur imitateur des Elzevier.

Marque : la Sphère.

2 vol. pet. in-12. T. Ier. 12 ff. liminaires, 644 pp. de texte, portr. de Richelieu. 25 ff. non numér. p^r la table.

2 vol. pet. in-12. T. II. 4 ff. limin., 482 pp., la dern. feuille est cotée par erreur 842. 13 ff. non numér. p^r la table.

M. Willems assure que cette édition a été incontestablement imprimée par Daniel Elzevier, vu la sphère usée, la première des Elzevier d'Amsterdam, qui est pareille à celle du tome II de 1666, et les têtes de profil qui sont celles de l'imitation de 1679.

La même année, Daniel donne encore une édition du

Recueil de diverses pièces servans à l'histoire de Henry III, etc.

A Cologne, chez Pierre du Marteau. M DC LXVI.

Marque : la Sphère.

2 vol. pet. in-12. T. Ier. 474 pp. et 1 f. blanc.

—   T. II. 156 pp.

En 1667, nous rencontrons, avec l'adresse, un

Recueil de quelques pièces curieuses servant à l'esclaircissement de l'histoire de la Reyne Christine. Ensemble plusieurs voyages qu'elle a faites (*sic*).

A Cologne, chez Pierre du Marteau. M DC LXVII.

Cette édition nous est signalée par M. E. Weller [1] et le

---

1. *Dictionnaire des ouvrages français portant de fausses indications des lieux d'impression et des imprimeurs.* C'est le titre de la

catalogue des livres de la bibliothèque de M. Leber [1], n° 6296.

Elle est inconnue à MM. Pieters et Willems.

Cette édition sort-elle des presses de Daniel Elzevier?

Il ne nous est malheureusement pas possible de résoudre la question pour le moment, n'ayant pu, malgré toutes nos recherches, avoir sous la main un exemplaire de cette édition. La bibliothèque de Rouen en possède un. C'est donc à la complaisance et au savoir du bibliothécaire de cette ville que nous nous permettons de faire appel.

A première vue, nous ne croyons pas impossible que cette édition de 1667 soit sortie des presses de Daniel Elzevier, et que l'édition avec l'adresse : A Cologne, chez Pierre du Marteau, M DC XVIII (pet. in-12, 1 f. Titre, 166 pp.), renseignée par MM. Pieters et Willems comme ayant été imprimée à Amsterdam, par Abraham Wolfgang, soit tout simplement une réimpression de celle de Daniel. Il nous sera peut-être donné un jour d'éclaircir ce point.

En 1667, Daniel donna une troisième édition du

Recueil de quelques pièces nouvelles et galantes tant en prose qu'en vers.

A Cologne, chez Pierre du Marteau. M DC LXVII.

Marque : la Sphère.

deuxième partie de l'ouvrage : *Die falschen und fingirten druchkorte von Emil Weller*, Leipzig, 1864.

1. La propriété de la magnifique bibliothèque Leber fut cédée à la ville de Rouen par M. Leber, qui s'en réserva l'usufruit avec faculté d'y renoncer à sa volonté. Le contrat, en date du 19 mars 1838, fut homologué par ordonnance royale du 5 juillet suivant.

2 vol. pet. in-12. T. Ier, 180 pp.

—   T. II. 4 ff. limin., 232 pp.

Enfin Pierre Elzevier, petit-fils de Josse Elzevier, qui exerçait la profession de libraire à Utrecht, employa l'adresse pour imprimer en 1669 le

Traité || *de la* || *politique* || *de France,* || par M. P. H. ||
marquis de C. ||

A Cologne, || chez Pierre du Marteau. || M DC LXIX.

P. in-12, 264 pp.

Ce volume est cité avec l'adresse d'Utrecht, 1669, pet. in-12, dans le catalogue de 1674.

Les Elzevier ne se servirent donc que neuf fois du masque : « Pierre du Marteau ». Mais, après eux, les presses hollandaises, belges, françaises, s'en servirent tant et plus.

Les Imprimeurs qui en firent le plus fréquent usage furent : André de Hoogenhuysen, Abraham Wolfgang, Jacques Desbordes, à Amsterdam — Adrian Vlacq, Jean et Daniel Steucker, Henri van Bulderen, à la Haye — Hackius, à Leyde — François Foppens, Philippe Vleugart, Lambert Marchant, Henry Fricx, à Bruxelles.

Les presses rouennaises y recourent aussi. Rouen, au xviie et au xviiie siècle, était la ville de France où s'imprimaient tous les livres écrits avec une liberté telle que leur impression en était défendue à Paris.

Lorsque Voltaire voulut faire imprimer son *Histoire de Charles XII, roi de Suède,* dont on avait suspendu l'impression à Paris par ordre du garde des sceaux et saisi deux

mille six cents exemplaires, ne fut-ce pas à une presse de
Rouen qu'il s'adressa ?·

Le pseudonyme Pierre du Marteau eut, pendant le xvii^e
et le xviiie siècle, une vogue inouïe, un succès immense.
On en trouvera une preuve éclatante dans le tableau, qu'on
pourra parcourir tout de suite, des changements que lui
firent subir les divers imprimeurs qui s'en servirent.

On lui donne plusieurs prénoms, on le marie, on lui
donne un gendre qui, comme lui, exerce la profession d'imprimeur. Il a pour successeurs sa veuve et ses héritiers.
Mais ce qu'il y a de plus plaisant, c'est qu'on lui donne une
veuve et des héritiers de son vivant. Il y a des exemplaires
qui portent l'adresse : chez Pierre du Marteau, avec la date
de 1737, alors qu'il y en a d'autres qui portent : chez les
héritiers de feu Pierre du Marteau, 1729. D'après cela, il
eût imprimé concurremment avec sa veuve et ses héritiers.
Enfin on lui attribue des presses dans sept ou huit villes
simultanément.

Voici maintenant le tableau des variantes françaises :

A Cologne, chez Pierre Marteau.
   — chez Pierre Marteau, imprimeur et libraire.
   — chez Pierre Marteau, revenu de l'autre
      monde.
   — chez Charles Marteau.
   — chez Pierre du Marteau.
   — chez Piere *(sic)* du Marteau.
   — chez Pierre du Martheau.
   — chez Pierre du Martau.

A Cologne, chez Jean-Pierre du Marteau.

—   chez Adrien l'Enclume, gendre de Pierre Marteau.

—   chez les héritiers de Pierre Marteau.

—   chez les héritiers de feu Pierre Marteau.

—   chez Pierre Marteau, et se vend à Londres chez Henri Ribotteau, libraire dans le Strand, où l'on trouve un assortiment général de musique.

A Cologne et à Paris, chez Pierre Marteau.

A Liège, chez Jacob le Doux, et à Cologne, chez Pierre Marteau.

A Coloigne (sic), chez Piere (sic) de Marteau.

A Pari (sic), chez Jann (sic) Pierre de Marteau.

A Amsterdam, chez l'ancien Pierre Marteau.

—   chez Adrien l'Enclume, gendre de Pierre Marteau.

—   chez Adrien l'Enclume, gendre d'Antoine
—   Marteau.

—   chez Daniel Pain, et à Cologne, chez Pierre Marteau.

A Villefranche, pour Pierre Marteau.

Il y a des éditions qui portent les noms des villes suivantes :

La Haye — Leyde — Londres — Madrid — Rouen.
Parfois il y a des enseignes :
A Cologne, chez Pierre Marteau, à l'Arbre sec.

A Cologne, chez Pierre Marteau, à l'Image des Trois
    Rois.
—   —   à la Vérité.
A Amsterdam, chez Pierre Marteau, rue Mercière, près
    de la Bourse.
A la Haye, chez Pierre Marteau, à l'Enclume.
A Rotredam *(sic)*, chez Pierre Marteau, rue du Bouc, à
    la Grande Corne d'abondance.

Ce ne furent pas seulement les imprimeurs hollandais,
belges et français qui se servirent du masque : Pierre du
Marteau ; les imprimeurs allemands en firent un tout aussi
fréquent usage.

C'est à tort que M. Gustave Brunet écrit dans son livre
les Imprimeurs imaginaires et libraires supposés, que
l'adresse de ce typographe imaginaire perd beaucoup de sa
vogue à mesure que le xviiie siècle s'avance et qu'il finit par
s'éteindre en Allemagne.

Nous lisons dans le *Vorwort zur ersten Auflage* de l'ouvrage : *Die falschen und fingirten druchkorte von Emil
Weller* :

« Im Jahre 1662 erscheint zuerst Pierre Marteau in der
Franzosischen Presse, von 1685 and oder früher auch in
der deutschen, wo man ihn spater in Peter Hammer
umtaufte. »

Malgré l'affirmation de M. Weller que c'est en 1685 ou
plus tôt encore que Pierre du Marteau apparaît dans la
presse allemande, d'après son ouvrage et notre propre catalogue, ce n'est pourtant qu'en 1688 que, pour la première

fois, nous rencontrons un livre portant cette adresse. Voici
le titre de ce livre :

*Staatsorackel über die allerverborgens ten Desseins und
chagrins der vornehmsten Potentaten, Fursten und Stand
in Europa.*

Coelln, bei Willhelm Marteau. M DC LXXXVIII[1].

Comme on le remarquera, ce n'est pas l'adresse de Pierre
Marteau que cet ouvrage porte, mais bien celle de Guillaume
Marteau. Il est hors de doute qu'il doit exister des œuvres
avec l'adresse de Pierre Marteau qui ont été imprimées
avant l'année 1688, car il n'est pas probable que les imprimeurs allemands aient fait usage d'une variante avant de se
servir de l'adresse primitive.

Ce n'est qu'en 1713 que, pour la première fois, nous
trouvons un livre portant l'adresse tout entière en langue
allemande : *Kolnn, bey Peter Hammer.*

Jusqu'à cette époque, les imprimeurs se contentent d'insérer le nom de la ville en allemand et d'y ajouter le nom
de Pierre Marteau en français.

Les imprimeurs allemands se servirent tout particulièrement de l'adresse pour les livres traduits du français en
allemand. L'Allemagne prenait un sensible plaisir à lire les
pamphlets qui se publiaient en français contre Louis XIV
et les personnages les plus importants de la cour. Elle s'a-

---

1. *Oracle d'État sur les desseins les plus secrets et les chagrins des
principaux Potentats, Princes et États en Europe.* A Cologne, chez
Guillaume Marteau, 1688.

musait aux récits des amours et des anecdotes galantes du grand roi, de ses courtisans et courtisanes.

Les presses allemandes employaient également l'adresse pour la publication d'œuvres érotiques écrites en allemand et pour des pamphlets ayant trait à la politique intérieure, pamphlets qui eussent procuré à l'auteur et à l'éditeur, si jamais le malheur avait voulu qu'ils fussent connus, la peine capitale[1]

En 1859, nous trouvons encore des impressions allemandes avec l'adresse. Il est vraiment à souhaiter qu'on ne tarde pas à voir quelque bibliographe allemand se donner la peine de faire sur les impressions allemandes, avec l'adresse de Pierre du Marteau, un travail analogue au nôtre.

Le succès qu'eut l'adresse en Allemagne fut tout aussi grand que celui qu'elle remporta en France, et pour preuve nous allons donner le tableau des variantes dont elle fut l'objet de la part des imprimeurs de ce pays :

Colnn, Pierre Marteau.

Coln, bey Pierre Marteau auf Kosten der Societat.

Coelnn, bey Peter Marteau.

Coln, bey Peter Marteau.

Colnn, bey Pierre Martenau.

Colnn, gedruckt bey Peter Mardenau.

Coelnn, bey Willhelm Marteau.

Coln und Frankfurt, P. Marteau.

Gedruckt bey dem berühmten Ubiquitisten Pierre Marteau zu Colnn am Rhein.

Colnn, Pierre Marteau Wittwe.

Colnn, Pierre Marteau's Erben.

Coln am Rhein, Peter Hammers Erben.

Coblentz, Pierre Marteau der jüngere.

Hamburg, Pierre Marteau.

London, Pierre Marteau.

Padua ein halbe stunde von Rom bey Peter Martau.

Gedruckt zu Freystadt und zu finden bey Peter Marteau.

Kolnn, Peter Hammer.

Gedruckt bey Peter Hammer.

Amsterdam und Coln, Peter Hammer.

Dantzig, Pierre Marteau.

Koblentz, Peter Hammer.

Germanien, Peter Hammer.

Mainz und Coln, Peter Hammer.

Petersburg, Peter Hammer der Altere.

Colnn, Peter Hammers Erben.

Utopien bey Peter Marteau.

Pour ce qui concerne les imprimeurs allemands qui se
servirent de l'adresse, on va le voir, ils sont fort nombreux :

Richter in Altenburg; Iversen in Altona; Brochaus in
Amsterdam; Walther in Augsburg; Gobhardt in Bamberg;
Basel in Neukirch; Fink, Rüdiger, Schone in Berlin;
Sauermann in Bremen; Bragvog in Breslau; Sinner in Co-
burg; Pauli in Copenhagen; Günther, Winckler in Dresden;
Keyser in Erfurt; Krieger in Giessen; Heinsius, Herold,
Heyl, Hoffmann, Liebezeit, Schmidt in Hamburg; Forster

in Hannover; Bielcke in Iena; Rommerskirchen in Koln;
Graff, Jacobaer, Joachim, Rohler, Rollmann, Voss, G. Wi-
gand in Leipzig; Biegel in Stuttgard; Cotta in Tubingen;
Bartholomai in Ulm; Gerold in Wien; Ahlfeld in Wit-
temberg; Frommann in Züllichau, etc.

Il existe aussi des ouvrages imprimés avec l'adresse en
langues italienne, flamande, latine.

Les impressions latines présentent quelques variantes :

Coloniæ, Petrus Martellus.
Coloniæ, Pierre Marteau.
Coloniæ, typis Petri Martelli.
Amstelodami, apud Peter Marteau.
Cosmopolis, Petrus Martellus.
Freystadii, apud Claudium Martellum.
Lugduni, apud Petrus Marteau.

II

COLLECTION DES IMPRESSIONS

PORTANT L'ADRESSE :

A COLOGNE CHEZ PIERRE DU MARTEAU

1. SA COMPOSITION — 2. SON IMPORTANCE

EN HISTOIRE DE FRANCE

COLLECTION DES IMPRESSIONS

PORTANT L'ADRESSE :

A COLOGNE, CHEZ PIERRE DU MARTEAU

I. — SA COMPOSITION

Cette collection doit être examinée au double point de vue de sa valeur typographique et de son mérite littéraire.

Au point de vue typographique, il est à constater qu'abstraction faite des productions qui sont sorties des presses des Elzevier, un grand nombre de livres publiés avec ce masque sont médiocres quant à l'impression.

La qualité du papier est mauvaise, les imprimeurs se sont servis de caractères qui ne sont ni purement gravés, ni purement dessinés ; l'encre est pâteuse, la justification est souvent irrégulière, la correction n'est pas soignée ; bref, le tirage de certaines œuvres est loin d'être parfait.

Si nous prenons la peine de rechercher la raison pour laquelle si peu de soin fut apporté à l'exécution typographique de ces ouvrages, nous trouverons que c'est à l'esprit du lucre développé outre mesure chez les imprimeurs des Pays-Bas qu'il faut l'attribuer.

Ces éditeurs savaient par expérience que les livres revêtus du nom de ce typographe imaginaire, alors même qu'ils fourmillaient de fautes, étaient achetés aussitôt leur apparition en France.

Mais si la collection laisse parfois à désirer au point de vue matériel, il n'en est certes pas ainsi sous le rapport littéraire.

Elle renferme beaucoup de chefs-d'œuvre dus aux plumes les plus exercées de l'époque.

Ouvrages d'histoire générale et spéciale, de polémique religieuse et politique, pamphlets, satires, libelles, productions anecdotiques, érotiques, sotadiques, voilà les éléments dont se compose la collection des impressions avec la firme de Pierre du Marteau.

C'est un fait indiscutable que cette collection surpasse du tout au tout celle des *Mazarinades*.

Somme toute, que renferme la collection des opuscules publiés par les frondeurs contre le cardinal Jules Mazarin?

Des œuvres comiques, des œuvres sérieuses.

Œuvres comiques : plaisanteries, facéties, bouffonneries, trivialités grotesques, vives caricatures, satires personnelles dirigées contre le cardinal et ses partisans, écrites dans un style badin, burlesque.

Œuvres sérieuses : des pamphlets, dans lesquels on fait jouer au cardinal le rôle de bouc émissaire. Contre lui s'élèvent toutes les clameurs des frondeurs; à les entendre, il est la cause de la misère du peuple, il est l'auteur d'énormes concussions, on fait enfin retomber sur lui toute la responsabilité d'une faute générale.

Scarron, dans un sanglant pamphlet intitulé : « la Ma-

zarinade[1] », lui reproche *d'avoir fait perdre par ses len-
teurs le fruit de la bataille de Lens, d'avoir mis « le duc
de Beaufort en cage, abandonné à Naples le duc de Guise,*

1. *La Mazarinade.* — *Sur la copie imprimée à Bruxelles. 1649.*
24 pages.
Cette pièce a donné son nom à tous les pamphlets du temps. L'auteur est Scarron. Il la désavoua après la Fronde. Elle porte, à ne pas
s'y méprendre, sa verve burlesque et son cynisme. — En dépit de ce
qu'écrit Mme de Motteville : « Le cardinal Mazarin avait fait des
injures ce que Mithridate avait fait du poison, qui, au lieu de le tuer,
vint enfin, par la coutume, à lui servir de nourriture », le pamphlet de
Scarron toucha le cardinal. Il s'empressa de supprimer la pension
de cinq cents écus qu'il lui avait accordée, ainsi que celle de la reine
Anne d'Autriche, qui était de pareille valeur. Deux passages de *la
Mazarinade* avaient tout particulièrement irrité Mazarin. Le premier
visait son extraction ; le voici :

> Elle fit du val de Mazare
> Sortir ce ministre si rare ;
> De Mazare vient Mazarin.
> Comme on dit le Manceau du Maine,
> Le Tourangeau de la Tourraine,
> Basque, Champagne ou le Picard...
> Comme en usent en nostre France
> Les faquins de basse naissance.

Le second racontait un voyage que fit Mazarin à l'âge de dix-sept
ans, en Espagne, à la suite de l'abbé, depuis cardinal Colonna. Voici
ce passage :

> Te souvient-il bien d'Alcala ?
> Quand Ganymède ou Quinola,
> L'amour de certaine fruitière
> T'attira maint coup d'étrivière,
> Quand le cardinal Colonna
> De paroles te malmena,
> Et qu'à beaux pieds comme un bricorne,
> Tu te sauvas à Barcelone.

Segrais (*Mémoires*, p. 165) substitue à la fruitière une bouquetière,
« Ceci est moins compromettant pour les goûts délicats de Mazarin »,
s'empresse d'écrire M. Amédée Renée. (*Les Nièces de Mazarin*, p. 3.)

*volé le duché de Cardone, empoisonné le président Baril-
lon* », etc.

Bref, le cardinal était

Ce pelé, ce galeux d'où venait tout leur mal.

Les frondeurs criaient :

Haro sur le cardinal Mazarin !

Voici en quels termes les historiens et les écrivains
français les plus en renom ont apprécié *les Mazarinades.*

Nous lisons dans les lettres de Gui Patin [1] :

« On a fait ici courir depuis huit jours quantité de papiers volants contre le Mazarin, mais il n'y a encore rien
qui vaille [2]. »

« On imprime ici tant de factums et de libelles chaque
jour contre le Mazarin, et ceux de son parti, la plupart
mauvais et chétifs, que MM. du Parlement ont déjà, pour
la seconde fois, donné arrêt contre cette effroyable quantité
de libelles, et ont défendu à toute sorte de gens d'en imprimer aucun, sans permission de deux conseillers députés à
cet effet : *Sed mendicum et famelicum genus ratione non du-
citur.* Les colporteurs, crieurs de gazettes et imprimeurs se
garderont bien d'y obéir tant qu'ils trouveront des gens
curieux de toutes ces nouveautés. On ramassera toutes les

1. *Lettres de Gui Patin.* — Édition faite par J.-H. Réveillé-Parise.
Paris, Baillière, 1846.

2. T. Ier, lettre CXCXVIII, p. 405, 406. Cette lettre est datée
du 20 février 1649 et adressée à M. Charles Spon, docteur en
médecine.

bonnes pièces, *abjectis et rejectis aliis deterioris notæ,* desquelles on fera un volume in-4° ou même in-folio, si les bonnes sont à un tel nombre, comme il pourra arriver si le mauvais temps dure. Il y en a déjà environ cent cinquante; mais je ne crois point *que le tiers en mérite l'impression*[1]. »

« Il y a ici horriblement de libelles contre le Mazarin. Quand on ne prendroit que les bonnes pièces, il y en a pour faire un recueil de cinq ou six tomes in-4°, à quoi j'apprends que l'on travaille, en ôtant et en retranchant les mauvaises pièces. Cela est merveilleux qu'on ait pu dire tant de différentes choses contre un homme[2]. »

Le cardinal de Retz écrit dans ses mémoires :

« Il y a plus de soixante volumes de pièces composées dans le cours de la guerre civile, et je crois pouvoir dire, avec vérité, qu'il n'y a pas *cent feuillets qui méritent qu'on les lise.* »

M. Amédée Renée dit :

« Ces écrits-là sont de peu d'autorité, et on ne puise à pareille source qu'avec précaution[3]. »

M. Chéruel s'exprime ainsi :

« Ces écrits satiriques commencèrent à circuler dans Paris dès 1648 et devinrent la littérature à la mode. Il

---

1. T. Ier, lettre CCI. Lettre adressée à M. Spon, p. 428.
2. T. II, lettre CCII. Lettre adressée à M. Spon, p. 437.
3. Amédée Renée. *Les Nièces de Mazarin* (Paris, 1858, in-8°), p. 3.

n'est plus question, pendant les troubles de la Fronde, des tragédies de Corneille, qui élevaient les âmes, des œuvres ingénieuses de Voiture, qui perfectionnaient la langue ; on leur préférait des *attaques ordurières* contre la reine, contre Mazarin et contre les princes. On chercherait vainement dans ces pamphlets *ni mérite littéraire ni intérêt historique*. Pendant cinq ans, ces écrits burlesques servirent de pâture intellectuelle à une population dont le goût littéraire, comme le sens politique, semblait perverti [1]. »

Écoutons l'opinion de M. Henri Martin :

« Il y a de tout dans *les Mazarinades :* de la grossièreté, du cynisme, de la bigoterie, de l'impiété, de l'esprit, de la verve, parfois même du bon sens ; il y en a qui laissent reparaître l'aigre levain du vieux parti de l'étranger et du fanatisme, et qui osent reprocher à Mazarin le traité de Westphalie comme contraire à l'Église et la révolte de Naples contre « son souverain légitime » ; d'autres, dans un esprit tout opposé, accusent Mazarin de n'avoir pas dignement continué son illustre prédécesseur. Le parti de la cour ne demeure pas sans réponse, les pamphlets Mazarins sont à peine un contre vingt ; mais on doit convenir qu'ils ne sont pas si inférieurs en raison et en esprit qu'en nombre [2]. »

---

1. *Histoire de France pendant la minorité de Louis XIV*, par A. Chéruel (Paris, 1879, 4 vol.), t. III, p. 134 et 135.

2. *Histoire de France*, par Henri Martin (Paris, Furne, 1851), t. XIV, p. 208.

M. Moreau porte le jugement suivant :

« Il est vrai que les publications de la Fronde ne sont ni aussi vives ni aussi spirituelles que les pamphlets de la régence de Marie de Médicis, comme ces pamphlets n'ont ni l'originalité, ni l'âcreté, ni la verve des libelles de la Ligue. Il y a dans la succession de temps un mouvement très sensible de dégénérescence. La cause s'en découvre aisément ; elle est dans l'abaissement des intérêts qui a eu pour conséquence immédiate l'affaiblissement des passions. »

Mettons enfin sous les yeux des lecteurs l'excellente appréciation de M. Leber :

« Le nombre des pamphlets, connus sous le nom de *Mazarinades,* est prodigieux. Les contemporains en parlent comme d'essaims de mouches et de frelons qu'auraient engendrés les plus fortes chaleurs de l'été : *Quam sit muscarum et crabonum quum calet maxime.* La Fronde a duré cinq ans, et à peine trois mois étaient écoulés depuis la déclaration de la révolte, que *les Mazarinades* se comptaient déjà par centaines.

« La Fronde était une querelle de famille, une question d'intérêts financiers débattue entre Saint-Germain et la capitale, entre un homme qui n'était que l'organe de la souveraineté méconnue d'une part, et d'autre part un Parlement séditieux, un prêtre brouillon, quelques princes mécontents et John Bull, leur très humble et très obéissant serviteur. La charge et surtout le bénéfice de la publication

1. Moreau, *Bibliographie des Mazarinades.* Introduction, p. vII.

des pièces du procès revenaient de droit aux presses du Mont-Saint-Hilaire. *Les Mazarinades* firent donc la fortune du pays latin.

> *... Lucri bonus est odor ex re*
> *Qualibet...*

« Les éditeurs s'y enrichirent, mais les auteurs n'en furent pas moins gueux, si l'on en juge par la paye qu'ils tiraient de leurs manuscrits. Une feuille ordinaire, en vers ou en prose, leur était payée trois livres. Il fallait produire un chef-d'œuvre de bouffonnerie ou de noirceur pour gagner quatre livres tournois, et moyennant une pistole, le Juvénal ou le Cicéron de l'époque s'engageait à faire rouler une presse pendant une semaine. Mais aussi quel Juvénal ! Scarron et Marigny, auteurs des meilleures satires en vers, ne pouvaient suffire à tout. Après eux et quelques autres écrivains connus, venait la tourbe des affamés sans nom, ni talent ni honneur, des histrions du plus bas étage, des écoliers, des cuistres, des secrétaires de Saint-Innocent, des chanteurs de Pont-Neuf ; dont un seul enfantait quelquefois jusqu'à six pamphlets dans la même journée. Des garçons d'imprimerie composaient eux-mêmes une partie des pièces qu'ils mettaient sous presse ; plus d'un auteur colportait en personne celles qu'il avait faites ; plus d'un colporteur venait de faire celles qu'il débitait ; et comme si le libellisme eût été un devoir pour toutes les classes de la société, on voyait des muses improvisées en cottes de bure et en cornette, des héros de cuisine chanter les héros de la Fronde et faire, au lieu d'un brouet pour Monsieur, une brochure pour la veuve Coulon.

La pièce intitulée: *les Admirables sentiments d'une villageoise à Monsieur le Prince,* et plusieurs autres niaiseries du même genre, sont de la servante d'un libraire, « qui en faisait, dit un contemporain, après avoir écuré ses pots et lavé ses écuelles ». C'était à qui donnerait son coup de pied au ministre proscrit.

« Enfin Mazarin lui-même faisait ou faisait faire des *Mazarinades.* On sait, d'après son propre témoignage, que des pamphlets étaient quelquefois répandus par son ordre pour exciter une émeute, qu'il exploitait ensuite à son profit[1].

« Le Pont-Neuf était chamarré de ces brochures, qui couraient aussi les rues de Paris. Naudé rapporte qu'on les criait le matin sortant de la presse comme les petits pâtés sortant du four, « à la même heure qu'anciennement on vendait à Rome le déjeuner des petits enfants.

Surgite, jam vendit pueris jentacula pistor.

« Il paraît d'ailleurs, que les plus mauvaises étaient les

---

1. Nous lisons à ce propos, dans *le Palais Mazarin,* par le comte de Laborde, note 27, p. 164 :

« Au milieu de cette fièvre générale, en face de cette irritation factice, la personne la plus intéressée dans ce débat restait impassible. En juillet 1650, le cardinal sortit enfin de son apathie, et on lit dans son *Agenda* cette note significative : « Fayre quelque papier et « l'imprimer pour informer le peuple du sujet de mécontentement du « coadjuteur un autre de sa vie et mœurs et comme sa mayson s'est « establie en France [n° 14, p. 83]. » Cette pièce fut rédigée par le fameux d'Hozier, bien que son fils prétendît qu'il n'avait fait que la signer par complaisance. Tallemant des Réaux parle du célèbre généalogiste d'une manière à faire douter de sa complète intégrité historique, et l'abbé de Bois-Robert, autre bonne plume, attaque aussi de ce côté la probité de d'Hozier. »

premières vendues, parce qu'elles s'adressaient au peuple,
qui n'entendait rien aux autres[1]. »

Cette citation paraîtra bien longue, mais nous avons jugé
qu'il était de la dernière importance pour nous de reproduire
en entier l'appréciation de ce savant bibliographe, qui venait
corroborer en tous points notre assertion.

Tout en reconnaissant qu'il y a nombre de *Mazarinades*
qui portent la marque d'un véritable talent, il nous est avis
cependant que, considérées dans leur ensemble, elles pèchent
par la monotonie.

En effet, n'ont-elles pas pour fonds inépuisable la person-
nalité de Mazarin, toujours et rien que Mazarin ?

Le comte de Laborde a beau écrire : « Les six mille
Mazarinades, lues avec précaution, avec une judicieuse critique, fournissent les renseignements les plus curieux et des
détails encore ignorés[2] » ; nous affirmons, nous, et cela sans
crainte d'être démentis, qu'il y a bien peu de gens, s'il y
en a, qui ont lu dans leur entier les productions qu'on a
rassemblées sous le nom de *Mazarinades*.

La collection des impressions portant l'adresse de Pierre
du Marteau présente au contraire une excessive variété.

Point n'est besoin d'exalter ici tous les ouvrages remarquables qui en font partie.

---

1. *De l'état réel de la presse et des pamphlets depuis François Ier
jusqu'à Louis XIV*, par C. Leber (Paris, Techener, 1834, in-8°), p. 102
et suivantes.

2. *Le Palais Mazarin et les grandes habitations de ville et de campagne au XVIIe siècle*, par le comte de Laborde, membre de l'Institut et
de la Chambre des députés (Paris, 1846, in-4°), p. 127.

Nous nous bornerons à attirer l'attention du lecteur sur deux catégories de livres pour lesquelles il serait justice de dire que si la collection ne se fût composée que d'elles, elles auraient amplement suffi à justifier la grande réputation que cette collection s'est acquise.

Les deux catégories dont nous venons de parler se composent d'une part de pamphlets, de libelles, de satires[1], écrits contre le roi Louis XIV et contre les mœurs de sa cour à la fois libertine et dévote, la plus immorale et à coup sûr la plus hypocrite dont l'histoire de France nous ait laissé le souvenir; de l'autre, d'œuvres érotiques.

2. — SON IMPORTANCE EN HISTOIRE DE FRANCE

Les pamphlets que contient la collection des impressions de Pierre du Marteau ont joué un rôle on ne peut plus considérable dans l'histoire de France durant le XVIIe et le XVIIIe siècle ; ils ont eu une importance telle que celui qui avait pris fastueusement le soleil pour emblème, avec la fameuse légende : *Nec pluribus impar*, Louis XIV, fut si violemment piqué par les insultes et les reproches sanglants

---

1. A première vue il semble que les termes : *pamphlet, satire, libelle*, sont synonymes. Il existe toutefois une grande différence entre eux : .

Le pamphlet a un *caractère général;* il s'en prend à un gouvernement, à un système politique, à la chose publique;

Le libelle a un *caractère spécial;* il est dirigé contre les personnes, il s'occupe de la vie privée de ceux qu'il attaque ; le résultat espéré est le scandale;

La satire est un écrit dans lequel on raille, ridiculise quelqu'un ou quelque chose.

qu'ils renfermaient, qu'il en vint à déclarer la guerre à la
Hollande, cette audacieuse république protestante, où s'imprimaient la plupart de ces ouvrages; république qui, la
première, l'humilia profondément en osant frapper une mé-
daille où un bourgmestre d'Amsterdam regardait le soleil
en face et lui adressait les paroles: *Sol sta, et ne moveare.*

Nous pouvons hardiment écrire qu'il est indispensable à
toute personne qui voudrait se rendre compte parfaitement
du règne de Louis XIV de prendre connaissance et de ces
pamphlets, qui esquissent la vie politique du grand roi et de
ses ministres, qui exposent la situation politique de la France
à cette époque, et des œuvres érotiques qui tracent le tableau
de la vie privée du grand roi et des personnages de sa cour.

Tout en nous entretenant des pamphlets publiés par le
soi-disant Pierre du Marteau, relevons ici une erreur due à
la plume de M. C. Leber.

Ce bibliographe, dans son livre; *l'État réel de la presse
et des pamphlets depuis François Ier jusqu'à Louis XIV,*
écrit: « Tous les pamphlets politiques ou prétendus galants
nous viennent de la Hollande et des Pays-Bas. Les réfugiés
y ont beaucoup de part. C'est une chose digne de remarque,
et ce me semble honorable pour la nation, que les presses
françaises sont innocentes de la presque totalité des libelles
dirigés contre un de nos plus grands rois, qu'on n'en compte
pas un sur vingt qui ait été fabriqué en France ou qui soit
l'ouvrage d'un écrivain ayant conservé les sentiments et la
qualité de Français; et, néanmoins, la France, excédée de per-
sécutions, d'impôts, de milices et de calamités de toute espèce, la France était bien malheureuse quand le congrès

d'Utrecht, rendant la paix à l'Europe et le repos au lion infirme, ramena encore la disette dans les ateliers du libellisme. »

Nous apprécions hautement l'esprit de patriotisme qui anima M. Leber, lorsqu'il écrivit ces lignes ; mais cet esprit l'a conduit jusqu'au fétichisme et lui a fait dire des choses inexactes.

Il n'y eut pas seulement que les réfugiés qui publièrent des pamphlets contre Louis XIV, il y eut nombre de Français résidant en France qui, froissés par les actes autocratiques de la politique du grand roi ou de ses ministres, s'empressèrent de faire imprimer en Hollande ou en Belgique des pamphlets, libelles, satires contre ce roi et son gouvernement.

Lorsque M. Leber affirme « qu'on ne compte pas un pamphlet sur vingt qui ait été fabriqué en France », il se trompe du tout au tout. Il s'imprima une énorme quantité de pamphlets en France, et ce fut surtout des presses rouennaises qu'ils sortirent, et nous pouvons même assurer que ce ne furent pas les moins virulents, tout au contraire.

Nous en sommes arrivé au point de mettre sous les yeux du lecteur les inappréciables trésors que renferme la collection. Nous allons dresser un tableau des pamphlets, libelles, satires et des œuvres érotiques, qui forment, comme on va le voir, un ensemble de productions aussi curieuses que rares.

A. PAMPHLETS — LIBELLES — SATIRES

Au point de vue des pamphlets, le règne de Louis XIV peut se diviser en deux grandes périodes.

PREMIÈRE PÉRIODE
(1661-1672)

Cette période s'étend de l'avènement de Louis XIV au trône à la déclaration de guerre à la Hollande.

« Les pamphlets ayant trait à cette époque du règne de Louis le Grand, écrit M. Leber, sont aventureux, caque-teurs, romanesques, galants, libertins ; échos de bosquets et de ruelles, miroirs d'une cour jeune, magnifique, volup-tueuse, avide de fêtes et de plaisirs, réfléchissant, grossissant, multipliant et supposant au besoin les faiblesses et le scan-dale, s'attaquant à l'honneur des femmes quand la gloire du prince et de l'État protège celui des hommes et les absout aux yeux d'un public français. »

La collection se signale par trois pamphlets célèbres :

Histoire des amours des Gaules, par R. de Bussy-Rabutin.

A Cologne, chez Pierre Marteau, MDCXCVI. S. d. (1708), 4 vol. MDCCXVI-MDCCXXII.

Nous préparons pour la *Revue des Deux Mondes* un article intitulé : *Roger de Rabutin, comte de Bussy,* et son *Histoire amoureuse des Gaules.*

Consultez la description raisonnée de l'édition originale et des réimpressions de l'*Histoire amoureuse des Gaules* de Roger de Rabutin, comte de Bussy, que nous avons publiée dans le *Bulletin du bibliophile et du bibliothécaire* de Léon Techener, 1887.

Carte géographique de la Cour et autres galanteries, par Rabutin.

A Cologne, chez Pierre Marteau. MDCLXVIII. S. d.

I. — ÉDITIONS ET RÉIMPRESSIONS

1. — A Cologne, chez Pierre Marteau. M DC LXVIII. — Marque : la Sphère.

> 1 vol. pet. in-12. 1 f.-titre. 78 pp. 1 f. blanc. — Catalogue de librairie de la veuve Labitte, nº 649. — 65 fr. Bibl. de l'auteur.

M. A. Willems, dans son ouvrage sur les Elzevier, range cette édition de la *Carte géographique* parmi les annexes de la collection elzévirienne. Il dit que c'est l'édition originale et qu'elle est de la plus grande rareté. D'après le témoignage de la « Sphère », il la croit imprimée à Amsterdam.

2. — A Cologne, chez Pierre Michel. M DC LXVIII.

> 1 vol. pet. in-12. 80 pp.

C'est une réimpression de l'édition originale, décrite ci-dessus. M. Willems pense qu'elle est sortie des presses de Philippe Vleugard, de Bruxelles.

3. — A Cologne, chez Pierre Marteau. S. d.

> 1 vol. pet. in-12.

Cette édition nous est signalée par M. J.-Ch. Brunet dans son Manuel du Libraire et de l'Amateur de livres, 5ᵉ édition. M. Willems n'en parle pas, et pour ce qui nous concerne, nous ne l'avons jamais rencontrée.

La carte a été réimprimée dans la Bibliothèque elzévirienne de P. Jannet par M. Paul Boiteau, sous le titre de Carte du pays de Braquerie, titre que les Mémoires de Bussy lui donnent.

Qu'il nous soit permis en passant de dire que M. Boiteau a enlevé le caractère original de la carte en rajeunissant son style.

M. Bazin a donné une réimpression de la carte, faite d'après l'édition originale de 1868, et d'après deux copies manuscrites.

MM. Monmerqué et Paulin Paris ont réimprimé la carte d'après le texte donné par M. Bazin à la fin du tome IV de leur édition des Mémoires de Tallemant des Réaux.

M. Poitevin a réimprimé la carte dans l'édition de l'*Histoire amoureuse des Gaules* qu'il a donnée en 1858.

II. ANALYSE LITTÉRAIRE DE LA CARTE GÉOGRAPHIQUE

Une femme de lettres, qui eut une influence considérable sur le xviiᵉ siècle, qui fit se pâmer l'hôtel de Rambouillet et s'extasier devant ses ouvrages des gens de goût et d'un esprit délicat, Mˡˡᵉ de Scudéry, publia en 1656 un roman ayant pour titre : *Clélie.*

Dans ce roman, elle avait introduit la Carte du Tendre.

Cette géographie amoureuse, pleine de sentimentalisme, eut un succès immense. C'était une suite d'allégories, dont le plaisir de lever les masques, de deviner les allusions et les énigmes, détermina la vogue. Voici la description que fit de cette carte le cavalier Célère à la princesse des Léontins :

« La première ville située au bas de la carte est Nouvelle-Amitié. Comme on peut avoir de la tendresse par trois causes différentes, ou par une grande estime, ou par reconnaissance, ou par inclination, on y a établi trois villes de Tendre, sur trois rivières, qui portent ces trois noms, et on a fait aussi trois routes différentes pour y aller; si bien que comme on dit Cumes sur la mer d'Ionie, et Cumes sur la mer de Tyrrhène, on dit aussi Tendre-sur-Inclination, Tendre-sur-Estime, Tendre-sur-Reconnaissance.

« Cependant, comme Clélie a supposé que la Tendresse qui naît par Inclination n'a besoin de rien autre chose pour être ce qu'elle est, elle n'a mis nul rivage sur le bord de cette rivière, qui va si vite qu'on n'a besoin de nul logement le long de ses rives, pour aller de Nouvelle-Amitié à Tendre. Mais, pour aller de Nouvelle-Amitié à Tendre-sur-Estime, il n'en est pas de même; car Clélie a ingénieusement mis autant de villages qu'il y a de petites et de grandes choses qui peuvent faire naître par estime cette Tendresse dont elle entend parler. En effet, vous voyez que de Nouvelle-Amitié on passe à un lieu qu'on appelle Grand-Esprit, parce que c'est ce qui commence ordinairement l'Estime. Ensuite, pour faire un plus grand progrès dans cette route, vous voyez Sincérité, Grand-

Cœur, Probité, Générosité, Respect, Exactitude et Bonté, qui est tout contre Tendre. Après cela il faut retourner à Nouvelle-Amitié, pour voir par quelle route on va de là à Tendre-sur-Reconnaissance.

« Voyez donc, je vous prie, comment il faut aller d'abord de Nouvelle-Amitié à Complaisance, ensuite à ce petit village qui se nomme Soumission, et qui touche un autre fort agréable qui s'appelle Petits-Soins. De là il faut passer par Assiduité et à un autre village qui s'appelle Empressements, puis à Grands-Services; et, pour marquer qu'il y a peu de gens qui en rendent de tels, ce village est plus petit que les autres.

« Ensuite il faut passer à Sensibilité; après, il faut, pour arriver à Tendre, passer par Tendresse; ensuite il faut aller à Obéissance, et enfin passer par Constante-Amitié, qui est sans doute le chemin le plus sûr pour arriver à Tendre-sur-Reconnaissance.

« Mais comme il n'y a pas de chemins où l'on ne se puisse égarer, si ceux qui sont à Nouvelle-Amitié prenaient un peu plus à droite ou un peu plus à gauche, ils s'égareraient aussi; car si, au partir de Grand-Esprit, on allait à Négligence, qu'ensuite, continuant cet égarement, on allât à Inégalité, de là à Tiédeur, à Légèreté et à Oubli; au lieu de se trouver à Tendre-sur-Estime, on se trouverait au lac Indifférence, qui par ses eaux tranquilles représente sans doute fort juste la chose dont il porte le nom en cet endroit.

« De l'autre côté, si au partir de Nouvelle-Amitié on prenait un peu trop à gauche, et qu'on allât à Indiscrétion, à

Perfidie, à Orgueil, à Médisance ou à Méchanceté, au lieu
de se trouver à Tendre-sur-Reconnaissance, on se trouverait à la mer d'Inimitié, où tous les vaisseaux font nau-
frage.

« La rivière d'Inclination se jette dans une mer qu'on
appelle la mer Dangereuse; et ensuite, au delà de cette
mer, c'est ce que nous appelons Terres Inconnues, parce
qu'en effet nous ne savons point ce qu'il y a. »

C'est une chose qui saute aux yeux, que l'auteur de la
Carte géographique de la Cour a lu la Carte du Tendre, et
s'est inspiré de celle-ci pour composer la sienne [1]. C'est au
reste ce qui se vérifiera dans la suite.

Mais, au lieu de décrire comme Mlle de Scudéry l'avait
fait, des galanteries, des échanges de jolis vers, des billets
doux, l'auteur de la Carte géographique, tout au contraire,
s'est servi du cadre employé pour la carte du Tendre pour
produire une satire fort spirituelle, mais aussi fort révoltante et sanglante, que le comte de Laborde, dans un
livre intitulé : *le Palais Mazarin,* apprécie ainsi : « La
Carte géographique de la Cour est un ouvrage rare, dans
lequel l'auteur transforme en ville, en bourg ou en lieu de
passage toutes les dames de la Cour, et trouve dans ses
descriptions géographiques le moyen de faire les allusions
les plus scandaleuses [2]. »

---

1. C'est aussi l'avis de M. Walckenaer. — Voyez : *Mémoires touchant la vie et les écrits de Mme de Sévigné,* p. 518.

2. *Le palais Mazarin et les grandes habitations de ville et de campagne au* xixe *siècle,* par le comte de Laborde, membre de l'Institut
et de la Chambre des députés (Paris, Franck, 1846), p. 204, note 142.

Voici comment l'auteur entre en matière :

Le pays des Braques[1] a les Cornutes[2] à l'orient, les Ruffiens[3] au couchant, les Garraubins[4] au midi et la Prudomagne[5] au septentrion. Le pays est de fort grande étendue et fort peuplé par les colonies nouvelles qui s'y font tous les jours. La terre est si mauvaise que, quelque soin qu'on apporte à la cultiver, elle est presque toujours stérile. Les peuples y sont fainéans et ne songent qu'à leurs plaisirs. Quand ils veulent cultiver leurs terres, ils se servent des Ruffiens, leurs voisins, qui ne sont séparés d'eux que par la fameuse rivière de Carogne. La manière dont ils traitent ceux qui les ont servis est étrange, car, après les avoir fait travailler nuit et jour, des années entières, ils les renvoient dans leur pays bien plus pauvres qu'ils n'en étoient sortis. Et, quoique de temps immémorial l'on sçache qu'ils en usent de la sorte, les Ruffiens ne s'en corrigent pas pour cela, et tous les jours passent la rivière. Vous voyez aujourd'hui ces peuples, dans la meilleure intelligence du monde, le commerce établi parmi eux, le lendemain se vouloir couper la gorge. Les Ruffiens menacent les Braques de signer l'union avec les Cornutes, leurs ennemis communs; les Braques demandent une entrevue, sachant que les Ruffiens ont toujours tort quand ils peuvent une fois les y porter. La paix se fait, chacun

1. Dames galantes.
2. Les Maris.
3. Les Galants.
4. Ou Garsentins.
5. Le Pays de la pruderie.

s'embrasse. Enfin, ces peuples ne se sçauroient passer les uns des autres en aucune façon du monde.

Dans le pays des Braques il y a plusieurs rivières. Les principales sont : la Carogne et la Coquette; la Précieuse sépare les Braques de la Prudomagne. La source de toutes ces rivières vient du pays des Cornutes. La plus grosse et la plus marchande est la Carogne, qui va se perdre avec les autres dans la mer de Cocuage; les meilleures villes du pays sont sur cette rivière.

Vingt-neuf villes dont les noms déguisent à peine ceux des principales dames de la Cour sont décrites dans la carte; les voici :

La présente clef historique a été entièrement recomposée par nous.

NOMS DES VILLES.	NOMS DES DAMES.

1. GUERCHY......... *Mademoiselle de Guerchy.*
Fille de la première comtesse de Fiesque. Elle fut mortellement blessée d'une piqûre dans l'opération d'un avortement. Vitry, son amant, la tua d'un coup de pistolet en 1672. Elle avait été aimée de Châtillon et était fille d'honneur de la reine mère.

2. SOURDIS......... *Benigne de Meaux du Fouilloux.*
Dame d'honneur de la reine, elle avait épousé, en 1667, Paul d'Escoubleau de Sourdis, marquis d'Alluye.

3. SAINT-LOUP....... *Mademoiselle de la Roche-Posay.*
Mariée au financier Le Page qui prit

le nom de Saint-Loup. C'était la Silénie des *Précieuses*. Elle fut la première maîtresse du duc de Candale[1], qui prétendait être prince, à cause que sa mère était fille bâtarde[2] du roi Henri IV, « prétention dont toute la cour se moquait et dont il ne reçut que le sobriquet de Prince des Vandales ». (Amelot de la Houssaye.)

4. La Suze .... *Henriette de Coligny.*

Épousa en premières noces le comte d'Adington, et en secondes noces Gaspard de Champagne, comte de la Suze.

5. Pont-sur-Carogne. *Mademoiselle Judith de Pons.*

Fille de Jean-Jacques de Pons, marquis de la Caze, et de Charlotte de Parthenay, dame de Genouillé, fut l'une des maîtresses, l'une des victimes pour mieux dire, du duc de Guise. Elle était fille d'honneur de la reine mère.

Mme de Motteville écrit au tome II, p. 348 de ses Mémoires :

« Mlle de Pons étoit gloutonne de plaisirs, et voyant que Guise ne se pressoit pas de se faire roi de Naples et de la faire reine, elle se livra à *Malicorne,* son écuyer. »

---

1. Louis-Charles-Gaston de Nogaret et de Foix, duc de Candale, était fils de Bernard de Nogaret, duc d'Épernon, et de
2. Gabrielle-Angélique, fille légitimée du roi Henri IV.

On lit dans un ouvrage intitulé :
le Palais Mazarin, par le comte de
Laborde, p. 316, note 367 :

« Antoine Courtin voulut soumettre
le masque à des règles de civilité; vers
1660, il écrivit : A l'égard des dames,
il est bon de sçavoir qu'outre la révérence qu'elles font pour saluer, il y a le
masque, les coëffes et la robe avec quoy
elles peuvent témoigner leur respect.
Car c'est, par exemple, incivilité aux
dames d'entrer dans la chambre d'une
personne à qui elles doivent du respect,
la robe troussée, le masque au visage,
et les coëffes sur la tête, si ce n'est une
coëffe claire, et il est à remarquer que la
révérence ne doit jamais estre ni courte,
ni trop précipitée, mais basse et grave. »

« C'est incivilité aussi d'avoir son
masque sur le visage en un endroit où
se trouve une personne d'éminente qualité. — C'en est une autre d'avoir le
masque au visage en saluant quelqu'un,
si ce n'estoit de loin, encore l'oste-t-on
pour les personnes royales.» (p. 21 et 135).

Loret remarque en effet que toutes les
femmes qui se promenaient sur le passage du roi :

Où plus de cinq cents beaux visages,
Luy rendant de profonds hommages,
Firent voir en se démasquant,
Ce qu'elles ont de plus piquant.

Muse historique de Loret, 15 mai 1655.

NOMS DES VILLES.	NOMS DES DAMES.

« Mlle de Pons attira l'attention d'un prince parce qu'elle manqua à cette règle de politesse. Fuyant avec son amant, Malicorne, ils prirent ensemble la route de Blois. En traversant cette ville, ils aperçurent sur le pont le duc d'Orléans qui s'y étoit retiré depuis la majorité du roy. Mlle de Pons, qui ne vouloit pas être connue, n'ôta pas son masqué, quoyqu'elle y fut obligée par le respect qu'elle devoit à un prince du sang. Le duc d'Orléans, surpris de son incivilité, la fit suivre et sut facilement son nom. »

[*Intrigues galantes de la cour de France.*

A Cologne, chez Pierre Marteav. In-12, 1794, p. 269.]

6. UXELLES.......... *Marie de Bailleul.*

Elle était veuve de François de Brichanteau, marquis de Nangis. En 1645, elle se remaria à Louis Chalon du Bled, conseiller du roi en ses conseils d'État et privé, marquis d'Uxelles et de Cormartin, mestre de camp d'un régiment d'infanterie, bailli de la noblesse de Bourgogne, gouverneur de Chalon-sur-Saône. Lieutenant général.

7. POMMEREUIL...... *Denise, fille de l'Intendant des finances, Monsieur de Bordeaux.*

Elle épousa le Président au grand Conseil, de Pommereuil.

8. LESDIGUIÈRES...... *Anne de la Magdelaine de Ragny*.

En 1632, elle se maria à François de Bonne, duc de Lesdiguières.

9. ÉTAMPES......... *Charlotte Valençai d'Étampes*, née en 1597.

« C'est la mère de Sillery. Elle avoit épousé le marquis de Puisieux, fils du chancelier de Sillery-Brulart, mort en 1640. Elle fut belle long-temps, mais toujours extravagante. A la mort de son mari, elle fit l'Artémise. Plus tard, à cinquante-huit ans, elle se donna un mari de conscience qui semble avoir été Goulas, l'intendant de Gaston. « Jamais dit Tallemant, (I, p. 468), il n'y eut une si grande friande. »

« Mme de Puisieux ou Puysieux étoit sœur d'Éléonore d'Étampes de Valençay (1589-1651), archevêque de Reims, hardi voleur, hardi viveur, un archevêque à citer pour les protestants. A son lit de mort, il dit au confesseur (Tallemant des Réaux, II, p. 459) : « Le diable emporte celui de nous deux qui croit rien de ce que vous venez de dire! » Il n'en avoit pas moins béni les bonnes femmes dans son église. Mme de Puisieux étoit sœur aussi du cardinal Achille de Valençay, mort en 1648, « fier et brave » homme qui avoit été bon militaire pendant longtemps. Devenue vieille, elle fut

NOMS DES VILLES.	NOMS DES DAMES.

la confidente de Mademoiselle (Montpensier, IV, p. 159). On la chargea de
préparer les voies en 1671, pour marier
la princesse avec le comte de Saint-Paul.

« Elle avoit grand air et une manière
d'autorité qu'elle ne suspendoit même
pas pour se satisfaire en boutades. Son
esprit étoit vif, mais bizarre et fatigant.
Lorsqu'elle meurt (8 septembre 1676),
Mme de Sévigné écrit : « Nous en voilà
délivrés ! Ne trouvez-vous pas, Madame,
qu'elle contraignoit un peu trop ses
amis? Il falloit marcher si droit avec
elle ! »

« Saint-Simon a mis son mot dans cette
histoire (IV, p. 375) : « Mme de Puisieux,
veuve dès 1640 ne mourut qu'en 1677 à
quatre-vingts ans, avec toute sa tête et
sa santé. C'étoit une femme souveraine-
ment glorieuse, que la disgrâce n'avoit
pu abattre, et qui n'appeloit jamais son
frère le conseiller d'État que : Mon
frère le bâtard. On ne peut avoir plus
d'esprit qu'elle en avoit, et, quoique
impérieux, plus tourné à l'intrigue. »
(Article extrait de l'*Histoire amoureuse
des Gaules.* Édition de M. Boiteau,
I, pp. 220 et 221.)

10. BRION . . . . *Madame Brion.*

11. SEVIGNY. . . . . *Marie de Rabutin-Chantal, dame de
Bourbilly.*

Fille de Bénigne Celse de Rabutin, baron de Chantal. Elle épousa, en 1644, le marquis Henri de Sévigné, qui fut tué en duel par le chevalier d'Albret, en 1651.

Mme de Sévigné était la Sophronie des Précieuses.

12. D'Harcourt...... *Catherine-Henriette d'Harcourt-Beu-vron.*

Elle épousa le duc d'Arpajon. C'était la Dorénice des Précieuses. Elle fut dame d'honneur de la Dauphine. Louis XIV lui fit de belles amitiés.

13. Palatine......... *Anne de Gonzague-Clèves.*

Fille de Charles de Gonzague-Clèves, duc de Nevers.

Elle se marie en 1639 à Henri II, duc de Guise. Elle se sépare et se remarie en 1645 à Édouard de Bavière, comte palatin du Rhin.

14. Chevreuse....... *Marie de Rohan.*

Était fille d'Hercule de Rohan, duc de Montbazon, pair et grand veneur, gouverneur de Paris et de l'Ile-de-France, sous Henri IV, et de Madeleine de Lénoncourt, sœur d'Urbain de Laval, maréchal de Bois-Dauphin.

En 1617, elle épousa en premières noces Charles-Albert, duc de Luynes, pair et connétable de France, grand favori de Louis XIII, qui lui accorda toutes les dépouilles du malheureux maréchal d'Ancre, et en 1622, en secondes noces, Claude de Lorraine, duc de Chevreuse.

15. L'ISLE........... *La vicomtesse de l'Isle (Madame de Lisle).*

« La vicomtesse de l'Isle, écrit Tallemant dans ses *Historiettes,* n'est pas belle; mais elle est fort coquette et danse admirablement bien. Elle habitait Paris malgré son mari, dont elle se souciait fort peu, et qui finit par quitter Rennes pour la venir rejoindre. Elle fut très à la mode pendant sa liaison avec Mmes de Montglas et de Précy, et Tallemant dit que, lorsque la vicomtesse boudait ses soupirants, on l'appelait Mme de Quinquangroigne, du nom d'un fief de Bretagne qui lui appartenait. »

16. CHAMPRÉ......... *Fille d'un conseiller au Parlement, du nom de Henry.*

Elle épousa le conseiller Menardeau, seigneur de Champré.

Elle était sœur de Gerniou, veuve du fils du ministre Ferrier.

17. ARNAULT........ *Veuve du président de la Barre.*

En 1650, elle se remaria à Isaac Arnault, mestre de camp général des carabins et lieutenant général, mort en 1652.

18. COMMINGES .... *Sibille-Angélique-Émilie d'Amalvy.*
Fille d'un conseiller au Parlement de Bordeaux.
Épousa, en 1643, le comte de Comminges, des gardes du roi, cousin de Guitaut, capitaine des gardes de la reine mère.

19. LE TILLET .... *Élisabeth de Bailleul.*
Fille aînée du président de Bailleul. Sœur de la marquise d'Uxelles et de Mme de Saint-Germain-Beaupré.
Épousa N. Girard, seigneur du Tillet, conseiller au Parlement.

20. St-GERMAIN-BEAUPRÉ *Agnès de Bailleul.*
La plus jeune fille du président de Bailleul.
Épousa, en 1864, Henri Foucault, marquis de Saint-Germain-Beaupré, gouverneur de la Haute et Basse-Marche, et en 1661 du Périgord. Il était maître d'hôtel chez la reine.

21. GRIMAULT .... *Mademoiselle de Grimault.*
Était la sœur d'Esprit Alard, seigneur d'Esplan, puis marquis de Grimault, qui épousa Mlle de Maurevert de La Baume.

22. CHATILLON .... *Fille de François de Montmorency, comte de Suxe, seigneur de Boutteville, fameux duelliste.*

Elle avait épousé, en 1645, en premières noces, Gaspard IV de Coligny,
marquis d'Andelot, puis duc de Châtillon, et en 1614, en secondes noces,
Christian-Louis de Meckelbourg (Mec-
klembourg)-Schwerin, chevalier de l'ordre.

23. LA VERGNE....... *Marie-Madeleine Pioche de la Vergne.*
Elle était fille d'Aymar de la Vergne,
maréchal de camp et gouverneur du
Havre.

En 1655, elle épousa le comte de La
Fayette. Elle fut dame d'honneur de la
duchesse d'Orléans. Mme de La Fayette
a laissé de précieux Mémoires de la
cour de France pour les années 1688
et 1689.

24. MONTAUSIER ...... *Julie-Lucine d'Angennes.*
Elle était la fille aînée de Charles
d'Angennes, marquis de Rambouillet, et
de Catherine de Vivonne, marquise de
Pisani.

Elle épousa, en 1645, Charles de
Sainte-Maure, marquis, puis duc de
Montausier.

Une des galanteries les plus célèbres
du duc de Montausier est la confection
du recueil poétique, *la Guirlande de
Julie,* à laquelle collaborèrent tous les
beaux esprits du temps et dont le manuscrit, richement relié, fut offert par lui à

NOMS DES VILLES.	NOMS DES DAMES.

Mlle Julie d'Angennes en 1641, soit quatre ans avant qu'il l'épousât.

25. FIENNE .... *Mademoiselle de Fienne.*

26. OLONNE.......... *Catherine-Henriette d'Angennes.*

Parente du marquis de Rambouillet, elle était l'aînée des deux filles de Charles d'Angennes, seigneur de La Loupe, baron d'Amberville, chevalier des ordres du roi, et de Marie du Raynier.

Elle épousa Louis de La Trémouille, comte d'Olonne.

Elle était la Doriménide des Précieuses.

La duchesse de Châtillon et Mme d'Olonne, dont les amants ne se comptaient plus, sont les deux héroïnes principales du pamphlet de Bussy-Rabutin, intitulé : *Histoire amoureuse des Gaules.*

27. BEAUVAIS............. Sous peu nous publierons un livre qui aura pour titre :

Madame de Beauvais.

Femme de chambre de la reine Anne d'Autriche. Première maîtresse du roi Louis XIV.

Quelques brèves mentions, quelques notes incomplètes et le plus souvent erronées, voilà les travaux antérieurs que nous avons rencontrés sur cette dame.

Nous nous sommes efforcé autant

11

que possible de nous rendre compte, dans les moindres détails, du rôle très considérable que Mme de Beauvais a joué à la cour de Louis XIV. Nous osons espérer que les résultats que nous avons obtenus vaudront la peine qu'ils nous ont coûtée.

28. GUISE........... *Mademoiselle de Guise.*

29. LONGUEVILLE..... *Anne-Geneviève de Bourbon-Condé.*

Était fille de Henri III de Bourbon, premier prince du sang, et de Charlotte de Montmorency.

Était sœur aînée du grand Condé et du prince de Conti.

Elle épousa, en 1642, Henri II d'Orléans, duc de Longueville, qui était veuf de Louise de Bourbon, fille du comte de Soissons.

La clef étant terminée, nous en arrivons maintenant à transcrire les descriptions des villes pour lesquelles l'auteur a taillé pointue sa plume en vue de dire tout le mal qu'il pensait des dames que cachent les noms de ces villes.

I. — PONT-SUR-CAROGNE.

Il y a eu long-temps, dans cette place, deux gouverneurs de fort différente condition en même temps, et qui cependant vivoient dans la meilleure intelligence du monde. La fonction de l'un[1] étoit de pourvoir à la subsistance de la ville, et celle de

1. Le duc de Guise.

l'autre[1] étoit de pourvoir au plaisir. Le premier y a presque ruiné sa maison, et l'autre y a fort altéré sa santé. Cette place a eu depuis grand commerce en Flandre, et est maintenant une république.

2. — BRION.

Brion, qui a été fort agréable; mais le grand nombre des gouverneurs l'a ruinée. Toutes ses défenses sont abattues depuis la première fois qu'elle fut prise. C'est aujourd'hui une place à prendre d'emblée. Les avenues en sont assez belles, hormis du côté de la principale porte où il y a un bois de haute futaie, sale et marécageux, que le gouverneur n'a jamais voulu couper. J'appelle gouverneur celui qui en a le nom, car l'administration de la ville dépend de tant de gens que c'est à présent une république.

3. — SEVIGNY.

La situation en est fort agréable. Elle a été autrefois marchande. Montmoron[2], proche parent du Cornute, en fut gouverneur; mais il en fut chassé par un comte angevin[3], qui la gouverna paisiblement long-temps, lequel partageoit le gouvernement avec un autre comte bourguignon[4].

4. — LE TILLET.

Le Tillet, grande ville ouverte de tous côtés. Le peuple en est grossier, le terroir gras et assez beau; cependant on remarque qu'un homme raisonnable n'y a jamais pu demeurer deux jours. Mais, comme il y a dans le monde plus de sots que d'honnêtes gens, le lieu n'est jamais vide.

1. Malicorne, écuyer du duc de Guise.
2. Charles de Sévigné, seigneur de Montmoron, cousin issu de germain de Henri, marquis de Sévigné, son mari.
3. Henri de Daillon, duc du Lude, marquis d'Illiers, chevalier des ordres du roi.
4. Roger de Rabutin, comte de Bussy.

5. — Saint-Germain-Beaupré.

C'est là que la Coquette se joint à la Carogne. C'est une ville fort agréable. Le premier gouverneur qu'elle eut étoit un homme du pays des Cornutes[1]. Il s'empara du gouvernement contre son gré et s'en fit pourvoir en titre d'office. C'étoit un homme fort extraordinaire et tout à fait bizarre à sa façon d'agir.

D'abord, il voulut changer les plus anciennes coutumes de la ville et inventoit toujours quelque chose; entre autres, il déclara un jour qu'il ne vouloit plus entrer que par la fausse porte, et pour moi, je crois que ce n'étoit pas sans fondement. Mais la ville, jugeant que si cela avoit lieu, elle perdroit tous les droits affectés au passage de la grande porte, s'y opposa avec tant de vigueur qu'il ne put parvenir à son dessein. Il fut assez long-temps interdit de sa charge, et depuis même qu'il y a été remis, tout s'est fait dans la ville par commission, le gouverneur ayant bâti un château qu'il habite souvent.

6. — Olonne.

C'est un chemin fort passant. On y donne le couvert à tous ceux qui le demandent, à la charge d'autant. Il faut bien payer de sa personne ou payer de sa bourse[2].

7. — Beauvais.

Beauvais, sur la Carogne, est une petite ville dans un fond, où l'on ne voit le jour qu'à demi et dont les bâtiments sont très

1. Son mari.
2. Mme d'Olonne aimait le jeu. Paget, maître des requêtes, homme assez âgé, de basse naissance, mais fort riche, lui donna 2,000 pistoles (60,000 francs) pour avoir ses bonnes grâces. Elle lui accorda trois visites, soit 20,000 francs par visite. Il faut avouer que ce n'était pas précisément pour rien. (*Histoire amoureuse des Gaules* de Bussy-Rabutin. — Bibliothèque elzévirienne, édition de Paul Boiteau. T. I, p. 16 et suivantes.)

désagréables. Elle a néanmoins des gens de très grande distinction pour gouverneurs, entre autres un commandeur de Malte qui y a laissé une belle infanterie. On ne s'étonnera point que des gens de naissance et de mérite se soient arrêtés à un si méchant logis, quand on sçaura que ç'a été le principal passage pour aller à la ville de Donna-Anna[1], où tout le commerce se faisoit durant qu'on bâtissoit le fort Louis[2]. Depuis que ce fort est entré dans ses droits, la ville de Beauvais n'a plus eu de gouverneur de marque, mais des gens de basse étoffe et inconnus, que la ville y entretient, quoiqu'elle ne vaille plus la dépense. Ceux-ci ont toujours eu soin de bien maintenir l'infanterie.

L'AUTEUR DE LA CARTE GÉOGRAPHIQUE

Quel est l'auteur de la *Carte géographique de la Cour* ?

On lit dans un livre intitulé : *Recherches sur diverses éditions elzéviriennes, faisant suite aux études de MM. Bérard et Pieters, extraites des papiers de M. Millot, mises en ordre et complétées par Gustave Brunet.* (Paris, Auguste Aubry. 1866. Pp. 139-140.)

« La *Carte géographique de la Cour* est une satire d'un cynisme révoltant contre des dames de la cour. Le titre l'attribue à Rabutin (c'est-à-dire à Bussy), mais elle est du *prince de Conti ; Bussy le dit expressément,* et c'est ce que les bibliographes auraient su si, contre leur habitude, ils avaient regardé jusqu'au feuillet au delà du titre. (Ce passage est extrait des *Études d'histoire et de biographie* (Paris, 1844, in-8°), par Anaïs de Raucou, dit Bazin.)

1. Anne d'Autriche.
2. Louis XIV.

2. Dans le catalogue des livres imprimés de la biblio-. thèque de M. C. Leber (Paris, Techener. 1839, n° 2201), on trouve :

« La *Carte géographique de la Cour,* publiée sous le nom de Rabutin, si elle est réellement de lui, doit avoir été écrite plusieurs années avant la date de l'impression, car il n'est pas vraisemblable que l'auteur, après la correction qu'il subit en 1665[1], eût osé produire une satire d'un cynisme aussi révoltant contre des femmes et d'autres personnages de la première distinction, insultés à visage découvert et nommés en toutes lettres. »

1. Il y avait eu en France, un vendredi saint, une fameuse orgie au château de Roissy (qui appartenait à Vivonne, premier gentilhomme du roi) dans laquelle on avait baptisé un jeune cochon de lait. Bussy en avait fait partie et avait attiré sur lui la malédiction de tous les dévots, qui obtinrent du roi qu'on l'exilât.

Dans son exil en Bourgogne, il composa, pour égayer Mme de Montglas, l'*Histoire amoureuse des Gaules,* dans laquelle il célébrait les amours du grand roi et des dames de sa cour qui faisaient de leurs maris des SAINTS, pour nous servir de l'expression de Boileau.

Bussy eut l'extrême légèreté de confier son manuscrit à la marquise de la Baume qui, l'ayant lu, le trouva à ce point de son goût qu'elle le fit copier afin de le pouvoir relire et de faire jouir de sa lecture ses amies.

Bientôt, de toutes les copies qui circulaient dans les ruelles, il arriva qu'il en tomba une entre les mains de quelque dévot ou de quelque prude qui s'empressa d'en informer le roi, et qui ne manqua pas d'exagérer la portée de l'histoire de Bussy.

Le roi le fit enfermer à la Bastille. Il n'en sortit que grâce au dévouement de sa femme, malgré qu'il se fût abaissé à d'humiliantes supplications adressées à Louis XIV. Le roi l'exila de nouveau en Bourgogne, et ne consentit à le recevoir qu'en 1682. Bussy était alors âgé de soixante-quatre ans.

3. M. Paul Boiteau, dans la réimpression qu'il donne de la *Carte* à la suite de son édition de l'*Histoire amoureuse des Gaules,* de Bussy-Rabutin (t. I, p. 401), écrit :

« A la fin de l'année 1654, Bussy servoit sous Conti, en Catalogne; c'étoit le temps où il étoit l'ami du prince et lui donnoit la primeur de toutes ses jovialités.

« Conti lui demanda de faire pour lui la *Revue de la Bra-querie,* c'est-à-dire du corps des galants et des galantes de la Cour.

« Conti lui-même, à ce que disent les Mémoires de Bussy, avoit fait la Carte du pays de Braquerie. Toutes ces gentillesses couroient le monde en manuscrit, comme tant d'autres pièces de ce genre.

« En 1688 seulement fut imprimée, en Hollande, la *Carte géographique de la Cour,* que nous réimprimons sous le titre que les Mémoires de Bussy lui donnent.

« Selon toute apparence, c'est à la fois l'œuvre de Bussy-Rabutin et du prince de Conti.

« M. Bazin ne devoit pas l'attribuer exclusivement à ce dernier, et M. Paulin Paris a eu raison de rectifier là-dessus, en publiant à son tour la Carte du pays de Braquerie, les détails du titre que M. Bazin lui imposoit. »

M. Walckenaer, dans ses Mémoires touchant la vie et les écrits de Mme de Sévigné (t. I, p. 518), s'exprime ainsi :

« Armand de Bourbon, prince de Conti, avait sur un corps difforme, une très belle tête, ornée d'une longue chevelure. Il rachetait ses imperfections physiques par beaucoup d'amabilité. Vif, gai, sémillant, un peu enclin à la

raillerie, nourri d'études solides, il était amateur des belles-
lettres et appréciateur très éclairé des ouvrages de littérature. Généreux jusqu'à la prodigalité; brave, mais sans
talent militaire; destiné par son éducation à l'Église, les dis-
sensions civiles l'avaient jeté dans le métier des armes,
auquel il semblait n'avoir pris d'autant plus de goût qu'il y
était moins propre. D'un caractère faible, il répugnait à
prendre par lui-même une résolution. Avec beaucoup d'esprit, il avait toujours besoin que quelqu'un prît de l'ascendant sur son esprit [1].

« Bussy lui plut par ses saillies, par la conformité de ses
goûts avec les siens. Comme presque tous ceux qui sont
affectés de gibbosité, Conti avait une inclination désordon-
née pour les femmes ; et, par une conséquence naturelle de
ce penchant, il s'occupait beaucoup de ce qui se passait
dans le monde galant, qu'il avait surnommé le pays de
Braquerie.

« Bussy obtint d'être placé sous les ordres du prince de
Conti, qui commandait en Catalogne. Il partit au mois de
mai avec ce prince, il fit route avec lui, dans son carrosse,
de Paris à Perpignan. Bussy sut profiter de ce voyage pour
s'avancer dans la faveur de Conti, qui ne le nommait jamais
que son templier. Ses inclinations pour les femmes, le jeu
et la bonne chère, et sa résidence au Temple, lorsqu'il
était à Paris, lui avaient valu ce sobriquet. Ainsi, c'est surtout par ses défauts que Bussy était parvenu à plaire au
prince. »

1. Sourville. *Mémoires,* t. III, p. 293.

CONCLUSION

A notre avis, la Carte du pays de Braquerie est l'œuvre d'Armand de Bourbon, prince de Conti, qui était très friand d'anecdotes scabreuses. Toutefois, appréciant toutes les perfections du style de Bussy, le prince l'aura chargé d'y mettre la dernière main.

Si l'on nous demandait comment il s'est fait que la Carte du pays de Braquerie ait été imprimée avec le titre de *Carte géographique de la Cour,* nous répondrions que c'est à l'imprimeur hollandais qu'il faut l'attribuer.

Celui-ci aura trouvé le titre de *Carte géographique de la Cour* plus affriandant que celui de Carte du pays de Braquerie, et il aura inscrit le nom de Rabutin, sachant que ce nom était fort prisé des acheteurs.

Nous terminons, craignant, en ayant trop prodigué nos recherches, d'avoir mérité le reproche de Mme de Sévigné : « Il est, en vérité, un peu étendu dans ses soins. »

Lupanie, histoire amoureuse de ce temps.

A Paris, chez Jann Pierre de Marteau. M DC LXIX.

I. — ÉDITIONS ET RÉIMPRESSIONS

1. *Lupanie, histoire amoureuse de ce temps.* M DC LXVIII.

Pet. in-12.

Marque : la Sphère.

94 pp. en tout. Vendu. Pixérécourt, 110 francs.

Cette édition, dit M. Willems, a été imprimée par Abraham Wolfgang et porte la « Sphère » de l'édition de la princesse de Montferrat, de 1676, qui sort également des presses de Wolfgang.

Il existe, sous la date de 1668, une autre édition qui est une contrefaçon. A ce propos, on lit dans le catalogue des livres imprimés de C. Leber (Paris, Techener, 1839), n° 2206 : « Les exemplaires de l'Édition originale en gros caractères elzéviriens n'apparaissent que rarement dans les ventes. On y rencontre plus souvent une « mauvaise contre-« façon » dont les jeunes amateurs se contentent sur la foi de la date. »

2. — A Paris, chez Jann. Pierre de Marteau. M DC LXIX.

Pet. in-12. — 118 pp. Nodier. Cat. de 1884, n° 1037.

3. — S. L. N. D.

Cat. Gratiano, 590.

4. *A la Tendresse, chez les Amants*. M DCC.

L. P. (Potier), 1854, n° 475. Titre entouré d'une bordure en bois.

Lupanie a été réimprimé : 1° sous le titre de :

Saint-Germain ou les Amours de M. D. M. T.

S. L. N. D.

Pet. in-12. — 130 pp.

2° Dans le recueil intitulé :

Amours des Dames illustres de nostre siècle.

A Cologne, chez Jean le Blanc, 1680. A la devise « Illus-trando ».

3° Dans le recueil intitulé :

Amours des Dames illustres de France, ou Histoire satyrique des galanteries des Dames de la Cour, sous le règne de Louis XIV.

> A Cologne, chez Pierre Marteau, 1708, 1709, 1717, 1728, s. d. 2 tomes in-12, sous le titre de : *Alosie, ou les Amours de madame de M. T. P.*

4° Une réimpression tirée à 100 exemplaires et précédée d'une notice fort curieuse a été publiée à Paris en 1861, pet. in-8°, xvi-79 pages.

5° Réimpression à 260 exemplaires, précédée d'une notice de M. Poulet-Malassis, publiée en 1867 à Leyde (Bruxelles, impr. Briard), in-32 et in-8°.

6° « En 1877, une dame qui écrit sous le pseudonyme de Marc de Montifaud, crut pouvoir mettre au jour une édition nouvelle de Lupanie; mais le Parquet s'émut et il en résulta une condamnation. » *(Recherches sur les imprimeries imaginaires clandestines et particulières, publiées par les soins de Philomneste Junior.)*

> Bruxelles, Gay et Doucé, 1879.
>
> 1 vol. in-8°.

II. — L'AUTEUR

On attribue généralement cette production à Corneille Blessebois.

Corneille Blessebois est-il un pseudonyme ou le nom d'un écrivain ?

Il s'est élevé des discussions à perte de vue sur ce personnage énigmatique.

Au n° 1250 du catalogue de la bibliothèque de M. G. de Pixérécourt, M. Paul Lacroix écrit : *Lupanie, histoire amoureuse de ce temps.*

« Corneille Blessebois (ou tout autre qui a pris ce nom), comme le suppose M. Ch. Nodier, dans les *Mélanges d'une petite bibliothèque,* sans doute pour faire entendre qu'il frappait à tort et à travers, comme une corneille qui abat des noix, suivant le proverbe vulgaire, a laissé dans cette histoire un monument de sa vengeance contre une femme. »

M. Paul Lacroix, au n° 1251 du même catalogue, à propos d'un ouvrage intitulé : *le Lion d'Angélie, histoire amoureuse et tragique, par L. Corneille Blessebois.* Cologne, Simon l'Africain (holl. Elz.), 1676, et *le Temple de Marsias,* par le même, *ib. id.,* s'exprime ainsi :

Ce volume rarissime, composé de ces deux parties, est certainement un des plus précieux de la collection de l'auteur. L'examen de ces deux ouvrages donnerait à penser que le nom de Corneille Blessebois n'est pas imaginaire; car les deux dédicaces, l'une à M. Elzevier, capitaine ordinaire de mer pour le service de la République de Hollande montant aujourd'hui un vaisseau de 70 pièces, appelé le Chêne, et l'autre à très discrète, très pudique et très vertueuse demoiselle Emerantia Van Swanevelt, épouse de M. Elzevier, sont signées de ce nom. Dans la première de ces dédicaces, l'auteur dit positivement : « N'ai-je « pas eu l'honneur, monsieur, de vous suivre sur l'Ost-Lée ? et « dans deux batailles que nous avons données avec réussite, en « sept jours, contre les Suédois, n'ai-je pas vu moi-même des

« *preuves convaincantes de ce que la Hollande publie à votre*
« *avantage? Corneille Blessebois serait donc un officier de ma-*
« *rine au service de la Hollande. D'après le passage précédent*
« *on pourrait supposer avec quelque probabilité que Corneille*
« *Blessebois n'était autre que le lieutenant-amiral Corneille*
« *Tromp, qui, en 1676, fut envoyé avec une flotte au se-*
« *cours du Danemark contre la Suède. Voyez sa vie publiée*
« *en 1694.* »

J'ai déjà parlé de l'auteur de ces différents ouvrages dans
les Mélanges tirés d'une petite bibliothèque et dans les notes de
ce catalogue. Les observations si intéressantes et si curieuses de
M. Lacroix m'engagent à y revenir. Je persiste à douter que
Lupanie soit de Corneille Blessebois, dont les ouvrages imprimés
en Hollande sont postérieurs de huit ans à celui-ci. Lupanie,
ainsi que je l'ai dit, est d'ailleurs tout à fait dans son genre, et
c'est un libelle fort rare, en effet, mais beaucoup moins que ceux
dont il est fait mention à sa suite, puisqu'il en existe au moins
quatre éditions à ma connaissance. Quant au nom de *Corneille
Blessebois*, sur lequel j'ai hasardé autrefois des conjectures que
je n'ai pas données pour autre chose, il est maintenant bien
reconnu qu'il a été porté par un *auteur contemporain*, dont on a
des productions d'un genre extrêmement différent, mais dont
l'Eugénie se rapproche un peu. Notre Blessebois ne serait-il pas
le parent, le filleul peut-être de Blessebois, le poète de Châtillon-
sur-Seine? C'est une rencontre d'homonymie, qui n'aurait rien
de bien extraordinaire dans une famille : l'auteur du *Sopha*
s'appelait Prosper de Crébillon comme son père, et le *Sopha*
n'a jamais été attribué à l'auteur du *Rhadamiste;* ou bien cet
odieux Blessebois, qui a poussé au delà de toutes bornes l'excès
du cynisme et de la diffamation dans la plupart de ses exé-
crables livres, n'était-il pas, comme je l'ai pensé, un réfugié
perdu d'honneur qui ne pouvait avoir aucun nom et qui s'était
couvert au hasard de celui d'un homme pieux et respectable dont
il avait entendu parler dans ses voyages, parce que ce nom expri-

mait une espèce de rébus qui offrait quelque analogie avec le sien ?
Cette question ne sera probablement jamais résolue, mais on peut
s'en consoler, car elle n'est pas fort importante. Ce que je suis
fort éloigné de croire, c'est que Blessebois soit un masque littéraire du fameux Corneille Tromp, qui avait 47 ans, en 1676,
âge un peu avancé pour imprimer des infamies qui auraient fait
rougir de honte le dernier de ses matelots. Il serait d'ailleurs
difficile de comprendre comment cet illustre guerrier, qui était
amiral depuis plus de dix ans, se serait flatté d'avoir eu l'honneur de suivre en mer un jeune capitaine de vaisseau. »

M. Quérard, dans ses *Supercheries littéraires*, croit
qu' « il n'est point complètement démontré que Corneille
Blessebois n'est pas un nom supposé sous lequel s'est dissi-
mulé un Français réfugié en Hollande et auteur d'écrits
dont il n'était, la plupart du temps, guère possible de
s'avouer le père ».

On peut encore consulter sur Blessebois les notices suivantes :

Bulletin du bibliophile belge, 1, 417 (article de M. Lehon).

Notice placée en tête de la réimpression du *Lion d'Angélie* et des *Œuvres satyriques.*

Notice insérée en tête de la réimpression du *Zombi du
Grand-Pérou* (Paris, 1862, in-12. 100 exemplaires), par
Édouard Cleder. Il y a quinze pages d'introduction. A la
fin se trouve une bibliographie complète des ouvrages de
Blessebois.

Notes de M. Paul Lacroix dans le catalogue de la bibliothèque dramatique de M. de Soleinne, nos 1463-1464-3829.

Notice sur Blessebois au tome II des *Mémoires sur Alençon* de M. Odolant Desnos.

Enfin, M. Willems a publié, dans son *Histoire des Elze-vier,* un document qui tranche la question.

« Dans le registre d'admission de l'Université de Leyde, on lit, sous la date du 26 décembre 1675 : Petrus Cornelius de Blessebois, *Vernolio-Normannus,* n. a. 22, hist. Ainsi Blessebois est né à Verneuil (et non à Alençon), en Normandie, en 1553. Arrivé à Leyde, il s'est fait inscrire comme étudiant en histoire à l'Université. »

SECONDE PÉRIODE

(1672-1714)

Cette période va de l'ouverture des hostilités contre la Hollande (1672) à la conclusion des traités d'Utrecht, Radstadt, Bade (1714).

La Hollande ne pouvait lutter contre la France, qui conquit trois provinces : Gueldre, Over-Yssel, Utrecht. Elle sollicita la paix. Ce fut en vain. Louis XIV la refusa avec la plus grande dureté. La Hollande proclama Guillaume d'Orange stathouder. Celui-ci prit aussitôt le plus vigoureusement possible en main la défense nationale.

L'orgueil intraitable et l'ambition démesurée de Louis XIV, qu'on accusait de viser à la monarchie universelle, amenèrent contre lui une réaction.

L'Angleterre, la Hollande et la Suède conclurent la grande alliance, et la Hollande perça ses digues pour sauver le territoire qui lui restait.

Louis, vis-à-vis d'une situation aussi menaçante, évacua ses conquêtes (1674) pour faire face à la coalition. Il reprit

la Franche-Comté en quelques semaines. Condé était victorieux à Senef, Turenne opérait sur le Rhin et dans le
Palatinat. Duquesne luttait avantageusement sur mer contre
les flottes hollandaise et espagnole.

En Flandre, le roi s'empara de Condé, Bouchain, Va-
lenciennes, Cambrai, Gand, Ypres, Saint-Omer. Le duc
d'Orléans remporta une victoire sur Guillaume d'Orange
à Cassel (1677). Louis accepta le traité de Nimègue, en
1678, qui lui assura la France-Comté et une partie de la
Flandre.

En 1688, se forma contre le grand roi la fameuse
Ligue d'Augsbourg, œuvre de Guillaume d'Orange, et
dans laquelle entrèrent tous les grands États de l'Europe.

Louis envoya une armée en Allemagne, fit une expédition pour rétablir Jacques II et les Stuarts sur le trône
d'Angleterre, trône dont Guillaume d'Orange venait de
s'accaparer, et sur lequel il s'affermit par la défaite de
Jacques à la Boyne (1690), et par la victoire navale de la
Hogue remportée sur Tourville (1692).

Catinat en Piémont, Luxembourg à Fleurus (1690), à
Steinkerke (1692), à Neerwinden étaient vainqueurs. Mais
Jean Bart et Duguay-Trouin l'emportaient sur mer, et les
troupes françaises étaient battues en Provence.

Louis dut finir par signer la désastreuse paix de Rys-
wick (1697). Il dut restituer toutes les acquisitions faites
depuis la paix de Nimègue, sauf Strasbourg et les domaines
d'Alsace.

En 1701 éclata la guerre de la succession d'Espagne,

qui se termina par les traités d'Utrecht, de Radstadt et de Bade.

Nous venons d'esquisser à grands traits la vie politique de Louis XIV. Le but que nous nous sommes proposé d'atteindre en faisant cette description est de rendre présentes à la mémoire du lecteur les différentes phases du règne de ce roi, pour qu'il puisse se rendre compte de toute la portée des pamphlets que nous allons énumérer.

Sous cette deuxième période du règne de Louis XIV, « les pamphlets, écrit M. Leber, sont sérieux, raisonnés, diplomatiques, tacticiens, vengeurs, fanfarons, arrogants, prophétisant, décidant les questions les plus graves de la politique, pénétrant les pensées les plus secrètes des cabinets étrangers, pesant les intérêts de toutes les puissances, comme si l'Europe n'était qu'une coterie de salons ou de gazettes; connaissant tout, réglant tout, prévoyant tout, excepté les coups de la fortune qui pouvait se lasser aussi de nous être contraire ».

M. Leber, dans son livre : *De l'état réel de la presse et des pamphlets depuis François I*er *jusqu'à Louis XIV,* a divisé les pamphlets écrits durant la seconde période du règne de Louis en trois classes. Nous adoptons cette division pour donner la liste des pamphlets les plus rares qui font partie de la collection.

Voici ces trois divisions :

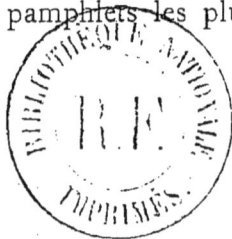

I. — PIÈCES POLITIQUES

CRITIQUES DU GOUVERNEMENT ET DES PRINCIPES DE LOUIS XIV

L'Esprit de la France et les maximes de Louis XIV découvertes à l'Europe.

> A Cologne, chez Pierre Marteau. M DC LXVIII.

L'Alcoran de Louis XIV ou le Testament du cardinal Jules Maʒarin.

> A Cologne, chez Pierre Marteau. M DC XCV.

La Conduite de la France depuis la paix de Nimègue.

> A Cologne, chez Pierre Marteau. M DC LXXXIII.

La France calomniatrice, ou Réponse aux Mémoires des raisons qui ont porté le Roi de France à reprendre les armes. Servant d'apologie pour sa Sainteté Innocent IX. Pour sa Majesté Impériale Léopold Ier, et pour Philippes Guillaume, Électeur palatin.

> A Cologne, chez Pierre Marteau. M CD XC.

La France ruinée sous le règne de Louis XIV par qui et comment, avec les moyens de la rétablir en peu de temps.

> A Cologne, chez Pierre Marteau. M DC XCV — M DC XCVI — M DC XCVIII.

La France en décadence par la réduction des deux importantes places de Namur et de Casal.

A Cologne, chez Pierre Marteau. M DC XCV.

La France sans bornes, comment arrivée à ce pouvoir suprême et par la faute de qui.

A Cologne, chez Pierre Marteau. M DC LXXXIV.

Les Vrais intérests des princes chrétiens.

A Cologne, chez Pierre Marteau. M DC XXXVI.

Louis XIV se sentit si profondément touché par ce pamphlet qu'il y fit faire illico une réponse sous le titre : *Le Paravent de la France contre le vent du nord.*

La Politique nouvelle de la Cour de France sous le règne de Louis XIV, où l'on void (sic) *toutes ses intrigues et sa manière présente d'agir à l'égard de toutes les puissances de l'Europe uniquement pour satisfaire à l'ambition et à la grandeur de son monarque.*

A Cologne, chez Pierre Marteau. M DC XCIV.

II. — SATIRES PERSONNELLES

D'UNE

BRUTALITÉ RÉVOLTANTE, FICTIONS DIFFAMATOIRES,
CONTRE LES HOMMES D'ÉTAT
ET LES OFFICIERS GÉNÉRAUX LES PLUS DÉVOUÉS
AU SERVICE DU ROI,
FARCES DIALOGUÉES OÙ LES PERSONNES
DU RANG LE PLUS ÉLEVÉ
SONT LIVRÉES AUX MÉPRIS ET A LA RISÉE
DU PEUPLE ET DES COURS

L'Esprit de Luxembourg, ou conférence qu'il a eue avec Louis XIV sur les moyens de parvenir à la paix.

A Cologne, chez Pierre Marteau. MDCXCIII — MDCXCIV — MDCXCV.

Le Roi prédestiné par l'esprit de Louis XIV, roi de France, avec plusieurs lettres concernant l'accouchement de la Reine et les affaires d'Angleterre.

A Cologne, chez Pierre Marteau. S. d.

Un des plus rares et des plus sanglants.

La Peste du genre humain, ou la vie de Julien l'Apostat mise en parallèle avec celle de Louis XIV.

A Cologne, chez Pierre Marteau. MDCXCVI.

Le Marquis de Louvois sur la sellette criminel examiné en jugement par l'Europe et ses filles, ses interrogats, ses réponses et enfin sa sentence portée par l'Europe.

A Cologne, chez Pierre Marteau. M DC XCII — M DC XCV. .

L'Ombre du marquis de Louvois consultée par Louis XIV sur les affaires présentes.

A Cologne, chez Pierre Marteau. M DC XCII — M DC XCIII.

Entretiens de M. Colbert, ministre et secrétaire d'État, avec Bouin, fameux partisan, sur plusieurs affaires curieuses entre autres sur le partage de la succession d'Espagne fait par le Roi d'Angleterre et les Hollandais.

A Cologne, chez Pierre Marteau. M DCCI — M DCCIX.

Entretien dans le Royaume des ténèbres sur les affaires du temps, entre M. Mahomet et M. Colbert, ci-devant ministre de France.

-A Cologne, chez Pierre Marteau. S. d.

Le Pater noster de M. Colbert mis en vers burlesques.

A Cologne, chez Pierre Marteau. M DC LXXXIV.

La Beste insatiable, ou le Serpent crevé.

A Cologne, chez Pierre Marteau. M DC LXXXIII — M DC LXXXIV.

Le Catéchisme des partisans, composé par M. Colbert, ministre de France, avec des vers sur la mort du mesme ministre.

A Cologne, chez Pierre du Marteau. S. d.

Libelle fort rare.

Les Héros de la France sortant de la barque de Caron, s'entretenant avec MM. de Louvois, Colbert, Seignelay.

A Cologne, chez Pierre Marteau. M DC XCIII.

Luxembourg apparu à Louis XIV, la veille des Rois, sur le rapport du Père La Chaise fait à la Sainte Société.

A Cologne, chez Pierre Marteau. M DC XCV.

Mémoires de M. L. C. D. R. contenant ce qui s'est passé de plus particulier sous le ministère du cardinal-duc de Richelieu et cardinal de Maʒarin avec plusieurs particulariteʒ du règne de Louis le Grand.

A Cologne, chez Pierre Marteau. M DC LXXXVII — M DC LXXXVIII — M DC CIII.

L'Esprit du cardinal Maʒarin, ou entretiens sur les matières du temps, sur ce qui se passe à la Cour de France et dans celles des autres princes de l'Europe.

A Cologne, chez Pierre Marteau. M DC CCXV.

Rare.

Le Cardinal Maʒarin joué par un Flamand, ou relation de ce qui se passa à Ostende le 14 may de l'année 1658.

A Cologne, chez Pierre Marteau. M DC LXXI.

Catalogue Morgand-Fatout, n° 6521. 200 francs.

Le Tableau de la vie et du gouvernement de MM. les cardinaux Richelieu et Maʒarin et de M. Colbert représenté en diverses satyres et poësies ingénieuses, avec un Recueil d'épigrammes sur la vie et la mort de M. Fouquet et sur diverses choses qui se sont passées à Paris en ce temps-là.

A Cologne, chez Pierre Marteau. M DC XCIII — M DC XCIV.

Le Retour de Jacques II à Paris. Comédie.

A Cologne, chez Pierre Marteau. M DC XCVI.

Rare.

Entretiens de Rabelais et de Nostradamus sur la politique du temps.

A Cologne, chez Pierre Marteau. M DC XC.

Croisade des protestants, ou projet sur l'institution des chevaliers de Saint-Paul.

A Cologne, chez Pierre Marteau. M DC LXXXIV.

Rarissime. Un seul exemplaire existe encore. Il est à la bibliothèque de Rouen.

III. — PIÈCES

DANS LESQUELLES LES INTRIGUES GALANTES DES COURS,
DES CONGRÈS, DES CAMPS, ET MÊME DES FOIRES
SERVENT DE CADRE
A LA SATIRE POLITIQUE, A LA DIFFAMATION
DES PERSONNES DONT LA RÉPUTATION
OU LE CRÉDIT
IMPORTUNE LES PAMPHLÉTAIRES

Les Amours d'Anne d'Autriche, épouse de Louise XIII, avec le C. D. R. le véritable père de Louis XIV, aujourd'huy Roy de France, où l'on voit tout au long comment on s'y prit pour donner un héritier à la couronne, les ressors qu'on fit jouer pour cela, enfin tout le dénouement de cette comédie. Ensemble avec la réponse au manifeste du Roy Jacques II, traduit de l'anglais d'un homme de qualité.

A Cologne, chez Pierre Marteau. M DC XCIII — M DC XCIII — M DC XCIV — M DC XCVI — M.DCC XXX.

Très rare.

« Ce libelle est un des plus audacieux qu'ait pu concevoir un esprit ennemi du grand roi », dit M. Leber. Nous avons publié une étude approfondie sur cette œuvre dans le *Bulletin du bibliophile et du bibliothécaire* de M. Léon Techener, 1885. Livraison de juillet-août, p. 353 et suivantes.

La France galante, ou histoires amoureuses de la Cour sous le règne de Louis XIV.

> A Cologne, chez Pierre Marteau. M DC LXXXVIII — M DC XXXIX — M DC XCV — M DC XCVI — M DCC VI — M DCC IX — M DCC XXXVI — S. d. (1737).

Amours des dames illustres de France sous le règne de Louis XIV.

> A Cologne, chez Pierre Marteau. M DCC VIII — M DCC IX — M DCC XVII — M DCC XXVIII — S. d.

Histoire du Père La Chaise, jésuite et confesseur du Roi Louis XIV, où l'on verra les intrigues secrètes qu'il a eues à la Cour de France, et dans toutes les Cours de l'Europe pour l'avancement des grands desseins du Roi son maître.

> A Cologne, chez Pierre Marteau. M DC XCIII — M DC XCIV — M DC XCV — M DC XCVI — M DCC XIX.

Histoire du Père La Chaise, contenant les particularités les plus secrètes de sa vie, ses amours avec plusieurs dames de la première qualité et les agréables aventures qui lui sont arrivées dans le cours de ses galanteries.

> A Cologne, chez Pierre Marteau. M DC XCV.

Histoire secrète des amours du Père La Chaise, jésuite et confesseur du Roy Louis XIV.

> A Cologne, chez Pierre Marteau. M DCC II.

La Confession réciproque, ou dialogues du temps entre Louis XIV et le Père La Chaise, son confesseur.

> A Cologne, chez Pierre Marteau. M DC XCIII — M DC XCIV.

Très rare.

Histoire des intrigues amoureuses du Père Peters, jésuite et confesseur de Jacques II, ci-devant Roy d'Angleterre, où l'on voit ses avantures les plus particulières et son véritable caractère.

A Cologne, chez Pierre Marteau. M DC XCVII — M DC XCVIII.

Rarissime, dit M. Leber.

B. — ŒUVRES SOTADIQUES, ÉROTIQUES, ANECDOTIQUES, MÉMOIRES GALANTS, ETC., ETC.

A côté des ouvrages qui peignent d'une manière presque complète une grande époque de l'histoire, il existe des ouvrages qui, dans un cadre plus restreint, envisageant certains traits particuliers, se bornent au récit de la vie privée d'un personnage, d'un épisode historique.

C'est de cette seconde classe de productions, dont on n'aura que l'embarras du choix dans notre collection, que nous allons nous occuper.

Elles se recommandent par leur mérite littéraire. Tout en instruisant l'historien, elles charment le littérateur de profession aussi bien que le littérateur amateur. Les tableaux que présentent ces œuvres sont aussi attachants que variés.

Quelle réunion de chefs-d'œuvre de style, d'esprit et de goût tombés de la plume des littérateurs les plus distingués !

On y trouve des études pleines de sagacité sur la vie et les intrigues des principaux personnages de la Cour de Louis XIV, des révélations piquantes sur certaines dames de grande qualité.

Le nombre des œuvres érotiques et anecdotiques que renferme la collection est considérable. La plupart d'entre elles sont précieuses, uniques.

Cela est bien compréhensible. Les auteurs et les éditeurs devant, pour sauvegarder leur vie, cacher à tout prix leurs noms, il était indispensable, surtout pour l'éditeur, de chercher un typographe imaginaire sur qui ils feraient retomber toute responsabilité.

Y en avait-il un qui fût plus avantageusement connu des acheteurs que Pierre du Marteau?

Nous ne le croyons pas. Aussi est-ce sous ce nom que s'imprimèrent les œuvres érotiques et anecdotiques les plus remarquables du xvıı^e et du xvıı^e siècle.

On ne l'ignore pas, nos ancêtres prenaient un plaisir extrême aux anecdotes et excellaient à les raconter. Les esprits les plus sérieux ont aimé et cultivé le genre anecdotique; pour ne citer qu'un exemple entre mille, un grave magistrat, l'auteur de l'*Esprit des lois*, le baron de Montesquieu, n'écrivit-il pas les *Lettres persanes* dont Sainte-Beuve a dit :

« Ce qui donne aux *Lettres persanes* le cachet de la Régence, c'est le point d'irrévérence, de libertinage qui vient là pour relever le fond et l'assaisonner selon le goût du jour. »

Ne publia-t-il pas *le Temple de Gnide,* suivi de *Céphise et de l'Amour,* conte léger et fort libre que Mme du Deffand appelait « l'Apocalypse de la galanterie » ?

Montesquieu avoua ces œuvres avec peine, il mit en tête des *Lettres persanes* un hémistiche de Virgile :

Prolem sine matre creatam,

et il écrivit à ce propos :

« Je suis, à l'égard des ouvrages qu'on m'attribue, comme Mme Fontaine-Martel était pour les ridicules : on me les donne, mais je ne les prends pas. »

Mais de quelles presses sortirent les éditions originales de ces œuvres? Est-il besoin de poser pareille question? Toujours de l'imprimerie de Pierre du Marteau.

Rien que le nom d'œuvres érotiques aura éveillé quelques craintes dans l'esprit de certains lecteurs timorés.

Nous entendons déjà les pudibonds fulminer contre nous un anathème pour le fait d'avoir mis au jour les titres de livres qui jusqu'à présent étaient inconnus. A les en croire, ces livres offriront désormais un attrait dangereux par suite de notre révélation. Que ces lecteurs, gens à l'âme pure et honnête, se tranquillisent. Notre œuvre, par suite d'un tirage à petit nombre, restera dans le domaine de l'érudition, et pour ce qui concerne les livres érotiques dont nous donnons la bibliographie, ils sont, comme nous l'avons dit plus haut, pour la plupart introuvables, si ce n'est dans les rayons de quelques grandes bibliothèques de premier ordre, et écrits en vieux français, ce qui ne plaît pas à tout le monde. De plus, quand le hasard fait que ces livres viennent à paraître dans les catalogues de livres à prix marqués des libraires en renom, ou dans les grandes ventes publiques, ils sont cotés ou atteignent des prix fantastiquement élevés, à ce point qu'ils ne peuvent jamais être achetés que par les plus favorisés de la fortune. En veut-on une preuve ?

Un exemplaire de l'ouvrage intitulé :

*La Bibliothèque d'Arétin, contenant les pièces marquées à la
table.*

A Cologne, chez Pierre Marteau. S. D. (vers 1680).

2 vol. pet. in-12, cotés 2,000 fr. Catalogue de la librairie Morgand-Fatout, n° 2418.

Ce recueil contient, entre autres pièces : l'École des
filles; la P... errante, *par P. Aretino;* Marthe le Hayer
ou Mlle de Scay, *petite comédie en vers, par C. Blessebois;* Comédie galante de Mme d'Olonne, *par le comte
de Bussy* [1]; Nouvelles leçons du commerce amoureux,
par la savante T.; Filon réduit à mettre cinq contre un,
amusement pour la jeunesse, par P. Corn, Blessebois; Vers
gaillards, *etc.*

Enfin, nous dirons encore que, sous le rapport des
dangers que présente la lecture des œuvres érotiques,
nous adoptons en tous points la manière de voir de
J. Gay :

« Pour un esprit chaste, écrit-il, les Priapées d'Hercu-
lanum n'offrent rien de dangereux, tandis que, pour un esprit corrompu, le plus léger sous-entendu, l'allusion la plus
gazée équivaut à une obscénité grossière. L'opinion en
France est sévère pour les productions galantes; elles y ont
été souvent défendues et tolérées tour à tour; mais les pays
voisins, moins pudibonds, bien que les mœurs soient aussi
chastes qu'en France, la Hollande, la Belgique, l'Allema-

---

1. C'est un pamphlet fort vilain et fort peu littéraire qu'on attribue
à tort à de Bussy. Qui l'a écrit?

gne, etc., les ont imprimées et même les vendent d'une
manière très publique. »

Relevons à présent les titres des œuvres érotiques
qui ont conquis à la collection des impressions de Pierre du
Marteau une réputation universelle.

L'Abbé en belle humeur, nouvelle galante.

> A Cologne, chez Pierre Marteau. M DCC II — M DCC III —
> M DCC IV — M DCC V — M DCC IX — M DCC XXIV — M DCC XXXIV
> — M DCC XXXVII.

P. Marchand [1] intitule cet ouvrage *le Prosélyte* [2] *en bonne
humeur,* et il l'attribue à René Macé, avocat, « un mauvais
bouffon connu par quelques mauvaises rhapsodies ».

L'Abbé en belle humeur est la narration des fredaines
d'un ecclésiastique peu soucieux des devoirs de son état.

Ce livre a été analysé dans la Bibliothèque des romans [3].

Il y a dans *l'Abbé en belle humeur* une plaisante anecdote :

« Un vieux magistrat de soixante-douze ans épouse une
jeune personne qui fait semblant de l'aimer, et le trompe en
faveur d'un grand garçon qu'elle connaissait avant son mariage
et qu'elle trouve moyen d'introduire chez le bon homme en
qualité de secrétaire. L'abbé Léonardin — c'est le héros de cette
histoire — était aussi très bien avec la jeune femme, mais l'intrigue de l'un se passant dans la maison pendant que le magistrat était au Palais, et l'abbé n'étant point suspect, parce que

1. *Dict. hist.* de P. Marchand, I, p. 237.
2. Prosélyte et abbé sont synonymes.
3. *Bibl. univ. des romans,* 1778, I, p. 100.

c'était un cafard et qu'il faisait semblant d'être le meilleur ami
du mari, celui-ci ne témoignait aucune jalousie; lorsqu'un beau
jour il paraît triste et rêveur, sa femme lui demande ce qui
l'agite : « — Madame, lui dit-il enfin, je n'y puis plus tenir, je
« vous avoue que je suis jaloux. »

« Alors la jeune femme, qui se sentait coupable, croit voir le
secrétaire ou l'abbé devenir la victime de la colère et de la
fureur de son époux. Elle demande, en tremblant, quel est le
malheureux objet de son injuste jalousie. « — Madame, lui ré-
« pondit le magistrat en rougissant, ce n'est point un homme
« qui est la cause ; ceux qui vivent dans ma maison ou la fré-
« quentent sont des gens en qui je peux prendre toute sorte de
« confiance, ce sont mes amis intimes, je ne peux rien craindre
« de leur part; mais vous avez un *singe,* qui en agit avec vous
« d'une façon si familière, qui vous embrasse si souvent, avec
« ses pattes qui vous décoiffe, qui vous chiffonne.

« Ah! ma femme, pardonnez cette faiblesse à un époux de
« soixante-douze ans; si vous ne renoncez à cet animal, vous
« me verrez expirer de chagrin et de jalousie. » On juge bien
qu'après cette explication, la dame tranquillisée eut de la peine
à s'empêcher de rire. Cependant elle promettait à son mari que,
quoiqu'elle fût fort attachée à son singe, il n'y avait rien
qu'elle ne sacrifiât au désir d'assurer son repos et de prolonger
ses jours. Lorsque l'abbé entra en qualité d'ami de la maison, il
proposa un accommodement pour sauver la vie au pauvre animal qui inquiétait le magistrat, ce fut de s'en charger, promettant qu'on ne le reverrait plus. Le bonhomme regarda
encore cette offre comme une preuve de l'amitié de l'abbé pour
lui, et le ménage fut en paix. »

L'Académie des dames ou les Sept entretiens galants d'Aloisia.

A Cologne, chez Pierre Marteau. S. d. 2 volumes.

Ce livre fait suite à la Bibliothèque d'Arétin. On lit, au

t. Ier, p. 78, du Dictionnaire critique, littéraire et bibliographique des principaux livres condamnés au feu, supprimés ou censurés, de G. Peignot :

« Chorier : *Aloysiæ Sigæ Toletanæ Satyra sotadica de Arcanis Amoris et Veneris (auctore Nicolao Chorier)*, in-12.

« Production abominable et la plus licencieuse que l'on connaisse. Elle a été faussement attribuée à l'illustre Louise Sigée de Tolède, morte en 1560; elle est de Nicolas Chorier, avocat de Grenoble.

« Cet ouvrage infâme fut reçu comme il le méritait, c'est-à-dire qu'il fut proscrit, et l'imprimeur obligé d'abandonner son commerce et d'éviter par la fuite un châtiment exemplaire. Les six premiers dialogues furent imprimés à Grenoble et le septième à Genève.

« Quelques auteurs prétendent que la latinité de cet ouvrage est aussi belle et aussi pure que le sujet en est affreux et impur; d'autres, au contraire, pensent qu'elle est plus médiocre. Des personnes très instruites qui ont lu ce livre m'ont assuré que le latin en était fort beau et que l'auteur avait rendu trop bien, malheureusement, tout ce que la débauche la plus effrénée peut suggérer à un cœur corrompu. »

Dans le tome II, p. 320, de la *Bibliothèque des romans,* avec des remarques critiques sur leur choix et leurs différentes éditions, par le comte Gordon de Percel, on trouve : *Aloysia ou Entretiens académiques des dames,* in-12 (Holl.), 1680.

« C'est dommage que l'on n'ait pas exprimé, avec toute

la délicatesse du latin, tous les meilleurs secrets de l'amour qui sont répandus dans cet ouvrage. »

L'Adamiste ou le Jésuite insensible, nouvelle doctrine.

A Cologne, chez Pierre Marteau. M DCC XII.

In-12. — Bibl. inst. Debure, VIII, 772.

A Cologne, chez Pierre Marteau. M DCC XIX.

Ce livre parut d'abord à Cologne, chez Jean le Sincère, en 1683, in-12. C'est l'histoire d'une doctrine quiétiste qui consistait à changer le nom de chaque partie du corps pour devenir insensible aux idées représentées par ces noms. Le Père Roche, ou le Jésuite insensible, en vint, dans un couvent de Reims, à mettre ses pénitentes nues devant lui également nu, voyant dans la nudité endurée sans honte un moyen de ramener l'homme à l'état d'innocence.

Cet ouvrage, dont l'auteur est inconnu, mérite d'être lu. Il a été réimprimé à la suite de *Vénus dans le cloître* ou *la Religieuse en chemise*[1]. Cette doctrine ne doit pas être confondue avec celle des Adamites, secte d'anciens hérétiques qui imitaient la nudité dans laquelle vécurent nos premiers parents pendant l'état d'innocence, et condamnaient le mariage par la raison qu'Adam ne connut Ève qu'après le péché et après sa sortie du Paradis. Ils s'assemblaient tout nus, hommes et femmes, dans une caverne. A ce propos,

1. *Vénus dans le cloître* ou *la Religieuse en chemise,* suivie de l'*Adamiste* ou *le Jésuite insensible.* Nouvelle édition, réimprimée textuellement sur celle de Cologne. Pierre Marteau, 1719. Genève, imprimerie particulière de 1868, in-18 de 277 pp., pap. de Hollande, 15 fr.; papier de Chine (2 ex.), 30 fr.

Voltaire dit : « Il se peut qu'ils aient montré tout par dévo-
tion ; il y a si peu de gens bien faits dans les deux sexes,
que la nudité pouvait inspirer la chasteté ou plutôt le dégoût,
au lieu d'en augmenter les désirs[1]. »

Au xve siècle, un fanatique nommé Picard répandit ces
erreurs en Bohême et surtout dans l'armée de Fisca. Il
ordonnait à ses disciples d'aller nus par les rues et les places
publiques.

Alcibiade enfant à l'école.

Amsterdam, chez l'ancien Pierre Marteau. MDCCCLXVI.

In-12. — 124 pp. et 2 ff. et un avant-propos de 15 pages.
Cat. d'I., I, p. 53.

C'est une traduction de l'ouvrage : *Alcibiade fianciullio
a scola*. Oranges, par Juann Vuart (Genève) (Cat. Morgand-
Fatout, 1885, p. 4, n° 6. — 300 fr.), qui a pour auteur
Ferrante Pallavicino, selon M. Baseggio, qui a publié, en
1860, une savante dissertation[2] sur ce livre.

C'est M. Poulet-Malassis qui a écrit l'avant-propos. « La
traduction est estimée, dit J. Gay ; elle est claire, concise et
rend assez bien le sens du texte. Son auteur doit être pro-
fesseur dans un lycée de province. »

*Les Amours de madame de Maintenon, épouse de Louis XIV,
roi de France.*

A Cologne, chez Pierre Marteau. S. d.

1. Voltaire, *Dict. phil.,* art. *Nudité.*
2. Il a paru de cette dissertation une traduction française, accompagnée de notes et d'une préface par un bibliophile français. Paris,
1861, p. in-8°, 78 pp.

I. — ÉDITIONS ET RÉIMPRESSIONS

L'édition originale de cet ouvrage a paru sous le titre :

I

La Cassette ouverte de l'illustre criole (créole) ou les amours de Madame de Maintenon.

A Villefranche, chez David du Four. MDCXC.

Pet. in-12. — 92 pp.

II

A Villefranche, chez David du Four. MDCXCI.

Pet. in-12. — 120 pp. y compris 3 ff. prélim.

III

A Villefranche, chez David du Four. MDCXCIV.

Pet. in-12. — 90 pp.

IV

Elle reparaît ensuite sous la rubrique :

Le Passe-Temps royal de Versailles ou les amours de Madame de Maintenon.

A Cologne, chez Pierre Marteau. MDCXCV.

Pet. in-12.

V

A Cologne, chez Pierre Marteau. MDCXCV.

Pet. in-12. — En gros caractères.

VI

Sur de nouveaux Mémoires.

A Cologne, chez Pierre Marteau, MDCCIV.

Pet. in-12.

Même texte que dans les précédentes éditions, dit M. Leber, sauf quelques additions dans le préambule et à la fin. Frontispice gravé, qui remplace à sa manière les *Poésies gaillardes* supprimées.

VII

Édition revue et augmentée de plusieurs particularités.

A Cologne, chez Pierre Marteau. MDCCVI.

Pet. in-12. — 117 ff., non compris la gravure qui est devant le frontispice.

Cette édition renferme en plus que les précédentes :

Plainte des dames de la Cour de France au Roy, en vers.

Cette pièce commence à la page 107.

VIII

A Cologne, chez Pierre Marteau. MDCCXII.

Pet. in-12. — 118 pages.

Renferme également *la Plainte des dames.*

IX

Réimprimé dans le tome II du recueil intitulé :

Amours des dames illustres de France sous le règne de Louis XIV.

A Cologne, chez Pierre Marteau. S.d. MDCCXXXVII.

Sous le titre :

Les Amours de Madame de Maintenon.

X

Réimprimé dans le tome IV du recueil intitulé l' :

Histoire amoureuse des Gaules, par le comte Bussy-Rabutin.

Paris. MDCCLIV.

5 vol. pet. in-12.

Sous le titre :

Suite de la France galante, ou les derniers dérèglements de la Cour, p. 1 à 109.

XI

Réimprimé dans le tome II de l' :

Histoire amoureuse des Gaules, par Bussy-Rabutin, revue et annotée par M. Paul Boiteau, suivie des Romans historico-satiriques du XVIIe *siècle, recueillis et annotés par M. C.-L. Livet.*

A Paris, chez P. Jannet, 1856.

3 vol. in-12.

Sous le titre :

Suite de la France galante ou les derniers déréglements de la Cour, p. 59 à 155.

XII

Réimprimé dans le tome II de l' :

Histoire amoureuse des Gaules, par le comte de Bussy-Rabutin, suivie de la France galante. Romans du XVIIᵉ siècle, attribués au comte de Bussy.

Édition nouvelle, avec des notes et une introduction par M. A. Poitevin.

Paris, Adolphe Delahays. MDCCCLVII.

2 vol. in-12.

Sous le titre :

Les Amours de Madame de Maintenon, p. 199-267.

XIII

Réimprimé dans le tome II de l' :

Histoire amoureuse des Gaules, par le comte de Bussy-Rabutin, suivie de la France galante. Romans du XVIIᵉ siècle, attri- bués au comte de Bussy.

Deuxième édition revue et augmentée :

Maximes d'amour et de la carte géographique de la Cour.

A Paris, chez Delahays. MDCCCLVIII.

2 vol. gr. in-18.

Enfin

XIV

Réimprimé dans le tome II de l' :

Histoire amoureuse des Gaules, par Bussy-Rabutin, suivie de la France galante. Romans satiriques du xviie *siècle, attribués au comte de Bussy.*

Nouvelle édition contenant :

Maximes d'amour, et la carte géographique de la Cour, précédée d'observations par M. Sainte-Beuve.

Paris, Garnier frères. M DCCC LXVIII.

2 vol. in-12.

II. — L'AUTEUR

L'auteur est resté inconnu.

On attribue généralement cet ouvrage à un certain Pierre Le Noble, mais ce n'est là qu'un pseudonyme.

Annales galantes de Lorraine.

A Cologne, chez les héritiers de Pierre Marteau. S.d. M DC LXXXII.

Rarissime.

La Boussole des amants.

A Cologne, chez Pierre Marteau. M DC LXVIII — M DC LXIX — M DC LXX — M DC LXXVIII.

L'auteur est de Sercy.

Le Cabinet d'Amour et de Vénus.

A Cologne, chez les héritiers de Pierre Marteau. 2 vol. S. d. ᴍᴅᴄxᴄ

A la Sphère.

Pet. in-12. — 3 ff. prélim. pour le titre et la table. 398 pp.

C'est la réimpression de la bibliothèque d'Arétin.

Le Chansonnier des filles d'amour.

A Cologne, chez Pierre Marteau. S. d.

L'édition originale de cet ouvrage parut à Bruxelles en 1832.

In-18. — 90 pp., 10 gravures libres.

L'édition de Cologne, Pierre Marteau, est une réimpression faite en Allemagne.

Elle est in-16 et contient 8 gravures.

L'ouvrage renferme 45 chansons galantes des principaux chansonniers français, tels que Béranger et autres. En tête est insérée l'*Ode à Priape.*

Nomenclature des chansons : *les Deux sœurs, — Zoé, de votre sœur cadette, — la Fille d'amour, — J' n'avais d'aut plaisir dans l'hameau, —la Gaudriole, — Momus a pris pour adjoints, — la Maison de passe, — Paris fourmille de maisons, — Ma Jeannette, — Si des coquettes maniérées, etc., — Mon curé, — le Curé de notre hameau, — le Piquant plaisir, — Dans les voluptueux plaisirs, — les Plaisirs du C., — Je n'irai point d'un refrain poli-*

*tique, — les Révérends Pères, — Hommes noirs, d'où
sorte*z*-vous ? etc.*

*Cinq lettres d'amour d'une religieuse écrites au chevalier de C.,
officier français en Portugal.*

    A Cologne, chez Pierre Marteau. MDCLXIX.

*Cinq réponses aux lettres d'amour d'une religieuse portugaise,
par le chevalier de C.*

    A Cologne, chez Pierre Marteau. MDCLXXI.

La Comédie sans intrigue, ou les Deux grossesses.

    A Cologne, chez Pierre Marteau. MDCCXXIX.

L'École de la volupté.

    A Cologne, chez Pierre Marteau. MDCCXLVI — MDCCXLVII.

Rare.

Les Entretiens de la grille, ou le Moine au parloir.

    A Cologne, chez Pierre Marteau. MDCLXXXII — MDCCXXI.

A la Sphère.

> 91 pp., avec une gravure à l'eau-forte représentant un moine
> agenouillé devant un autre moine qui tient un fouet, tandis
> que trois nonnes se lamentent derrière la grille de leur
> couvent. On lit au-dessous : *A Schonebeck fecit.*

Cet ouvrage a été réimprimé sous la rubrique : A Genève, 1868, par J. Gay et fils.

    Pet. in-12. — de VIII-63 pages.

Analyse littéraire de l'ouvrage :

Un jeune moine rencontre, à la grille d'un couvent de femmes, une jeune fille qu'il a connue dans le monde, rieuse et folâtre et qui ne s'est pas amendée.

L'abbé, au lieu de lui parler dévotions, lui conte des historiettes parmi lesquelles nous en distinguons une qui est piquante et fort bien tournée. La voici :

LES TETONS NAISSANTS.

Une jeune pensionnaire
Plus coquette qu'à l'ordinaire
Monstroit un jour ses tetons au parloir.
L'on l'y surprit, l'on s'en plaint à l'abbesse
Qui la fit appeler le soir,
Et ne parla que d'aller à confesse
Pour se purger d'un attentat si noir.
« Quoy ! disoit-elle à cette jeune fille,
Monstrer ses tetons à la grille !
Non, je ne voudrois pas qu'il m'en advînt autant
Pour plus d'un million comptant. »
Mais la fille reprit : « Écoutez-moi, madame;
Sans crainte d'allumer de flamme,
Les enfants de vingt mois peuvent se montrer nus.
De mes tetons les ans vous sont connus.
Les vostres, avancez en âge,
Ne doivent plus aimer le badinage.
L'on permet tout aux innocents,
Hé bien ! les miens n'ont que deux ans. »

Les nonnettes, stimulées par l'exemple du moine, ripostent à leur façon. Malheureusement, leurs historiettes sont à ce point lubriques qu'elles ne peuvent prendre place ici.

Elles sont fort bien écrites et dignes de Chavigny, qui en est l'auteur.

Entretiens familiers de deux médecins sur des questions à la mode.

A Cologne, chez Pierre Marteau. MDCCXIII.

Rarissime, concernant le célèbre procès en impuissance de la duchesse de Gesvres.

L'Épouse amante, Mémoires galants.

A Cologne, chez Pierre Marteau. MDCLXXXIII.

La Fille de joye, ouvrage quintessencié de l'anglois.

A Cologne, chez Pierre Marteau. S. d.

I. — ÉDITIONS

L'ouvrage anglais parut sous le titre de :

Memoirs of a woman of pleasure.

London, G. Fenton. M DCC XLVII — M DCC L.

2 vol. sans gravures.

C'est la seule édition publiée par l'auteur.

2. — London, G. Fenton. M DCC LXIX.

2 vol. pet. in-12, avec de splendides gravures.

II. — TRADUCTIONS

FRANÇAISES, ALLEMANDES, ITALIENNES

La Fille de joye, ouvrage quintessencié de l'anglois, contenant les adventures de Mlle Fanny.

Lampsaque. M DCC LI.

In-12.

Première édition, très rare.

2. — Lampsaque. M DCC LVIII.

In-12.

3. — Lampsaque. M DCC LXII.

In-18. — 4 gravures érotiques.

4. — Cologne, P. Marteau. S. d.

5. — *Nouvelle traduction de Woman of pleasure, ou la Fille de joie.*

Londres. M DCC LXX.

In-8°. — Fig.

6. — Londres. M DCC LXVV.

2 vol. in-12. — 90 pages et 100 pages, 3 fig. libres.

7. — Londres. M DCC LXXVI.

2 vol. in-18. — 8 planches érotiques.

8. — Londres. M DCC LXXVI.

2 vol. in-18. — 8 planches érotiques, 101 pages, 116 pages.

C'est une contrefaçon de la précédente.

9. — Londres. M DCC LXXXIII.

> 2 part. in-12. — 103 pp., 120 pp., plus 4 ou 8 figures libres dans une réimpression faite à Paris en 1830.

10. — *La Fille de joie, ou Mémoires de miss Fanny, écrits par elle-même.*

> Amsterdam et Paris, chez Mme Gourdan. M DCC LXXXVI.

> 2 parties in-8°. — Ensemble 235 pp., 35 gravures libres. (Titres compris.)

11. — Londres. M DCC LXXVI.

> 15 figures.

Réimpression faite par l'éditeur Kiessling, de Bruxelles.

12. — *Nouvelle traduction de Woman of pleasure, ou la Fille de joye de M. Cleland, contenant les Mémoires de Mlle Fanny écrits par elle-même, avec des planches en taille-douce.*

> M DCC LXXXVII.

> 35 gravures. — 2 titres gravés.

« Ces gravures, dit Gay, figurent parmi les plus belles vignettes de la collection Borel et Elluin. »

13. — M DCC XCI.

Les figures sont retournées.

14. — Londres. M DCC XCIII.

> 2 vol. in-12. — 104 et 101 pp., 4 gravures.

15. — M DCC XCXVI - M DCC XCIII.

> 2 vol. in-12. — 108 et 125 pp., 15 fig. d'Elluin.

16. — Londres. M DCC XCVII.

> 2 vol. in-12.

TRADUCTION ITALIENNE.

I. — *La Meretrice.*

Cosmopoli Venise. S. d. (M DCC LXIV.)
Pet. in-18. — 126 pp.

La traduction est due au comte Carlo Gorzi.

2. — Londra. M DCCC LX.
In-12, figures.

TRADUCTION ALLEMANDE.

Renfermée dans le premier volume du *Priaspische romane,* 1791.

III. — APPRÉCIATION DE L'OUVRAGE

« C'est, dit Winckelmann, le livre le plus obscène qu'il y ait, je crois, au monde; mais il faut avouer qu'il est de main de maître, et par un génie plein d'idées agréables et élevées. »

IV. — CONDAMNATION DE LA TRADUCTION FRANÇAISE

On lit dans le *Moniteur universel,* mardi 7 novembre 1826 :

Le sieur Jean-Hemerie Bourrut, fabricant, ayant été déclaré coupable :
I. — D'outrages aux bonnes mœurs et à la morale publique et religieuse, en fabriquant, mettant en vente, vendant et distri-

buant des livres, gravures et autres objets obscènes, notamment *la Fille de joie*, *Thérèse philosophe*, *l'Arétin*, *les Meursius français*, et les gravures désignées sous les titres : *Extase de l'amour, Lanterne magique;*

II. — D'avoir mis en vente, vendu et distribué des livres imprimés qui ne contiennent ni le nom ni la demeure de l'imprimeur;

III. — D'avoir mis en vente, vendu et distribué des gravures sans l'autorisation préalable du gouvernement;

IV. — D'avoir eu chez lui des boîtes de cartes fabriquées en contravention aux lois, et des jeux de cartes non timbrées;

A été condamné, par jugement contradictoire du tribunal correctionnel de Paris (6e chambre), en date du 25 février 1825, à une année d'emprisonnement et 3,500 francs d'amende.

Ordonne que tous lesdits objets seront détruits, ainsi que tous les objets semblables qui pourraient être saisis ultérieurement.

Ordonne enfin l'impression et l'affichage du jugement, aux frais des condamnés, au nombre de vingt-cinq exemplaires. »

V. — L'AUTEUR

L'auteur est Jean Cleland (1707-1789). De Smyrne, où il était consul, il fut envoyé aux Indes orientales, où il ne put s'entendre avec les membres de la présidence de Bombay.

De retour en Angleterre, il ne trouva pas d'emploi, fit des dettes et enfin fut emprisonné. Pendant sa détention, il composa des livres licencieux, entre autres les *Mémoires d'une courtisane*. Ce scandaleux écrit amena des poursuites contre lui.

Il était perdu, si le comte de Granville, qui l'affectionnait beaucoup, n'était intervenu. Pour qu'il ne dût plus à l'avenir, en vue de gagner son pain, écrire des livres obscènes, il lui passa une pension de 2,500 francs.

Cleland avait vendu le manuscrit de *la Fille de joie* au libraire Griffith 20 guinées; celui-ci gagna plus de 10,000 livres sterling à la vente de cet ouvrage.

VI. — RÉDACTEUR DE LA PREMIÈRE TRADUCTION FRANÇAISE

D'après Quérard, dans ses *Supercheries littéraires*, l'auteur de la première traduction française serait M. Lambert, fils d'un banquier de Paris. Nombre d'écrivains l'attribuent à M. Charles-Louis Fougeret de Montbron.

Galanteries d'une religieuse mariée à Dublin.

    A Cologne, chez les héritiers de Pierre Marteau. M DC LXVI — M DCC IV — M DCC LXVIII.

Rare.

Les Galanteries et les débauches de l'empereur Néron et de ses favoris, par Pétrone.

    A Cologne, chez Pierre Marteau. M DC XCIV.

Histoire amoureuse et badine du congrès et de la ville d'Utrecht, en plusieurs lettres écrites par le domestique d'un des plénipotentiaires à un de ses amis.

    A Cologne, chez Pierre Marteau. M DCC XIV.

Véritable clef par laquelle on peut avoir l'intelligence parfaite de l'histoire amoureuse et badine du congrès et de la ville d'Utrecht.

A Cologne, chez Pierre Marteau. M DCC XIV.

L'auteur de l'*Histoire amoureuse et badine du congrès et de la ville d'Utrecht* est Casimir Freschot. Elle lui valut force coups de bâton.

C'est à tort que M. Paul Lacroix l'attribue à de La Mothe, l'ex-jésuite.

On peut consulter pour ce livre le catalogue Leber, n° 2,310.

Chef-d'œuvre d'un inconnu.

Paris, Doublet. M DCCC VII.

Pet. in-8°, II, p. 469.

Lettre d'un Gascon à un religieux pour servir de clef à l'Histoire badine d'Utrecht.

Brunswick. M DCC XIV.

In-12.

Histoire galante et véritable de la duchesse de Châtillon.

A Cologne, chez Pierre Marteau. M DC XCVII — M DC XCIX — M DCC XII.

L'héroïne de cette histoire est la célèbre duchesse de Châtillon, fille du comte de Boutteville et sœur du maréchal de Luxembourg.

Bussy s'est entretenu d'elle dans son *Histoire amoureuse des Gaules.*

M. Walckenaer, dans le premier volume de ses Mémoires, a étudié avec soin cette histoire.

Journal amoureux d'Espagne.

A Cologne, chez Pierre Marteau. M DC LXXV.

Mlle de La Roche-Guilhem en est l'auteur.

Consulter sur cet ouvrage : *le Journal des savants,*
17 déc. 1703; Hauréau, *Histoire littéraire du Maine,*
2e édit., 1872, t. IV, p. 37.

Lettres de La Fillon.

A Cologne, chez Pierre Marteau. M DCC LI.

Rarissime.

La Fillon était la fille d'un porteur de chaise.

A l'âge de quinze ans, se trouvant au service d'une
blanchisseuse, elle devint grosse.

Après ses couches, son père, qui était le plus honnête
homme du monde, voulant sauver sa réputation, lui proposa de la marier à un porteur d'eau. Mais cette offre
essuya un refus de sa part.

Sur ces entrefaites, elle s'éprend d'un clerc de procureur
de Bretagne et s'enfuit avec lui à Rennes.

Celui-ci l'ayant abandonnée, elle s'attacha alors à un
commis, marié et père de plusieurs enfants, qu'elle décida à
l'accompagner à Paris, le persuadant qu'ils y feraient fortune.

Mais l'homme propose et Dieu dispose ; il ne fallut pas
longtemps pour qu'il ne restât que très peu de chose des
petites ressources de nos deux amoureux.

Ce fut alors que poussée par la misère, elle eut l'idée de débaucher des filles au palais pour les livrer aux jeunes seigneurs de la cour. Avec un pareil métier, on le devine, on ne reste pas dans l'oubli.

Bientôt le lieutenant de police la fit venir auprès de lui et, en fin limier, il jugea qu'il se trouvait en présence non d'une vulgaire entremetteuse, mais bien d'une femme pleine d'esprit et capable de lui rendre d'immenses services; aussi résolut-il sur-le-champ de s'en faire un espion. La fortune de la Fillon était faite.

N'ayant pu s'entendre avec son commis, elle se maria avec le suisse de l'hôtel Mazarin, qui était à ce moment-là le plus bel homme de France.

La paix ne put régner dans ce ménage; les mœurs dissolues de l'épouse irritèrent à ce point notre suisse que, dans l'espoir de la corriger, il se mit à lui administrer des coups.

Dans l'entre-temps, la Fillon était parvenue à entrer dans les bonnes grâces du duc d'Orléans, qui l'appelait « sa bonne amie ».

Ce nouveau protecteur, à qui elle allait rendre sous peu un inappréciable service, ordonna à son mari de ne plus s'occuper d'elle.

Au reste, la Parque, qui s'était intéressée au sort de la Fillon, vint couper le fil des jours de son tyran. Mais la Fillon avait la monomanie du mariage, et elle ne tarda pas à épouser le cocher de l'hôtel de Saxe. Ce qu'il y a de plus bizarre, c'est qu'elle ne rencontra jamais un mari complaisant.

Ce nouveau seigneur et maître voulant user de son autorité maritale pour la faire rentrer dans le droit chemin, elle se révolta et ne trouva rien de mieux, pour s'en débarrasser, que de prier un capitaine recruteur de l'incorporer dans un régiment.

Elle avait encore un fidèle ami en la personne du célèbre cardinal Dubois, à qui elle procurait des filles.

C'était à la Fillon qu'était réservé le bonheur de découvrir la fameuse *Conspiration de Cellamare*, qui avait pour but d'enlever le régent et de rendre à Philippe V, roi d'Espagne, le trône de France, au cas probable de la mort du jeune roi Louis XV. La sagacité de cette femme était inouïe; nous n'en voulons pour preuve que la façon dont elle devina la conspiration.

Certain jour que Porto-Carrero, secrétaire de l'ambassade espagnole, avait rendez-vous chez elle, il y arriva trop tard et donna pour excuse qu'il avait dû rédiger des lettres pour des personnes qui partaient pour l'Espagne.

La Fillon lut-elle dans ses yeux qu'il mentait, ou bien encore fut-elle mise en éveil par l'embarras et l'agitation de notre secrétaire, on ne le sait; mais toujours est-il que, soupçonnant quelque chose, elle s'empressa de courir chez le cardinal Dubois.

Celui-ci fit partir aussitôt un cavalier, qui fit arrêter nos voyageurs à Poitiers.

Les dépêches dont ils étaient nantis renfermaient tout au long le plan de la conspiration. Le régent était sauvé.

Comme cette affaire fit grand bruit, la Fillon dut passer pour morte; le duc d'Orléans lui donna, pour prix de ce service, 12,000 livres de rente et 30,000 en espèces. Elle se retira en Auvergne, où elle épousa un comte.

Est-il besoin de dire que ses lettres sont intéressantes?

Lettres d'une demoiselle entretenue à son amant.

A Cologne, chez Pierre Marteau. M DCC XLVII.

L'auteur est M. Coustelier. Cet ouvrage a reparu à Cologne.

Mémoires de ... Mancini.

M. de Laborde a fait une excellente notice sur ces mémoires. Elle se trouve insérée dans son ouvrage : *le Palais Mazarin*. Paris, Franck. M DCCC XLVI. Notes 552 et 558.

M. Amédée Renée s'est occupé, à plusieurs reprises, de ces mémoires dans son livre : *les Nièces de Mazarin, Études de mœurs et de caractères au* XVIIe *siècle.* Paris, Didot. M DCCC LVI.

Lettres persanes.

A Cologne, chez Pierre Marteau. M DCC XXI. Édition princeps. M DCC XXI — M DCC XXII — M DCC XXX — M DCC XXXI M DCC XXXIX — M DCC XLIV — M DCC LI — M DCC LII — M DCC LIV — M DCC LV — M DCC LVII — M DCC LXVII.

Le Louis d'or politique et galant.

A Cologne, chez Pierre Marteau. M DC LXXXIII — M DC LXXXV.

Mémoires de la vie du comte de Grammont, contenant l'histoire particulièrement amoureuse de la Cour d'Angleterre sous le règne de Charles II.

A Cologne, chez Pierre Marteau. M DCC XIII — M DCC XIV.

L'édition de 1713 est l'originale. Catalogue Morgand-Fatout, n° 2174. 500 francs.

Mémoires de M. L. D. M.

A Cologne, chez Pierre du Marteau. M DC LXXV — M DC LXXVI.

Mémoires de madame la duchesse Maȝarin.

A Cologne, chez Pierre Marteau. S. d.

Mémoires de M. L. P. M. M.

A Cologne, chez Pierre Marteau. M DC LXXVI.

Les Mémoires de Madame la princesse Marie Mancini, grande connétable du royaume de Naples.

A Cologne, chez Pierre du Marteau. M DC LXXVI.

Mémoires de monsieur d'Artagnan, capitaine lieutenant de la première compagnie des mousquetaires du Roi, contenant quantité de choses particulières et secrettes qui se sont passées sous le règne de Louis le Grand.

A la Sphère.

A Cologne, chez Pierre Marteau. M DCC.

C'est l'édition originale de ces célèbres mémoires qui ont servi à M. Alexandre Dumas pour la rédaction de son roman : *les Trois Mousquetaires.*

Ils seront réimprimés dans le grand ouvrage auquel nous

donnons pour l'heure tous nos soins et qui paraîtra sous le titre :

ŒUVRES CHOISIES

DE

MESSIRE GATIEN DE COURTILZ,

SEIGNEUR DE SANDRAS ET DU VERGER

[1644-1712]

Publiées pour la première fois d'après les textes originaux

Avec un commentaire historique et accompagnées de notes littéraires, biographiques et bibliographiques
précédées de l'

HISTOIRE UNIVERSELLE DES ROMANS DE CAPE ET D'ÉPÉE

OUVRAGE DÉDIÉ

A

Messieurs les membres de la Société des bibliophiles françois

Cette édition contiendra :

I

Les Conquestes amoureuses du grand Alcandre dans les Pays-Bas avec les intrigues de sa Cour.

A Cologne, chez Pierre Bernard. M DC LXXXIV.

In-32.

II

Les Dames dans leur naturel, ou la Galanterie sans façon sous le règne du grand Alcandre.

A Cologne, chez Pierre Marteau. M DC LXXXVI.

A la Sphère.

III

Les Conquestes du marquis de Grana dans les Pays-Bas.

A Cologne, chez Pierre Marteau. M DC LXXXVI.

La Sphère.

IV

*Les Mémoires de M. L. C. D. R. (le comte de Rochefort), conte-
nant ce qui s'est passé de plus particulier sous le ministère du
cardinal de Richelieu et du cardinal Maȝarin, avec plusieurs
particulariteȝ remarquables du règne de Louis le Grand.*

A Cologne, chez Pierre Marteau. M DCLXXXVII.

A la Sphère.

V

*Le Grand Alcandre frustré, ou les derniers efforts de l'Amour
et de Vénus.*

A Cologne, chez Pierre Marteau. M DC XCVI.

La Sphère.

In-8°.

VI

*Mémoires de Jean-Baptiste de La Fontaine, chevalier, seigneur
de Savoye et de Fontenay, brigadier et inspecteur général
des armées du Roy, contenant ses aventures depuis 1636
jusqu'en 1697.*

A Cologne, chez Pierre Marteau. M DC XCVIII.

VII

Mémoires de Monsieur d'Artagnan, etc.

VIII

Annales de la Cour et de Paris pour les années 1697 et 1698.
A Cologne, chez Pierre Marteau. M DCC I.

2 vol.

IX

Mémoires de la marquise de Fresne.

M DCC I.

Mais comme cette édition, qui sera faite avec le plus grand luxe par la maison Quantin, ne sera pas à la portée de tout le monde, nous avons pris la détermination de publier en outre les *Mémoires de Monsieur d'Artagnan* par livraisons et de les traduire en français moderne.

Il sera, nous semble-t-il, intéressant pour le lecteur d'apprécier le parti qu'a su tirer de cet ouvrage M. Dumas et de se prononcer sur la question de savoir si *les Trois Mousquetaires* l'emportent sur l'œuvre de Courtilz[1].

En tout cas, nous dirons dès à présent que c'est à G. de Courtilz que revient la gloire d'avoir créé le type de d'Artagnan qui est resté légendaire.

Le Momus françois, ou les Avantures divertissantes du duc de Roquelaure, suivant les Mémoires que l'auteur a trouvés dans le cabinet du maréchal d'H***, par le sieur L. R. (Le Roy).

A Cologne, chez Pierre Marteau. M DCC XVIII — M DCC XXVII

1. Consulter notre article intitulé : *Bibliographie des ouvrages de Messire Gatien de Courtilz*, etc. *Bulletin du Bibliophile et du Bibliothécaire*, publié par Léon Techener, 1888.

M DCC XXXIX — M DCC LIII — M DCC LIX — M DCC LXI —
M DCC LXVIII — M DCC LXXXI.

La Muse normande.

A Cologne, chez Pierre Marteau. S. d. M DCC XLIV.

Recueil de pièces anacréontiques rédigées par l'abbé Marie-
Pierre Fontaine, curé de Vassonville-sur-Seine. Membre de
l'Académie de Rouen.

Consulter au sujet de l'auteur et de son ouvrage :

Histoire de l'Académie de Rouen, son éloge, par M. de Couronne, 16 août 1776.

Revue de Rouen, 1848, p. 39-43. Notice par M. l'abbé Cochet.

Les Œuvres cavalières, ou Pièces galantes et curieuses de
M. B. D. R.

A Cologne, chez Pierre du Marteau. M DC LXXI.

Pet. in-12. — 2 ff. prélim. et 68 pages.

L'auteur est Blaise de Rezé.
Catalogue Morgand-Fatout, n° 5579. 160 francs. Très
rare.

Recueil de quelques pièces nouvelles et galantes, tant en prose
qu'en vers.

A Cologne, chez Pierre du Marteau. M DC LXIII — M DC LXIV
— M DC LXVII — M DC LXX — M DC LXXXIV.

Le plus intéressant de tous les recueils du même genre.
La première partie se compose de XXXIV pièces parmi
lesquelles on remarque :

Le Voyage de l'isle d'Amour, à Lycidas (par l'abbé Paul Tallemant).

Le Voyage de Bachaumont et La Chapelle.

La Lettre de l'abbé de M. contenant le voyage de la cour vers la frontière d'Espagne (par Montreuil [1]).

1. Cette lettre, d'après l'abbé Goujet, dans sa *Bibliothèque française*, est de l'abbé de Montreuil. MM. Willems, dans son *Histoire des Elzevier*, et Barbier, dans son *Dictionnaire des ouvrages anonymes et pseudonymes*, partagent son opinion.

Il n'en est pas de même pour M. d'Olivet, qui, dans son *Histoire de l'Académie française*, l'attribue à Jean de Montigny, poète et prélat, qui, après avoir été aumônier de Marie-Thérèse, devint évêque de Léon, en Bretagne, et fut reçu en 1670 à l'Académie française. D'Olivet nous dit que « sa prose étoit correcte, élégante, nombreuse, sa versification coulante, noble, pleine d'images ».

Toutefois, pour nous, cette lettre est bien l'œuvre de l'abbé de Montreuil, car il nous y dit qu'il accompagna la Cour dans ce voyage, et qu'il décrit ce qu'il a vu lui-même.

Son assertion se justifie pleinement par son goût pour les voyages d'une part, et de l'autre par la connaissance (qui ressort de sa lettre) qu'il avait de l'espagnol, pour l'avoir appris dans le pays même, sans doute dans le cours de ce voyage.

De plus, nous lisons dans une *Lettre de Chapelain*, que de Montigny « balança longtemps s'il accepterait la charge d'aumônier de la reine Marie-Thérèse d'Autriche, femme de Louis XIV, dont il fut sollicité de se faire pourvoir avant même le mariage, que ses irrésolutions firent accorder cette charge à l'abbé Bonneau, et que de Montigny ne l'eut que quelque temps après le mariage ».

On peut se demander, vis-à-vis de ces faits, à quel titre de Montigny fit ce voyage, n'ayant pas encore d'emploi officiel à la Cour.

Il nous semble enfin que l'on trouve une preuve concluante dans le fait que cette *Lettre* est insérée dans le *Recueil des ouvrages de Montreuil*, publié chez Barbin en 1666.

Mathieu de Montreuil ou Montereul naquit à Paris en 1611 et mourut à Aix en 1691.

Il était fils de Bernardin de Montreuil, avocat au Parlement de Paris.

« Son père, s'étant aperçu, dit Goujet, qu'il aimait l'étude et la vie

La Relation du voyage du Roy à Nantes (par le comte de Saint-Aignan).

tranquille, le destina à l'état ecclésiastique, et lui fit prendre la tonsure; mais le jeune homme n'alla pas plus loin, et il ne s'engagea jamais dans les ordres sacrés. »

Montreüil est l'auteur de poésies légères, d'épigrammes, madrigaux aux vers faciles et naturels, qui, étant éparpillés dans tous les *Recueils* de son temps, attirèrent l'attention de Boileau dans sa septième satyre :

> On ne voit point mes vers, à l'envi de Montreuil,
> Grossir impunément les feuillets d'un Recueil.

« De la Monnoye écrit à ce propos que la faute n'en était pas à de Montreuil, mais bien au libraire Sercy, qui, pour multiplier les volumes de poésies qu'il imprimait, ne mettait dans la plupart des pages qu'un madrigal seul de six vers, et souvent de quatre, avec le nom de Montreuil en bas en grosses lettres. »

De Montreuil fut l'ami de Ménage et trouva un Mécène en la personne de Molé, maître des requêtes; aussi fut-ce à lui qu'il dédia ses œuvres.

« Mon dessein n'est pas de dire du bien de vous, mais de faire savoir à toute la France que vous m'en avez fait. »

Il passa sa vie en Bretagne, où il fit partie d'une Académie ou Société de gens de lettres.

Mais l'amour du plaisir lui fit dissiper tout son bien; heureusement pour lui, M. de Cosnac, qui devint par la suite archevêque d'Aix, lui offrit l'hospitalité. Montreuil lui servit de secrétaire.

M. Calvy, juge de Grasse, nous apprend en quatre vers qu'il fut encore greffier de l'Université.

Mathieu Montreuil, cet auteur si vanté, dont la prose et les vers font tant de bruit en France, Mathieu Montreuil est, en province, greffier de l'Université.

Quant à la lettre qui a provoqué cette note, Goujet dit « qu'on y remarque beaucoup d'esprit et de délicatesse; qu'au reste, ses lettres peuvent passer pour un journal amoureux ».

Pour nous, elle est écrite à l'imitation de Voiture, mais avec moins de goût et de verve; elle pèche comme les siennes par la profusion de pointes.

La Plainte de la France à Rome, signée Corneille (mais qui est, dit M. Willems, de Fléchier).

La lettre de Scarron à Fouquet | sur ses démêlés avec Boileau, | etc., etc.

La seconde partie renferme l xxxviii pièces, parmi lesquelles on distingue :

Le Second voyage de l'isle d'Amour, à Lycidas (par l'abbé Paul Tallemant).

Deux lettres de Mademoiselle à Mme de Motteville, avec les réponses.

Le Discours au Roy contre les mauvais poètes (par Boileau).

Satyre contre les sages incommodes (4ᵉ sat. de Boileau).

A la louange de M. Molière, contre les autres poètes (2ᵉ sat.).

Sur le même sujet (7ᵉ satire).

Contre les mœurs de la ville de Paris (1ʳᵉ sat.).

A Monsieur le marquis N. (5ᵉ sat.).

Élégie pour le malheureux Oronte | c'est l'élégie pour Fouquet, aux nymphes de Vaux (par La Fontaine), etc., etc.

La Reveue des troupes d'Amour à madame D. S. P. D. D. A. L. R.

A Cologne, chez Pierre Marteau. MDC LXVII.

Le Siècle d'or de Cupidon, ou les heureuses avantures d'amour.

A Cologne, chez Piere *(sic)* de Marteau. S. d. M DCC XII.

Le tableau des piperies des femmes mondaines où par plusieurs histoires se voyent les ruses ou artifices dont elles se servent.

A Cologne, chez Pierre du Marteau. MDC LXXXV — MDC LXXXVII.

L'édition originale de cet ouvrage parut :

A Paris, chez Denis, 1632, in-12.

Elle reparut, en 1633, sous la même rubrique.

L'édition de 1685, pet. in-12, 284 pages, est cotée au catalogue de la librairie Morgand-Fatout, n° 7232, 600 fr.

Cet ouvrage a été réimprimé par Gay, en 1866, à 100 exemplaires.

C'est un recueil qui renferme des pièces écrites avec beaucoup de verve. Voici quelques titres :

Description de la femme lascive; — Des Ruses et artifices de la femme pour perdre l'homme le plus sage du monde; — Invectives contre la paillardise; — Des maux que cause le sale plaisir de la chair; — Louange de la virginité ou chasteté, etc.

Le Taureau bannal de Paris.

　　A Cologne, chez Pierre Marteau. M DC LXXXIX — M DCXCI — M DCC XII.

　　Cat. La Villestreux, 110 fr.

Le héros de ce roman est le comte de Montrevel, un des gentilshommes du duc d'Orléans.

Cet ouvrage a reparu sous le titre :

L'Homme à bonne fortune ou le galant à l'épreuve.

　　La Haye, M DC XCI.

　　In-12.

Il y a, sous la même date, deux éditions, l'une en plus gros caractères que l'autre.

Théâtre de P.-C. de Blessebois.

> A Cologne, chez Pierre Marteau. S. d.

Le plus rare volume de la collection. En existe-t-il encore un exemplaire ?

Le Tombeau des amours de Louis le Grand et ses dernières galanteries.

> A Cologne, chez Pierre Marteau. M DCC V.
>
> In-12. — 171 pp. plus un frontispice gravé et un titre imprimé.

Catalogue de la librairie Damascène-Morgand, déc. 1885, 200 francs.

Les Travaux d'Hercule. Dialogues.

> A la Haye, chez Pierre du Marteau. M DCC VIII.
>
> Pet. in-12. — 495 pp.

Cet ouvrage est d'Eustache Le Noble, baron de Saint-Georges et de Tendière.

La biographie de ce procureur général au Parlement de Metz, ruiné par ses prodigalités, faussaire, condamné à un bannissement temporaire, transféré ensuite à la Conciergerie, est trop connue du lecteur pour que nous nous y attachions.

On trouvera la bibliographie complète de ses ouvrages au tome V de la *Bibliographie littéraire* de Quérard.

Quant à sa liaison avec Gabrielle Perreau, dite la belle épicière, condamnée pour adultère, on peut consulter :

Causes célèbres de tous les peuples, par A. Fouquier. |

Paris, Lebrun, 1865-1867. | T. VII. *L'Adultère, la Belle Épicière* et *Eustache Le Noble.*

Nous sommes arrivés à nos fins.

L'expérience nous a appris que le lecteur tient essentiellement, après avoir lu un travail d'érudition, à se former une opinion nette, précise, claire sur la question qui a été développée dans les moindres détails à ses yeux; aussi terminerons-nous en formulant nos

CONCLUSIONS

Il reste acquis.

Pierre du Marteau n'a jamais existé. C'est un pseudonyme et non pas un nom imaginaire. Ce fut *Jean Elzevier,* imprimeur à Leyde, qui, en 1660, s'en servit pour la première fois, et cela pour la publication du *Recueil de diverses pièces servans à l'histoire de Henry III, roy de France et de Pologne.*

Après lui, les imprimeurs hollandais, belges, rouennais, en font un fréquent usage et font subir à cette adresse des variations multiples. Ce fut en 1685 que, pour la première fois, le nom de Pierre du Marteau apparut dans la presse allemande.

Le premier volume que nous ayons rencontré avec cette adresse est intitulé :

Staatsorackel über die allerverborgens ten Desseins und chagrins der vornehmsten Potentaten, Fursten und stand in Europa.

Coelln, bei Wilhelm Marteau. M DC LXXXVIII.

C'est donc à tort que M. Gustave Brunet écrit dans son livre *les Imprimeurs imaginaires et libraires supposés,* que l'adresse de ce typographe imaginaire perd beaucoup de sa vogue à mesure que le xviiie siècle s'avance et qu'il finit par s'éteindre en Allemagne. Les imprimeurs allemands employèrent l'adresse avec une extrême ardeur et lui firent subir des changements aussi nombreux que variés.

La collection des impressions à l'adresse de Pierre du Marteau renferme des ouvrages d'histoire générale et spéciale, de polémique religieuse et politique, des pamphlets, satires, libelles, productions anecdotiques, érotiques, sodiques, ouvrages qui sont dus aux plumes exercées de l'époque.

Enfin, cette collection est au-dessus de toute comparaison avec la collection des productions qu'on est accoutumé d'appeler *les Mazarinades.*

DESCRIPTION DU PREMIER OUVRAGE QUI PORTE L'ADRESSE BANALE :

à Cologne, chez Pierre du Marteau.

RECVEIL

DE

DIVERSES PIÈCES

servans

A L'HISTOIRE

de

HENRI III

Roy de France et de Pologne,

Dont les tiltres se trouvent en la page suivante.

A COLOGNE

Chez Pierre du Marteau

M DCLX

DESCRIPTION[1] DU PREMIER OUVRAGE

QUI PORTE L'ADRESSE BANALE

A COLOGNE, CHEZ PIERRE DU MARTEAU

Recveil de diverses pièces || *servans* || *à l'histoire* || *de Henry III,* || *Roy de France* || *et de Pologne* || *dont les tiltres se trouvent* || *en la page suivante.*

A Cologne || chez Pierre du Marteau. || M DC LX.

1 vol. pet. in-12. 1 f.-titre. 474 pp.

Cette édition est renseignée au *Bulletin du bibliophile* de J. Teche-ner. 1843. V⁰ série. Bull. 5, n° 357. — Catalogue des Elzevier de la Bibliothèque de l'Université impériale de Varsovie, p. 188. — Les Elzevirs de la Bibliothèque impériale publique de Saint-Pétersbourg. Catalogue bibliographique et raisonné, publié sous les auspices et aux frais du prince Youssoupoff et rédigé par Ch.-Fr. Walther, p. 212, n° 551. — Bibliothèque de l'auteur.

A

NOMENCLATURE DES ÉDITIONS

D'après notre catalogue des impressions portant l'adresse : « A. Cologne, chez Pierre du Marteau », ce *Recveil* est le premier ouvrage qui ait porté cette adresse

1. Cette description a paru dans le *Bulletin du bibliophile et du bibliothécaire* publié par M. Léon Techener. 1886. Août-septembre.

à son frontispice. Il est rarissime. Le fleuron du titre, la sirène, les lettres grises et les signatures en cinq prouvent qu'il est sorti des presses de Jean Elzevier, à Leyde. C'est aussi l'opinion de M. Willems[2].

M. Pieters l'attribue à tort aux presses de Louis et Daniel Elzevier, à Amsterdam. M. E. Weller est dans l'erreur lorsqu'il écrit dans son « Dictionnaire des ouvrages français portant de fausses indications des lieux d'impressions et des imprimeurs » [Ce dictionnaire forme la IIe partie de son livre *Die Falschen und fingirten Druchkorte.* Leipzig, 1864.] sous la rubrique *Corrections* : « L'édition du Recveil « de diverses pièces servans à l'histoire de Henry III, roy de « France et de Pologne, à Cologne, chez Pierre du Marteau, « MDCLX », décrite par M. Pieters, dans ses *Annales des Elʒevier* à la page 209 de la seconde édition, *me paraît bien douteuse.*

II

A Cologne, chez Pierre du Marteau. M DC LX.

1 vol. pet. in-12. 461 pp. 1 f. blanc.

Contrefaçon hollandaise, qui ne porte ni le fleuron du titre, ni la sirène, ni les lettres grises de la précédente.

III

A Cologne, chez Pierre du Marteau. M DC LXII.

1 vol. pet. in-12. 461 pp. 1 f. blanc. Cat. Gouttard, 1808. — Bibl. de l'auteur.

1. *Les Elʒevier.* — N° 868.

Réimpression de la contrefaçon hollandaise de MDCLX.

M. Willems l'attribue avec raison aux presses d'Adrian Vlacq, de la Haye. Les signatures sont en six, comme dans l'édition du *Recveil* || *de plusieurs pièces* || *servans* || *à l'histoire moderne* || à Cologne || chez Pierre du Marteau || MDCLXIII || qui a été également imprimé par Ad. Vlacq.

M. Stan.-J. Siennicki, dans son Catalogue des Elzevier de la bibliothèque de l'Université impériale de Varsovie, donne à un exemplaire de l'édition de MDCLXII 468 pp. Que renferment ces sept pages supplémentaires ?

I V

A Cologne, chez Jean du Castel. MDCLXII.

Cette édition et celle renseignée sous la rubrique VII sont inconnues à MM. Brunet, Bérard, Pieters, Willems.

Elles sont signalées par M. E. Weller, qui les croit imprimées à Amsterdam.

A notre grand regret, il ne nous a pas été donné de rencontrer un exemplaire de ces éditions. Toutefois, nous ne les croyons pas sorties des presses elzéviriennes, pour la raison qu'il n'y a aucun des Elzevier qui ait jamais fait usage de ce pseudonyme.

Nous pensons plutôt qu'elles ont été imprimées par François Foppens, à Bruxelles, qui s'est servi à plusieurs reprises de cette adresse fictive, et cela précisément durant les années 1662 et 1664, à preuve :

Recveil de diverses pièces curieuses pour servir à l'histoire. Voyez la page suivante.

A Cologne, chez Jean dv Castel. MDCLX.

1 vol. pet. in-12.

Marque : la Sphère.

297 pp. 1 f. blanc.

Ce volume est une des plus jolies productions de Foppens, écrit M. Willems.

Suivant Bérard, il existe sous la même date une édition en 296 pages sensiblement moins bien imprimée que l'autre. Une édition antérieure avait paru avec la même adresse en 1662 [pet. in-12, 4 ff. limin. 132 pp. et 2 ff. blancs], mais elle ne contenait que les premières pièces.

Posons ici une question : l'édition du *Recveil de diverses pièces servans à l'histoire de Henri III,* portant l'adresse : à Cologne, chez Jean dv Castel, 1662, a-t-elle précédé celle de Cologne, chez Pierre du Marteau, 1662, ou l'a-t-elle suivi, ou bien encore ont-elles paru simultanément ?

V

A Cologne, chez Pierre du Marteau. MDCLXIII.

2 part. en 1 vol. pet. in-12. Cat. Leber. 5614. 456 pages.

Édition imprimée par Louis et Daniel Elzevier à Amsterdam.

C'est l'opinion de M. Willems. M. Pieters est d'un avis contraire.

****

Recueil || de || diverses pièces || servans à || l'histoire || de ||
Henry III, || Roy de France || et de Pologne, || dont les tiltres
se trouveront en la page suivante ||.

A Cologne || chez Pierre du Marteau || M DC LXIII.

> 1 vol. pet. in-4°. Cat. Libri 3,624. Millot. 933. 367 pp. et
> 104 pp. Bibl. de l'auteur.

Cette édition est rare. — Elle est renseignée, mais sans
l'astérisque[1], au Catalogue des livres de fonds de la librairie
elzévirienne d'Amsterdam, qui fut publié après le décès de
Daniel Elzevier, et en vue de la vente qui eut lieu en juillet 1681.

VII

A Cologne, chez Jean dv Castel. M DC LXIV.

Voir la rubrique IV.

VIII

A Cologne, chez Pierre du Marteau. M DC LXVI.

> 1 vol. pet. in-12. Cat. Labédoyère. — Bibl. de l'auteur.

1. M. Willems nous apprend que *l'astérisque* servait à distinguer
les ouvrages dont la propriété appartenait exclusivement à Daniel et
qui se vendaient avec le droit de reproduction, de ceux dont l'achat
ne conférait pas de droit spécial à l'acquéreur. En effet, l'exemplaire
du catalogue conservé à la bibliothèque de Hambourg porte cette
note manuscrite :

Qui asterico notati sunt, vendentur cum jure copiæ et privilegio.

20

C'est la réimpression de l'édition à Cologne, chez Pierre
du Marteau, MDCLXIII, avec un titre renouvelé.

Elle sort des presses de Daniel Elzevier.

Les pages 457 à 474 renferment une partie nouvelle.

IX

A Cologne, chez Pierre du Marteau. MDCLXVI.

1 vol. pet. in-12. 600 pp. Bibl. de l'auteur.

Marque : la Sphère.

C'est, d'après le dire de M. Willems, une contrefaçon
imprimée par Abraham Wolfgang, à Amsterdam.

X

*Recueil || ... || augmenté en cette nouvelle édition suivant || les
titres qui se trouvent en la page suivante.*

A Cologne, chez Pierre du Marteau. MDCXCVI.

1 vol. pet. in-12. Cat. Nodier (1844). 1131. Bibl. de l'auteur.

Marque : la Sphère.

II parties : Iʳᵉ partie, 474 pp. et un f. bl.; IIᵉ partie, 156 pp.

La 1ʳᵉ partie est la réimpression de l'édition, à Cologne,
chez Pierre du Marteau MDCLXIII, petit in-12, à laquelle
on a ajouté de nouvelles pièces. Cette édition sort des
presses de Daniel Elzevier, à Amsterdam.

C'est à tort, dit M. Willems, que M. Pieters conteste
l'origine elzévirienne de ce volume. La Sphère est la pre-

mière des Elzevier d'Amsterdam; la vignette qui orne le titre du Discours merveilleux, ainsi que les deux A [pp. 292 et 3oo] se vérifient sur le catalogue de 1674, L [p. 3] et V [272] sur l'Aristippe de 1664, M. [p. 3r3] sur le Sénèque in-8. Les cahiers sont signés en sept.

XI

A Cologne, chez Pierre du Marteau. MDCXCIII.

ı vol. pet. in-12. — Bibl. impér. de France. Cat. de l'histoire de France. T. I, p. 288, § 25. Lib. 34.

XII

A Cologne, chez Pierre du Marteau. MDCCIX.

a vol. pet. in-12. — *Idem.*

XIII

A Cologne, chez Pierre du Marteau. MDCCXX.

Cette édition est renseignée par le R. P. Nicéron dans ses « Mémoires pour servir à l'histoire des hommes illustres dans la république des lettres », t. XXXV, p. 3.

B

LISTE DES PIÈCES RENFERMÉES
DANS LES DIVERSES ÉDITIONS DU RECUEIL

Éditions : A Cologne, chez Pierre du Marteau. MDCLX — MDCLX — MDCLXII, et Cologne, chez Jean du Castel. MDCLXII. Rubriques I — II — III — IV.

I

Journal du règne de Henri III, composé par M. S. A. G. A. P. D. P.
[Monsieur Servin, avocat général au Parlement de Paris.]

II

L'Alcandre, ou les amours du Roy Henry le Grand, par
M. L. P. D. C. sur l'impression de Paris de l'an 1651.

III

Le Divorce satyrique ou les Amours de la Reine Marguerite de
Valois, sous le nom D. R. H. Q. M.

IV

La Confession de M. de Sancy, par L. S. D. A., auteur du
Baron de Fœneste.

Édition : A Cologne, chez Pierre du Marteau.
MDCLXIII.

Pet. in-12. Rubrique : V.

Partie nouvelle.

V

Discours merveilleux de la vie, actions et déportements de la
Royne (sic) *Catherine de Médicis, mère de François Ier,*
Charles IX, Henry III, Rois de France, déclarant tous les
moyens qu'elle a tenus pour usurper le gouvernement du
Royaume de France et de ruiner l'Estat d'iceluy.

Editions : A Cologne, chez Pierre du Marteau.

MDCLXIII. In-4°. Imprimé en rouge et noir. — A
Cologne, chez Jean du Castel. MDCLXIV.

Rubriques : VI, VII.

Partie nouvelle.

VI

*Lettres du Roy Henry IV escrittes à Mesdames la duchesse de
Beaufort et la marquise de Verneuil, extraittes des originaux trouvez dans la cassette de Mademoiselle d'Estauges
après sa mort.*

Édition : A Cologne, chez Pierre du Marteau.
MDCLXVI.

Rubriques : VIII, IX, X.

Partie nouvelle.

VII

*Apologie pour le Roy Henry Quatre envers ceux qui le blâment
de ce qu'il gratifie plus ses ennemis que ses serviteurs, faite
en l'année mil cinq cent quatre-vingt-seize par Madame la
duchesse de Rohan, la douairière, mère du grand duc de
Rohan.*

Édition : A Cologne, chez Pierre du Marteau.
MDCXCIX.

Partie nouvelle.

VIII

*Remarques sur la Confession du sieur de Sancy, par Jacob le
Duchat.*

NOTICE

D'UN LIVRE INTITULÉ.

HISTOIRE

DES AMOURS

dv

GRAND ALCANDRE

en laqvelle sovs des noms
empruntez, se lisent les advantures amoureuses
d'un grand Prince du dernier siècle.

A PARIS

de l'Imprimerie de la Veusve Jean Guillemot
Imprimeuse ordinaire de Son Altesse Roÿale, rue des
Marmouzets, proche l'église de la Magdelaine.

M D CLII

A

S. A. R.

Monseigneur le comte de Flandre.

Hommage du plus profond respect.

L'

Histoire des amours du grand Alcandre[1] en laquelle sous des noms empruntez, se lisent les advantures amoureuses d'un grand prince[2] du dernier siècle.

Le temps s'ènfuit et l'amour reste.
CAHUSAC.

Certain jour que de Nogaret de La Valette, duc d'Épernon, d'autres mignons et courtisans de feu le roi Henri III, faisaient les efforts les plus grands, suppliaient même Henri IV de leur donner satisfaction en tirant une éclatante vengeance de la façon cruelle et sanglante avec laquelle Thomas Artus, sieur d'Embly, les avait traités dans sa satire politique et allégorique intitulée : *l'Isle des Hermaphrodites*[3], Henri le Grand leur répondit : « Ventre-saint-

1. *Alcandre* vient du grec Ἀλκή et Ἀνήρ-ἀνδρός, et signifie : homme puissant. Ce nom fut appliqué dans la suite à Louis XIV. En 1695, lorsque parurent les *Intrigues amoureuses de la cour de France*, l'éditeur, se rappelant le succès des *Conquêtes amoureuses du grand Alcandre*, écrivit : Ce livre *** a été si bien reçu en France que le nom du grand Alcandre est aujourd'hui en usage quand on veut parler du roi.

2. *Un grand prince du dernier siècle :* Henri IV, né au château de Pau, le 14 décembre 1553, roi de Navarre en 1572, et de France en 1589, assassiné à Paris, le 14 mai 1610.

3. *Isle des Hermaphrodites*, nouvellement descouverte, avec les mœurs, loix, coustumes, et ordonnances des habitans d'icelle. S. l. n. d. Front. grav. Bibl. de l'auteur.

gris! Je me ferais conscience de molester un homme d'esprit pour vous avoir dit vos vérités. »

Ne nous est-il pas permis de croire, en argumentant de cette réponse, que si le hasard avait voulu qu'un exemplaire de l'*Histoire des amours du grand Alcandre,* qui était destinée à rester manuscrite et à courir sous le manteau, fût tombé entre les mains de ce grand roi, il ne se fût pas fâché jusqu'au point de punir l'auteur pour sa témérité, mais que tout au contraire il se fût écrié avec Montaigne : « Ce n'est pas aimer la vérité que de ne l'aimer que flatteuse et agréable; il faut l'aimer âpre et dure, affligeante et sévère; il faut en aimer les épines et les blessures. »

Certes, il n'eût pas dit avec Térence :

Veritas odium parit, obsequium amicos.

L'*Histoire des amours du grand Alcandre* est le journal satirique des galanteries de Henri IV.

Jalousie est sœur de l'Amour, n'est-il point vrai, et cependant Henri, qui fut toujours amoureux, à qui on donna dans sa vieillesse le surnom de Vert-Galant, ne fut jamais jaloux. « Il n'étoit pas grand abatteur de bois, écrit Tallemant des Réaux, aussi étoit-il toujours cocu. On disoit en riant que son second avoit été tué, ajoute spirituellement cet écrivain. »

Qui ne sait que Mme de Verneuil l'appelait : « Capitaine bon vouloir. »

Le plan que nous avons adopté pour notre travail peut se ramener aux quatre divisions suivantes :

La première comprendra une note bibliographique sur

l'édition originale de l'*Histoire des amours du grand Alcandre;* la seconde, la nomenclature des diverses éditions; la troisième, la biographie de l'auteur; enfin, la quatrième, l'analyse littéraire de l'histoire.

PREMIÈRE PARTIE[1]

NOTE BIBLIOGRAPHIQUE SUR L'ÉDITION ORIGINALE
DE L'HISTOIRE DES AMOURS DU GRAND ALCANDRE

« On n'aurait peut-être jamais publié l'*Histoire des amours du grand Alcandre*, en laquelle, sous des noms empruntez, se lisent les advantures amoureuses d'un grand prince du dernier siècle, écrit M. Paulin Paris[2], sans la liberté laissée durant les quatre années de la Fronde aux presses parisiennes.

« Cette histoire fut criée parmi les rues, un beau jour de l'an 1652, comme elle sortait de l'imprimerie de la veuve de Jean Guillemot, imprimeuse ordinaire de Son Altesse Royale, rue des Marmouzets.

« Cette première édition est devenue assez rare pour faire révoquer son existence en doute; mais, grâce à Dieu, *j'en ai retrouvé il n'y a pas longtemps les deux premiers feuillets* au milieu d'autres in-4° de la même année.

« La première édition des *Amours d'Alcandre* est donc une véritable Mazarinade, quoique M. Moreau n'ait pas

1. Les deux premières parties ont paru dans le *Bulletin du bibliophile et du bibliothécaire,* de Léon Techener. 1887.
2. Notice sur deux romans anecdotiques : *les Amours d'Alcandre et les Advantures de la cour de Perse. — Bulletin du bibliophile,* publié par J. Techener. 1852, X^e série, pp. 815 et suivantes.

cru devoir la signaler dans la curieuse bibliographie qu'il vient de nous donner de ce genre de publications.

« Malgré tout l'intérêt d'un pareil pamphlet, il semble que les exemplaires en aient été d'abord peu répandus et qu'on les ait promptement retirés de la circulation. Peut-être le bon Gaston se plaignait-il (doucement comme faisaient les princes en cette année-là), et aura-t-il persuadé à son imprimeuse ordinaire qu'il y avait dans la publication du livre manque de respect, sinon abus de confiance. Au moins est-il certain qu'à cinq ans de là, en 1657, un des hommes les plus friands de petites chroniques et d'anecdotes, Gédéon Tallemant des Réaux, ignorait complètement l'existence de l'édition des *Amours d'Alcandre*. Nous en trouvons là preuve dans la note marginale de ses dignes Historiettes, note que, par un oubli singulier, les judicieux éditeurs ont négligé de reproduire et que j'ai lue de mes yeux sur le manuscrit original, aujourd'hui la propriété de M. le comte Lanjuinais, en regard du titre « Henry quatriesme ».

« Je ne me serviray pas, écrit Des Réaux, d'un manu-« scrit intitulé : *les Amours d'Alcandre,* c'est-à-dire d'Henry « quatriesme, dont j'ay la clef, car on le trouvera tout entier « avec ce Recueil. »

« Si Des Réaux avait connu l'édition de la veuve Guillemot, il aurait négligé de mentionner son manuscrit, il ne l'aurait pas joint à ses Historiettes, il n'y aurait pas renvoyé ses lecteurs.

« Autre considération : la seconde, faite en Hollande, porte la date de 1660 et n'est peut-être que de 1662; si celle de la veuve Guillemot avait eu son cours régulier de vente, on n'aurait pas attendu huit ans pour la renouveler dans les Pays-Bas, terre à laquelle fut à jamais donnée toute puissance de contrefaire les livres français. C'est donc, à le bien prendre, un point assez obscur que l'histoire de cette première édition des *Amours d'Alcandre.* Il faut dire aussi qu'une des plus anciennes réimpressions hollandaises, celle de 1662, porte ce faux titre, au revers du principal : « l'Al- « candre, ou les Amours du roy Henry le Grand, par « M. L. P. D. C., sur l'impression de Paris, l'an 1651. »

« Mais M. Brunet, notre loi vivante, ne paraît pas le moins du monde avoir connu l'in-4° de 1651, et ceux qui en ont parlé l'ont fait uniquement d'après le faux titre de Pierre du Marteau; je crois donc à l'erreur de Pierre du Marteau; il aura mal daté l'édition unique et rarissime de la veuve Guillemot. En tout cas, si la veuve a donné deux éditions successives, elle a probablement donné à toutes les deux la forme des Mazarinades, et il serait donc encore plus singulier que Des Réaux, en 1657, n'eût connu ni l'une ni l'autre. Sauval, l'auteur des *Antiquités de Paris,* qui rassemblait les matériaux de son grand ouvrage, dans le temps même où Des Réaux écrivait ses Historiettes, Sauval n'avait pas vu non plus l'édition ou les éditions parisiennes de 1651 et de 1652. Il est vrai qu'il copie un long passage du manuscrit dans son chapitre des Amours des rois de France; mais, s'il avait connu le livre publié, il se fût contenté d'y renvoyer ses lecteurs, il n'en eût pas transcrit une page entière ou du moins il nous aurait averti que c'était la citation d'un imprimé. Le plagiat eût été par trop facile à découvrir.

« Ainsi les *Amours d'Alcandre,* avant la première édition, couraient beaucoup en manuscrit; Des Réaux, Sauval et bien d'autres encore en possédaient des copies. »

Si M. Paulin Paris eut la bonne fortune de retrouver les deux premiers feuillets de l'édition de 1652 des *Amours du grand Alcandre,* nous fûmes encore bien plus favorisé en rencontrant, dans la remarquable bibliothèque d'un très noble et très illustre personnage, S. A. R. MONSEIGNEUR LE COMTE DE FLANDRE, un exemplaire complet de cette édition.

Ce prince, doué d'un grand savoir, si connu dans le monde des savants pour sa profonde érudition, nous fit l'extrême honneur de mettre à notre disposition cet exemplaire, pour que nous puissions en donner la description.

Qu'il nous soit permis d'adresser tous nos remerciements à M. A. Scheler, bibliothécaire de Sa Majesté le Roi des Belges et du Prince, pour l'excessive amabilité qu'il a eue pour nous en cette circonstance.

Voici la description exacte et détaillée de l'édition rarissime de 1652 :

HISTOIRE

DES AMOURS

dv

GRAND ALCANDRE

en laqvelle sovs des noms
empruntez, se lisent les advantures amoureuses
d'un grand Prince du dernier siècle.

A PARIS

de l'Imprimerie de la Veusve Jean Guillemot[1]
Imprimeuse ordinaire de Son Altesse Royale, rue des
Marmouzets[2], proche l'église de la Magdelaine.

M DCL II

Marque : Blason de S. A. R. Gaston d'Orléans[2].

1. *La veusve de Jean Guillemot.* — On lit dans l'*Histoire de l'Imprimerie et de la Librairie*, par Jean de la Caille : Jean Guillemot imprima quelques pièces volantes, comme l'*Entrée de la Reyne dans la ville de la Rochelle*, in-8°, 1632. Il fut adjoint de la Communauté en 1637. La veuve Guillemot reçut un brevet d'imprimeur et de libraire du duc d'Orléans, le 2 décembre 1651. M. Moreau, dans sa *Bibliographie des Maẓarinades*, écrit à la page xxxiii : « Les plus séditieux pamphlets, suivant Naudé, sont sortis des presses de la veuve Coulon. Robert Sara, au contraire, la veuve Guillemot et Cardon Besoigne n'ont pas imprimé des pires. »

2. *Rue des Marmouẓets.* — Le lecteur qui aurait le désir d'apprendre l'origine et l'historique du nom de cette rue pourrait consulter : A. *Description historique de la ville de Paris et de ses environs*, par Piganiol de la Force. Paris, 1765. I, p. 439. — B. *Tableau historique et pittoresque de Paris depuis les Gaulois jusqu'à nos jours*, par J.-B. de Saint-Victor. Paris, 1822. I, 453; III, 646.

3. *Gaston-Jean-Baptiste de France, duc d'Orléans,* troisième fils de Henri IV et de Marie de Médicis, frère de Louis XIII, né le

Un faux-titre. 2 ff. non chiffrés : « Au lecteur. » 1 f. non chiffré : « Autorisation donnée à l'imprimeur, signée Gaston de Fromont. » Au dos de cette autorisation, reproduction du blason de Gaston d'Orléans.

52 pp. en tout. — Pp. 1 à 34. *Histoire des amours du grand Alcandre.* — Pp. 34 à 45. Annotation à l'*Histoire des amours du grand Alcandre.* — Pp. 45 à 52. Clef des noms propres déguisez dans l'*Histoire des amours du grand Alcandre.*

L'exemplaire de l'*Histoire des amours du grand Alcandre,* que possède S. A. R. Monseigneur le comte de Flandre, se trouve dans sa première reliure, qui est en plein veau.

Sur un feuillet blanc, placé par le relieur en tête du vo-

---

25 avril 1608, mort le 2 février 1660. Gaston d'Orléans fut aussi l'un des plus « habiles curieux » de son temps, et aurait dû s'en tenir là. Il se connaissait à merveille en livres et en médailles. « Rien en ce genre ne lui échappe », dit un contemporain; ce n'était pas comme en politique. La description de sa bibliothèque, installée en 1644 au Luxembourg, est des plus attrayantes. « Elle est placée, dit D. Jacob, au bout de cette admirable gallerie, où toute la vie de la feue reine Marie de Médicis a été dépeinte par l'excellent ouvrier Rubens. Or cette bibliothèque n'est pas seulement remarquable par l'ornement de ses tablettes, qui sont toutes couvertes de velours vert avec les bandes de mesme étoffe, garnies de passements d'or et les crespines de mesme. Outre cela, les livres sont de toutes les meilleures éditions qui se peuvent treuver, et quant à leur reliure, elle est toute d'une mesme façon, avec les chiffres de Son Altesse Reale. Ce Prince fait tous les jours une grande recherche des meilleurs livres qui se peuvent treuver dans l'Europe, donnant des *Mémoires* pour ce sujet, par la sollicitation de M. Brunier, son médecin, et bibliothécaire qui travaille continuellement à la perfection de ce trésor... » [*Bulletin du bibliophile et du bibliothécaire* de Léon Techener. 1884. p. 139.]

lume, on lit, dans une écriture du siècle dernier : « Ce livre
est rare et se trouve vendu assez cher dans plusieurs catalogues ; il a été poussé jusqu'à 19 livres chez M. l'abbé
Rothelin [1]. »

1. L'abbé Rothelin : Charles d'Orléans de Rothelin, abbé de Cor-
meilles, littérateur, membre de l'Académie française et membre en
qualité d'honoraire de l'Académie des inscriptions et des belles-lettres,
né à Paris en 1691, mort le 17 juillet 1744.

Nous lisons dans les *Loisirs d'un ministre* ou Essais dans le goût
de ceux de Montaigne composés en 1736 [par M. le marquis d'Argen-
son]. Liège, C. Plomteux, 1787. T. II, p. 150 :

« L'abbé de Rothelin s'est attaché à deux genres de curiosités, qui
tiennent également à l'érudition : les médailles et les livres. Il a déjà
des premières une collection considérable de tout métal et de toute
forme. Il a commencé cette collection à Rome, sous les yeux du cardinal de Polignac. Son Éminence en ayant rassemblé de son côté,
l'abbé espère bien qu'il les lui laissera, et son cabinet deviendra ainsi
un des plus beaux et des plus précieux qu'aucun particulier ait jamais
possédé en France. L'abbé ne sera point du tout insensible à la possession d'un beau domaine littéraire, car, quoiqu'il soit homme de
qualité, assez riche, aimable et de bonne compagnie, on l'accuse d'aimer les médailles au point que, quand il en trouve une à l'écart et
que personne ne le regarde, il n'hésite point à mettre la main dessus,
à la faire passer dans sa poche, et de là dans son médaillier.

« Hors de là, dit-on, il n'est pas fripon, il n'est que tracassier.

« Le second des goûts de l'abbé de Rothelin est celui des livres.
Sa bibliothèque commence à devenir très considérable ; il la montre
volontiers et avec faste, et fait remarquer aux curieux des ouvrages
imprimés et que lui seul possède ; il explique en quoi consiste leur
mérite, leur rareté ou les singularités qui les distinguent.

« Comme il parle communément à des gens bien moins savants
que lui, on ajoute foi à tout ce qu'il dit et on le félicite de posséder de
si belles choses, qui seront vendues bien cher après sa mort.

« Quelques gens sensés trouvent qu'il y a du charlatanisme dans
cette démonstration, et je suis assez de leur avis. »

Dans le catalogue de la vente de ses livres [1746, à Paris, chez
Gabriel Martin, libraire, rue Saint-Jacques, à l'Étoile], on trouve au
n° 3739 : *Histoire des amours du grand Alcandre* || *Henry IV* ||

S'il faut en croire M. Paulin Paris, l'*Histoire des amours du grand Alcandre* serait une Mazarinade.

Nous ne sommes pas du tout de son avis, et nous approuvons M. Moreau de ne pas l'avoir signalée dans sa *Bibliographie des Mazarinades*.

Il est bien vrai que la veuve Guillemot publia, en 1651, une Mazarinade intitulée :

Lettre de cachet du Roi envoyée à Messieurs du Parlement sur le sujet du plein pouvoir donné par Sa Majesté à Monseigneur le duc d'Orléans, pour traiter avec M. le Prince.

Paris. Veuve Guillemot, 1651. 6 pages.

Datée de Bourges, le 11 octobre[1].

Mais, quant à notre histoire, elle n'a que les dehors d'une Mazarinade.

Recherchant les motifs pour lesquels l'édition de 1651 de l'*Histoire des amours du grand Alcandre* était inconnue à Tallemant, à Sauval et autres, M. Paulin Paris s'exprime en ces termes : « Peut-être le bon Gaston se plaignit-il (doucement, comme faisaient les princes de cette année-là), et aura-t-il persuadé à son imprimeuse ordinaire

avec des annotations et la clef. Paris, veuve Guillemot, 1652, in-4°. Vendu 19 livres 2.

« Le catalogue des livres de M. l'abbé Rothelin, écrit M. Paul Lacroix dans le *Bulletin du bibliophile* de M. J. Techener [1857, XIII, mars, p. 142], est très estimé, et c'est peut-être le plus curieux et le meilleur de ceux de Martin. Il y a une belle préface et une table des auteurs. »

1. Moreau. *Bibliographie des Mazarinades*, II, p. 129, n° 1906.

qu'il y avait dans la publication du livre manque de respect, sinon abus de confiance. »

Nous admettons parfaitement qu'un désir de la part de
Gaston était un ordre pour son imprimeuse, mais il nous
semble que ce furent davantage et l'arrêt du Parlement du
29 juillet 1651, et l'arrêt du Conseil du 24 octobre 1652,
qui durent déterminer la veuve Guillemot à retirer le plus
prestement possible de la circulation les exemplaires de
l'*Histoire des amours du grand Alcandre*.

L'arrêt du Parlement de 1651 fut rendu contre les auteurs, imprimeurs, colporteurs, distributeurs et acheteurs
de libelles.

Cet arrêt stipulait que les colporteurs devaient avoir
été reçus par-devant le bailli du Palais ou le prévôt de
Paris. Il prononçait la peine du fouet contre ceux qui auraient osé se soustraire à cette formalité. Les auteurs
étaient passibles d'une amende de 16 livres parisis pour la
première fois, et pour la seconde d'une amende arbitraire.

Quant aux auteurs et aux imprimeurs, ils continuaient
d'écrire et d'imprimer à peine de vie.

L'arrêt du Conseil du 24 octobre 1652 portait : les imprimeries de ceux qui impriment des libelles seront vendues
sur-le-champ.

De plus, la veuve Guillemot était parfaitement au courant de la façon on ne peut plus rigoureuse avec laquelle
les arrêts contre les imprimeurs étaient mis à exécution;
aussi, après l'année 1651, n'imprime-t-elle plus aucune espèce de pamphlets.

M. Paulin Paris se méprend lorsqu'il présume que l'édition de 1660, du *Recueil de diverses pièces servans à l'histoire de Henri III,* n'est peut-être que de 1662. Nous avons vu le contraire plus haut.

« L'histoire de la première édition des *Amours du grand Alcandre* est un point obscur, écrit encore M. Paulin Paris. La réimpression hollandaise de 1662 porte ce faux titre au revers du principal : « *l'Alcandre* ou les *Amours du roy Henry* « *le grand, par M. L. P. D. C.*, sur l'impression de Paris. » Mais M. Brunet, notre loi vivante, ne paraît pas avoir connu l'in-4° de 1651, et ceux qui en ont parlé l'ont fait uniquement d'après le faux titre de Pierre du Marteau.

« Je crois donc à l'erreur de Pierre du Marteau ; il aura mal daté l'édition unique et rarissime de la veuve Guillemot. »

Cette histoire de la première édition des *Amours du grand Alcandre* n'est, de loin, pas aussi obscure que M. Paulin Paris veut bien le dire. C'est ce que nous allons démontrer.

Il ne faut d'abord pas conclure avec lui du fait que M. Brunet, « notre loi vivante », ne paraît pas le moins du monde avoir connu l'in-4° de 1651, que cette édition n'existe pas.

Il ne faut pas ensuite croire avec lui à l'erreur de Pierre du Marteau, qui aura mal daté l'édition unique et rarissime de la veuve Guillemot.

En effet, comment Pierre du Marteau aurait-il pu mal dater cette édition, puisqu'il n'a jamais existé.

Jean Elzevier, qui imprima, en 1660, le *Recueil de diverses pièces servans à l'histoire de Henri III, roy de France et de Pologne,* eut certainement devant les yeux

l'édition originale de l'*Histoire des amours d'Alcandre.*
Cette édition originale avait pour titre : l'*Alcandre ou les
amours de Henry le grand, par M. L. P. D. C.* A Paris,
de l'imprimerie de la veusve de Jean Guillemot, imprimeuse
ordinaire de Son Altesse Royale, rue des Marmouzets, proche l'église de la Magdelaine. MDCLXI.

Cela est de toute évidence, car si Jean Elzevier eût eu
entre les mains l'édition de 1652, ayant pour titre : *Histoire
des amours du grand Alcandre,* etc., il eût reproduit ce
titre et ne se fût certes pas donné la peine de le modifier.
A quoi bon ; il n'y avait du reste aucun intérêt, du moins
nous n'en entrevoyons pas.

C'est donc la veuve Guillemot qui, en 1652, donna à la
réimpression de l'*Alcandre* le titre d'*Histoire des amours du
grand Alcandre,* etc. Pourquoi le fit-elle ? Sans doute elle
avait ses raisons pour agir de la sorte; mais ces raisons, il
n'est plus possible de les saisir aujourd'hui.

Nous concluons donc qu'il existe une édition de l'*Alcandre* portant la date de 1651, pet. in-4°. Nous ne l'avons
pas rencontrée, à notre grand regret; mais il se peut fort
bien qu'un jour quelque bibliographe la découvre et vienne
confirmer notre assertion.

DEUXIÈME PARTIE

NOMENCLATURE DES DIVERSES ÉDITIONS DE L'HISTOIRE DES AMOURS DU GRAND ALCANDRE

1651.

I. — *L'Alcandre, ou les Amours du roy Henry le Grand,* par M. L. P. D. C.

> A Paris, de l'imprimerie de la veusve de Jean Guillemot, imprimeuse ordinaire de Son Altesse Royale, rue des Marmouzets, proche l'église de la Magdelaine. MDCLI.

> Pet. in-4°.

Cette rarissime édition que nous n'avons pu rencontrer jusqu'ici doit exister, comme nous venons de le démontrer. Dans quelle bibliothèque publique ou particulière se trouve-t-elle renfermée?

1652.

II. — *Histoire* || *des Amovrs* || *dv* || *grand Alcandre* || *en laquelle sovs des noms* || *empruntez, se lisent les advantures amoureuses* || *d'un grand Prince du dernier siècle.*

> A Paris, || de l'imprimerie de la veusve de Jean Guillemot, || Imprimeuse ordinaire de Son Altesse Royale, rue des || Marmouzets proche l'église de la Magdelaine || MDCLII.

Cette édition a été décrite plus haut. Dans la correspondance que nous avons eu l'honneur d'échanger avec le président de la Société des Bibliophiles français, M. le baron J. Pichon a porté à notre connaissance qu'il possédait un exemplaire de l'édition de 1652, de l'*Histoire des amours du grand Alcandre.*

1660.

III. — *Recueil* || *de* || *diverses pièces* || *servans* || *à l'histoire de Henry III,* || *roy de France et de Pologne,* || *dont les tiltres se trouvent en la* || *page suivante.* ||

A Cologne, || chez Pierre du Marteau. || M DC LX.

Édition imprimée par Jean Elzevier à Leyde.

DEUXIÈME PIÈCE : *L'Alcandre, ou les Amours du roy Henry le Grand, par M. L. P. D. C., sur l'impression de Paris de l'an 1651.*

L'Alcandre qui est renseigné comme deuxième pièce dans le sommaire tient cependant la troisième place dans le corps de ce recueil. Il n'y a pas pour titre : *l'Alcandre ou les amours du roy Henry le Grand,* mais bien celui d'*Histoire des amours du Grand Alcandre.* Cette histoire s'étend de la 226e page à la 309e.

Avis. — L'Alcandre reparaît dans toutes les éditions du recueil qui vont être décrites.

IV. — *Recueil de diverses pièces servans à l'histoire de Henry III, etc.*

A Cologne, chez Pierre du Marteau. M DC LX.

Contrefaçon hollandaise de l'édition précédente.

1662.

V. — *Recueil de diverses pièces servans à l'histoire de Henry III,.....*

A Cologne, chez Pierre du Marteau. M DC LXII.

Édition imprimée par Adrian Vlacq, de la Haye.

VI. — *Recueil de diverses pièces servans à l'histoire de Henry III,.....*

A Cologne, chez Jean dv Castel. M DC LXII.

Édition imprimée par François Foppens, de Bruxelles.

1663.

VII. — *Recueil de diverses pièces servans à l'histoire de Henry III,.....*

A Cologne, chez Pierre du Marteau. M DC LXIII.

Édition imprimée par Louis et Daniel Elzevier.

VIII. — *Recueil || de || diverses pièces || servans à || l'histoire | de || Henry III ||,.....*

A Cologne || chez Pierre du Marteau || M DC LXIII.

Pet. in-4°.

Édition imprimée par Louis et Daniel Elzevier.

IX. — *Histoire des Amours de Henry IV. Avec diverses lettres escrites à ses maistresses et autres pièces curieuses.*

A Leyde, chez Jean Sambyx. M DC LXIII.

Marque : la Sphère.

Édition renseignée dans le *Bulletin du bibliophile*, de J. Techener, 1846. Bull. n° 21. 1534.

Pet. in-12.

142 pp. dont l'avant-dernière est chiffrée par erreur 143. 1 f. bl. 46 pp., y compris un faux-titre. 1 f. bl.

MM. Brunet et Willems prétendent que cette édition sort des presses de François Foppens, de Bruxelles.

1664.

X. — *Recueil de diverses pièces servans à l'histoire de Henry III,.....*

A Cologne, chez Jean dv Castel. MDC LXIV.

Édition imprimée par François Foppens, de Bruxelles.

XI. — *Histoire des Amours de Henry IV. Avec diverses lettres escrites à ses maistresses, et autres pièces curieuses.*

A Leyde, chez Jean Sambix. MDC LXIV.

Pet. in-12.

Bibliothèque de S. A. R. Monseigneur le comte de Flandre. 3809.

144 pp. et 46 pp.

Édition imprimée par François Foppens, de Bruxelles.

1665.

XII. — *Histoire des Amours de Henry IV et autres pièces*

curieuses suivie du Recueil de quelques belles actions et paroles du roy Henry le Grand.

A Leyde, chez Jean Sambix. MDCLXV.

Marque : la Sphère.

2 Part. en 1 vol.

Catalogue des livres rares et précieux en vente à prix marqués à la librairie Claudin, à Paris. Juillet 1886, n° 26.984.

1666.

XIII. — *Recueil de diverses pièces servans à l'histoire de Henri III,.....*

A Cologne, chez Pierre du Marteau. MDCLXVI.

Édition imprimée par Daniel Elzevier.

XIV. — *Recueil de diverses pièces servans à l'histoire de Henri III,.....*

A Cologne, chez Pierre du Marteau. MDCLXVI.

XV. — *Recueil de diverses pièces servans à l'histoire de Henri III,.....*

A Cologne, chez Pierre du Marteau. MDCLXVI.

Édition imprimée par Daniel Elzevier.

1668.

XVI. — *Histoire des Amours du roy Henry IV. Avec diverses lettres escrites à ses maistresses et autres pièces curieuses.*

A Leyde, chez Jean Sambix. MDCLXVIII.

Édition imprimée par François Foppens, de Bruxelles.

1671.

XVII. — *Histoire des Amours de Henry IV. Avec diverses lettres escrites à ses maistresses et autres pièces curieuses.*

A Amsterdam, chez Abraham Wolfgang. MDCLXXI.

1693.

XVIII. — *Recueil de diverses pièces servans à l'histoire de Henri III,.....*

A Cologne, chez Pierre du Marteau. MDCXCIII.

1695.

XIX. — *Les Amours de Henry IV, roy de France, avec ses lettres galantes et les réponses de ses maîtresses.*

A Cologne. MDCXCV.

Édition signalée dans le *Bulletin du bibliophile* de J. Techener, 1851. Bull. 18, n° 1709.

1699.

XX. — *Recueil de diverses pièces servans à l'histoire de Henri III,.....*

A Cologne, chez Pierre du Marteau. MDCXCIX.

1720.

XXI. — *Recueil de diverses pièces servans à l'histoire de Henri III,.....*

MDCCXX.

Cette édition est signalée par le R. P. Niceron dans ses *Mémoires pour servir à l'Histoire des hommes illustres dans la république des lettres,* t. XXXV, p. 3; mais il ne renseigne ni le lieu de l'impression ni le nom de l'éditeur.

1744.

XXII. — *Journal* || *de Henry III* || *roy de France et de Pologne* || *ou* || *Mémoires* || *pour servir* || *à* || *l'histoire de France* || par M. Pierre de l'Estoile.

> Nouvelle édition || accompagnée de remarques historiques et de pièces || manuscrites les plus curieuses de ce règne. ||

> A La Haye, || et se trouve à Paris, || chez la veuve de P. Gandouin || quay des Augustins, à la belle image. || M DCC XLIV.

> 5 vol. in-12 avec portraits.

L'Histoire des amours du Grand Alcandre est insérée au tome IV. Elle va de la page 336 à 433.

On lit dans la préface du tome IV : « C'est un ouvrage très connu, imprimé et réimprimé plusieurs fois. Il est étonnant de voir combien cette pièce qui est fort agréable et bien écrite se trouve défigurée dans toutes les éditions qui en ont paru jusqu'ici. Celui qui le premier l'a donnée n'avait qu'une copie tronquée : et je la rétablis ici sur le manuscrit 8943 de la bibliothèque de Sa Majesté parmi ceux de M. le comte de Béthune. »

1746.

XXIII. — *Journal* || *des* || *choses mémorables* || *advenues* || *durant le règne* || *de* || *Henry III* || *roy de France* || *et de* || *Pologne.* ||

Nouvelle édition, augmentée de plusieurs pièces ||cu-
rieuses qui n'ont jamais été imprimées, et || enrichie
de figures et de notes historiques. ||

A Cologne, || chez les héritiers de Pierre Marteau. ||
M DCC LVI.

Marque : Un serpent qui se mord la queue. Au milieu,
un chien dans un brasier. Au-dessous la devise :
Perseveranter.

4 vol. in-12 avec portraits.

L'*Histoire des amours du Grand Alcandre* est réimprimée ici d'après l'édition renfermée dans le Recueil de
diverses pièces servans à l'Histoire de Henri III, etc. A
Cologne, chez Pierre du Marteau, M DC LXIII, in-4°, elle
se trouve au tome Ier et s'étend de la 270e page à la 368e.

M. Émile Weller, dans la IIe partie de son ouvrage :
Die falschen und fingirten druckorte intitulée : *Dictionnaire des ouvrages français portant de fausses indications
des lieux d'impressions et des imprimeurs,* nous signale
des éditions du :

*Journal des choses mémorables advenues durant le règne de
Henri III.*

A Cologne, chez Pierre du Marteau. M DC LXII — M DC LXIII
— M DC XCIX — M DCC VI, 2 volumes, enfin M DCC XX, 4 volumes.

Ces éditions sont inconnues à MM. Brunet, Barbier,
Bérard, Pieters, Willems.

Toutes nos recherches pour les découvrir sont restées

sans résultat. Nous admettons toutefois leur existence, et nous nous empressons de demander si elles renferment l'*Alcandre*.

Qu'il nous soit permis de poser une question : De quelles presses ces éditions sont-elles sorties ?

1749.

XXIV. — *Bibliothèque de campagne.*

La Haye et Genève. MDCCXLIX.

L'*Histoire des amours du Grand Alcandre* est renfermée au tome IX.

1754.

XXV. — *Histoire des amours du Grand Alcandre.*

MDCCLIV.

2 volumes in-12.

Le style est rajeuni dans cette édition. L'éditeur a ajouté une suite aux *Amours de mademoiselle d'Entragues.*

1764.

XXVI. — *Amours de Henry IV, avec ses lettres galantes à la duchesse de Beaufort et à la marquise de Verneuil.*

Amsterdam. MDCCLXIV.

2 volumes in-12.

1786.

XXVII. — *Les Amours || du || Grand Alcandre || par Mlle de*

24

*Guise; || suivies de pièces intéressantes || pour servir || à l'his-
toire de Henri IV.*

A Paris || de l'imprimerie Didot l'aîné || M DCC LXXXVI.

2 tomes in-12.

T. Ier. 251. — 4 pp. pour l'avertissement; pp. 4 à 114
les Amours du Grand Alcandre; pp. 114 à 160, notes (sous
ce titre se trouve la clef); pp. 160 à 251. Discours prononcés dans un conseil tenu par Henri IV, pour discuter
les raisons pour et contre la dissolution de son mariage avec
Marguerite de Valois.

T. II. — 297 pp., plus 2 pages non chiffrées à la fin.
pp. 1 à 213, Notice sur la vie de Henri le Grand. — Cette
notice est précédée de la généalogie de la maison royale de
France et de celle de Bourbon jusqu'à Henri le Grand. Elle
est adressée au roi Louis XV : « Je vais, dit l'auteur, ras-
sembler ici quelques traits de l'adorable bonté de Henri le
Grand, votre aïeul bien-aimé. Pouvois-je, ô mon maître
chéri, m'occuper d'un tel soin sans parler de la vôtre? de la
vôtre, dont pendant tant d'années je n'ai cessé d'éprouver
les effets presque tous les jours de ma vie. » Pp. 213 à 266,
Manifeste de Henri IV sur son divorce avec Marguerite de
Valois. Pp. 266 à la fin, Poésies de Henri IV.

Cette édition des *Amours du Grand Alcandre* donnée
par La Borde, valet de chambre du roi Louis XV, est renfermée dans la *Bibliothèque universelle des romans,* octobre 1787, II, p. 80 et suivantes. Elle est sans aucune
valeur critique. L'auteur s'est contenté de copier le texte et

de reproduire servilement toutes les erreurs contenues dans les clefs des éditions antérieures.

Nous demandons la permission de ne pas relever ces erreurs ici. La lecture en serait fastidieuse. Tout au contraire, si nous faisions une réimpression des *Amours du Grand Alcandre*, nous nous empresserions de les corriger.

TROISIÈME PARTIE

BIOGRAPHIE DE L'AUTEUR

La liberté de la presse était à ce point peu étendue/au xviie siècle en France, que, pour les auteurs dont la publication des œuvres eût pu entraîner une condamnation ou entamer leur bonne réputation, il ne restait, s'ils ne voulaient pas perdre tout le fruit de leur travail, qu'à en faire lecture à quelques intimes.

En dépit du serment de garder le secret sur ce qu'ils avaient entendu, il arrivait que certain intime, n'ayant pas assez d'empire sur lui-même pour ne pas trahir sa promesse, et désireux de se montrer au courant de tout ce qui se passait, s'en allait annoncer de droite et de gauche, toujours en recommandant bien de garder le secret, tout ce qu'il avait appris concernant l'œuvre de son ami.

Parfois, la lecture était à ce point désopilante, le désir de lire la pièce en particulier si ardent, que l'auteur était supplié d'avoir l'amabilité de prêter le manuscrit pendant quelques heures.

Comblé d'éloges, notre auteur, ébloui, accédait bénévolement à la prière de l'auditeur.

A peine avait-il abandonné son manuscrit, que l'emprunteur, sans penser à mal, se hâtait d'en prendre copie. Cette besogne faite, il s'en allait rapporter le précieux dépôt à l'auteur, le remerciant avec effusion de la grâce qu'il lui avait faite.

Il serait superflu de dire qu'il ne s'était pas donné cette peine pour rien.

Venait-il quelqu'un lui rendre visite : aussitôt il lui lisait l'ouvrage; parfois même, pour se montrer aimable, il le lui prêtait. Qu'avait-il à redouter ?

Peu à peu, les copies se multipliaient. Un jour, un imprimeur en quête d'œuvres inédites trouvait un exemplaire sur son chemin et, bénissant cette nouvelle source de bénéfices pour lui, s'empressait de le publier. Souvent même, pour assurer la vogue à son livre, il allait jusqu'à insérer le nom de l'auteur.

N'était-ce point un coup de foudre pour celui-ci ?

L'apparition de l'édition le plus souvent provoquait son arrestation et une détention plus ou moins longue.

Nous ne citerons qu'un exemple : celui de Roger de Rabutin, comte de Bussy, l'auteur de l'*Histoire amoureuse des Gaules*.

Mais revenons à notre *Histoire des Amours du grand Alcandre*.

Avant son impression, il en existait des copies manuscrites. Tallemant, Sauval, le comte de Béthune, et bien d'autres encore, en possédaient.

Une question de la dernière importance se présente maintenant.

Quel est l'auteur de l'*Histoire des Amours du grand Alcandre?*

Ainsi qu'on nous l'a vu démontrer plus haut, voici le

titre que portait l'édition de la veuve Guillemot : A Paris.
1651 :

L'*Alcandre* ou les *Amours du roy Henry le grand,
par M. L. P. D. C.*

Ces initiales, il n'y a pas à s'y méprendre, doivent se
traduire par le nom de Mme la princesse de Conti.

L'édition de la veuve Guillemot, à Paris, 1652, ne porte
ni nom d'auteur ni initiales.

Mais, dans un « Avis de l'Éditeur au Lecteur », on lit:

« Lecteur. — Les curieux qui ont eu connoissance de
l'Histoire que nous donnons au public se sont fort tour-
mentez à deviner qui en pouvoit estre l'auteur. Je ne doute
nullement qu'il n'ait eu une grande part aux intrigues qu'il
a si rarement décrites et d'un style si coulant et si succinct.

« L'opinion commune l'a attribuée à la feue princesse
de Conty.

« Quoy qu'elle eust un esprit fort adroit et un langage
très joly, j'ay de la peine à me le persuader, d'autant qu'en
quelques endroits on y a glissé des choses qui ne luy sont
pas avantageuses. »

A première vue, il est difficile de s'expliquer les raisons
qui ont pu déterminer Jean Elzevier à ne pas tenir compte
de ce passage où il est dit, d'une façon aussi claire que possible, que Mme la princesse de Conti n'est pas l'auteur de
l'*Alcandre.*

En effet, nous voyons dans son édition du *Recueil de
diverses pièces servant à l'Histoire de Henry III,* etc.
A Cologne, chez Pierre du Marteau, MDCLX, reproduire
dans le sommaire des pièces, l'*Alcandre,* avec le titre com-

plet de l'édition de Paris, 1651, c'est-à-dire avec les initiales
M. L. P. D. C.

Il est avéré que la plupart des éditeurs hollandais imprimaient des livres sans les lire, ou tout au moins sans les comprendre.

Serait-ce le cas pour Jean Elzevier?

Ne se serait-il pas donné la peine de lire l' « Avis de l'Éditeur au Lecteur », ou bien l'aurait-il lu et ne l'aurait-il pas mis en tête de sa réimpression, pour le motif qu'il était de tradition populaire, à cette époque, que l'*Histoire des Amours du grand Alcandre* émanait de la plume de Mme la princesse de Conti, et que, vis-à-vis de cette croyance universelle, il trouva plus profitable de laisser les acheteurs dans l'erreur plutôt que de risquer de faire perdre la renommée qu'avait cette Histoire, en lui donnant le nom de son véritable auteur?

A vrai dire, nous n'admettons ni l'une ni l'autre de ces hypothèses.

Nous sommes beaucoup plus enclin à croire que Jean Elzevier n'eut jamais entre les mains l'édition donnée par la veuve Guillemot, en 1652, car, dans le cas contraire, pourquoi n'eût-il pas réimprimé l' « Avis de l'Éditeur au Lecteur », qui est en somme l'Introduction.

Ne pouvons-nous pas voir, dans ce qui précède, une preuve indéniable de l'existence de l'édition de Paris de 1651?

Nous avons prononcé, il y a quelques instants, le nom de Mme la princesse de Conti; nous allons nous entretenir de ce bel esprit, dont la réputation était si grande en France.

Louise-Marguerite de Lorraine naquit, en 1574, de Henri II de Lorraine, duc de Guise, dit le Balafré[1], et de Catherine de Clèves[2].

Son père joua un rôle considérable lors du massacre de la Saint-Barthélemy et contribua puissamment à la fondation de la Sainte Ligue.

Henri III le fit assassiner aux États de Blois, en 1588. Louise épousa, le 24 juillet 1605, au château de Meudon, François de Bourbon[3], prince de Conti, qui la laissa veuve en 1614.

Elle se rendit célèbre par ses galanteries.

Le brave Givry[4] en tomba éperdument amoureux. « On dit, écrit Tallemant, que Givry ayant obtenu un rendez-vous, elle s'avisa, par galanterie, de se déguiser en religieuse.

« Givry monta par une échelle de corde, mais il fut tellement surpris de trouver une religieuse au lieu de Mlle de Guise, qu'il lui fut impossible de se remettre, et il fallut s'en retourner comme il étoit venu.

1. En 1575, dans un combat contre les huguenots, à Domans, le duc de Guise fut blessé au visage d'un coup de feu, et reçut le surnom de Balafré.

2. Cadette de Mme de Nevers, mère de M. de Mantoue.

3. François de Bourbon, troisième fils de Louis de Bourbon, premier du nom, prince de Condé.

On lit dans le *Père Anselme* [I, p. 333] qu'il « parloit avec difficulté, et comme il avoit été taillé dans sa première jeunesse, on le croyoit hors d'état d'avoir des enfants. »

Il faut avouer qu'il fallait être on ne peut plus téméraire pour, en pareille condition, choisir pour épouse une des femmes les plus galantes de France.

4. Anne d'Anglure, baron de Givry.

« Depuis, il ne put obtenir d'elle un second rendez-vous;
elle le méprisa, et Bellegarde acheva l'aventure. Il est vrai
que, de peur de semblable surprise, elle ne se déguisa point
en religieuse.

« J'ai ouï dire que ce fut sur le plancher, dans la chambre de Mme de Guise même, qui étoit sur son lit, et qui,
s'étant trouvée assoupie, avoit fait tirer les rideaux pour
dormir.

« Mlle de Vitry, confidente de Mlle de Guise, étoit la
Dariolette. La belle, quand ce vint aux prises, fit *ouf;* la
mère se réveilla et demanda ce que c'étoit : « C'est, répondit
« la confidente, que Mademoiselle s'est piquée en tra-
« vaillant. »

Toutefois, de Givry ne put se consoler du dédain et de
la cruelle froideur de celle qu'il adoroit.

Il résolut de mettre fin à ses atroces souffrances. Mais,
avant de réaliser son funeste projet, il écrivit à Mlle de Guise
le touchant billet que voici :

« Vous verrez, en apprenant la fin de ma vie, que je suis
homme de parole, et qu'il étoit vrai que je ne voulois vivre
qu'autant que j'aurois l'honneur de vos bonnes grâces. Car,
ayant appris votre changement, je cours au seul remède
que j'y puisse apporter, et vais périr sans doute, puisque le
ciel vous aime trop pour sauver ce que vous voulez perdre,
et qu'il faudroit un miracle pour me tirer du péril où je me
jetterai. La mort qui me cherche et qui m'attend m'oblige
à finir ce discours. Voyez donc, belle princesse, par mon
respectueux désespoir, ce que peuvent vos mépris et si j'en
étois digne. »

Le croirait-on, la princesse de Conti resta insensible à cet appel suprême; fallait-il avoir assez de sécheresse de cœur ?

De Givry tint parole. Au siège de Laon, il se lança si profondément dans les rangs des ennemis qu'il y fût tué.

Il ne fut pas le seul qui s'éprit de ses charmes. Sans compter de Bellegarde, Henri IV éprouvait une vive passion pour elle.

On rapporte qu'un jour, au passage de la Cour en une petite ville, le juge qui s'était chargé de souhaiter la bienvenue au roi s'adressa ensuite à la princesse de Conti, croyant qu'elle était la reine, et que le roi, en voyant cette méprise, s'écria : « Il ne se trompe pas trop; elle l'auroit été, si elle eût été sage. »

Qui ne connaît cette anecdote piquante : un jour qu'elle priait M. de Guise, son frère, de ne plus jouer puisqu'il perdait tant : — « Ma sœur, dit-il, je ne jouerai plus quand vous ne ferez plus l'amour. — Ah ! le méchant, reprit-elle, il ne s'en tiendra jamais. »

Elle était douée d'un esprit vraiment remarquable, et son goût pour les belles-lettres était très développé. Elle assistait beaucoup les gens de lettres.

Nous avons d'elle un roman anecdotique que l'on relit encore avec plaisir de nos jours. Il a pour titre : *les Adventures de la Cour de Perse*, OU SONT RACONTÉES PLUSIEURS HISTOIRES D'AMOURS ET DE GUERRE ARRIVÉES DE SON TEMPS[1]. Paris, Pomeray, 1629, in-8°.

1. M. Paulin Paris a donné une fort intéressante analyse de ce roman dans le *Bulletin du bibliophile* de J. Techener. 1852. 10ᵉ série, pp. 815 et suivantes.

Elle ne se corrigea jamais de sa coquetterie. Tallemant nous dit qu' « envoyée en exil dans le comté d'Eu, par le cardinal de Richelieu, elle logea, vers Compiègne, chez un gentilhomme nommé de Jonquières, parce que son carrosse rompit.

« Il y avoit là dedans trois ou quatre grands garçons; elle ne laissa pas le lendemain, devant eux, de se plâtrer avec un pinceau, le visage, la gorge et les bras. »

Elle mourut au château d'Eu, le 30 avril 1631.

Il appartenait à un savant français, M. Paulin Paris, qui avait découvert les deux premiers feuillets de l'édition de 1652, de l'*Histoire des Amours du grand Alcandre*, de prendre en considération l' « Avis de l'Éditeur au Lecteur », et de rechercher avec grande intelligence le véritable auteur de cette histoire.

Avec une rare perspicacité, il parvint à résoudre ce problème avec certitude. Il nous apprit que c'était au duc de Bellegarde que nous étions redevables de cette histoire.

« Les éditeurs, dit-il, qui ont les premiers attribué l'*Histoire des Amours du grand Alcandre* à Mme la princesse de Conti, n'ont pas vu qu'elle y jouait le rôle le moins honorable; qu'elle était trompée par Bellegarde, son amant, par Gabrielle d'Estrées, sa grande ennemie; qu'elle disputait inutilement à celle-ci le cœur du roi, qu'elle prétendait l'emporter de beauté sur sa rivale et que « véritablement « sa rivale était plus belle ». On va, dans ce livre, jusqu'à l'accuser d'un sentiment d'envie, d'un grand désir de vengeance contre Gabrielle. Or une femme n'avouera jamais rien de pareil, et l'on pouvait à ces passages reconnaître

que les *Amours d'Alcandre* n'étaient pas l'ouvrage de la
princesse de Conti.

« Cependant personne n'a réclamé jusqu'à présent
contre cette attribution uniquement fondée sur des initiales
de hasard dues à l'imagination d'un imprimeur hollandais,
car l'édition parisienne ne donnait pas ces initiales. Elles
paraissent pour la première fois dans le *Recueil de diverses
pièces pour servir à l'Histoire de Henry III,* Cologne,
Pierre du Marteau, 1660 [1].

« Un autre nom que celui de la princesse de Conti se
présente de lui-même aux lecteurs des *Amours d'Alcandre.*

« En effet, le héros de toutes les aventures, ce n'est pas
le roi; le beau rôle n'est pas joué par Gabrielle d'Estrées,
par Henriette de Balzac ou Louise-Marguerite de Lorraine.

« L'homme qui trompe constamment la jalousie du roi,
qui lui enlève toutes ses maîtresses, qui reçoit toutes les
confidences, évite tous les dangers et ne fait pas une seule
faute de conduite, c'est Roger de Bellegarde.

« On ne lit pas en propres termes qu'il fut beau, spiri-
tuel, aimable; mais chaque phrase, pour ainsi dire, laisse
entendre qu'il était pourvu de tous ces avantages, et à de
pareils signes, il semble permis de reconnaître le véritable
auteur des *Amours d'Alcandre.*

« L'ouvrage ne fut écrit, dans tous les cas, que pour un
grand personnage de la Cour, trop jeune alors pour avoir
figuré dans les aventures du précédent règne.

« En parlant de la mort de l'infortuné Napoléon : « J'ai

---

1. M. Paulin Paris est complétement dans l'erreur, nous avons
démontré plus haut le contraire.

cru, ajoute l'auteur, être obligé de dire au plus généreux des hommes quelque chose d'un des vaillants du siècle dernier. » Or ce plus généreux des hommes pourrait bien avoir été le comte de Soissons, celui qui mourut victorieux après la bataille de Sedan, en 1641. On sait que le vieux duc de Bellegarde fut longtemps disgracié à cause de son inviolable attachement à la cause du comte de Soissons. »

Il n'y a pas à tergiverser, il faut admettre, avec M. Paulin Paris, que le duc de Bellegarde est le véritable auteur des *Amours du grand Alcandre*.

M. Desclozeaux est donc aussi dans une profonde erreur quand il écrit[1] : « La princesse de Conti est l'auteur d'un roman historique ayant pour titre *les Amours du grand Alcandre,* que nous aurons à citer dans cette étude, non pas qu'il soit digne d'une confiance absolue, mais parce qu'on peut s'en servir avec circonspection. Elle inaugura dans son livre un genre nouveau, dans lequel Mlle de Scudéry devait exceller et peindre si fidèlement, sous des noms empruntés, les personnages et les événements de son temps. Mais Mlle de Guise n'a pas la même élévation de sentiments que Mlle de Scudéry, ni le même respect pour la vérité. Les récits de Mlle de Guise sont écrits avec beaucoup de charmes et de facilité; toutefois, comme elle avait des griefs personnels contre le grand Alcandre et contre Gabrielle, elle s'est laissé égarer souvent dans ses jugements. »

1. *Revue historique.* Janv. févr. 1886, p. 51.

On nous saura gré, du moins nous osons l'espérer, de
nous voir donner ici la biographie du duc de Bellegarde,
qui est nommé Florian dans l'*Histoire des Amours*.

Roger de Saint-Lary et de Termes, marquis de Versoy,
duc de Bellegarde, naquit en 1563.

« De Bellegarde avoit le port agréable, dit Tallemant,
étoit bien fait et rioit de fort bonne grâce. Son abord plaisoit ; mais hors quelques petites choses qu'il disoit assez
bien, tout le reste n'étoit rien qui vaille. Il n'étoit pas trop
bel homme de cheval, à moins que d'être armé, car cela le
faisoit tenir plus droit. Il étoit grand et fort et portoit bien
les armes.

« Toutefois, dès trente-cinq ans, il avoit la roupie au nez
et, avec le temps, cette incommodité augmenta. Cela cho-
quoit fort le feu roi Louis XIII, qui pourtant n'osoit pas
le lui dire, comme on lui portoit quelque respect.

« Le roi dit à M. de Bassompierre qu'il le lui dît. M. de
Bassompierre s'en excusa. « Mais, Sire, dit-il au roi, or-
« donnez en riant à tout le monde de se moucher la première
« fois que M. de Bellegarde y sera. »

« Le roi le fit, mais M. de Bellegarde se douta d'où
venoit ce conseil et dit au roi : « Il est vrai, Sire, que j'ai
« cette incommodité, mais vous la pouvez bien souffrir,
« puisque vous souffrez les pieds de M. de Bassompierre. »

Tallemant ajoute : « M. de Bassompierre avoit le pied
fin. On empêcha que cette brouillerie allât plus loin. »

De Bellegarde fut nommé, par le roi Henri III, grand-
écuyer et premier gentilhomme de la chambre. On l'appelait le Grand.

ROGER DE SAINT LARY ET DE TERMES

Marquis de Versoy, Duc de Bellegarde

Grand Ecuyer de France

1563 — 1646

A propos de ce surnom, Tallemant nous rapporte une plaisante anecdote :

« Une fois qu'on attendoit M. de Bellegarde à Nancy, où il devoit aller de la part du roi, un conseiller d'État de Lorraine revenoit d'un petit voyage, à neuf heures du soir. Il se présenta aux portes pour voir si on lui ouvriroit. Il dit : « C'est M. Legrand. » On crut que c'étoit M. de Bellegarde. Voilà les tambours, les trompettes, grande quantité de flambeaux, des gens qui venoient demander : « Où est M. le Grand ? » — « Le voilà qui vient », disoient les valets.

« Le duc l'envoya prier de venir au palais. Il y va, bien étonné de tant d'honneurs, au lieu qu'on avoit accoutumé de n'ouvrir à personne à cette heure-là. Le duc lui dit : « Où est M. le Grand ? — Monseigneur, c'est moi, je suis Legrand. Vous êtes un grand sot, fit le duc, et il quitta fort en colère de la bévue de ses gens. »

De Bellegarde se battit sous les ordres de Henri IV à Arques et Fontaine-Française.

Sa conduite à Arques fut des plus brillantes, comme on va le voir par un extrait des *Mémoires* de M. d'Angoulême[1].

« Parmi ceux, écrit-il, qui donnèrent le plus de marques de leur valeur, il faut nommer M. de Bellegarde, grand-écuyer, duquel le courage étoit accompagné d'une telle modestie, et l'humeur d'une si affable conversation, qu'il n'y en avoit point qui, parmi les combats, fit paroître plus d'assurance ni dans la Cour plus de gentillesse.

1. Tome XLIV, Ire série, p. 566. *Collection des Mémoires relatifs à l'histoire de France*, de M. Petitot.

« Il vit un cavalier tout plein de plumes, qui demanda à
faire le coup de pistolet pour l'amour des dames; et comme
il en étoit le plus chéri, il crut que c'étoit à lui que s'adressoit
le cartel, en sorte que, sans attendre, il part de la main sur
un genet nommé Fregouse, et attaque avec autant d'adresse
que de hardiesse ce cavalier, lequel, tirant M. de Bellegarde
d'un peu loin, le manque; mais lui, le serrant de près, lui
rompit le bras gauche; si bien que, tournant le dos, le cavalier chercha son salut en faisant retraite dans le premier
escadron qu'il trouva des siens. »

Henri IV lui donna le gouvernement de Bourgogne et
de Bresse; de plus, il le nomma chevalier de ses ordres et
surintendant des mines et minières de France.

Lorsque Louis XIII monta sur le trône de France, de
Bellegarde fut nommé gentilhomme de Gaston, duc d'Orléans, et créé duc et pair[1].

Il conserva sa charge de grand écuyer jusqu'en 1639.

Ayant pris part aux cabales faites pour renverser le cardinal de Richelieu, celui-ci l'exila à Saint-Fargeau, où il
demeura huit ou neuf ans.

Il revint à la Cour à la mort du cardinal.

Il avait épousé, en 1659, Anne de Rueil, fille d'Honoré
de Rueil, seigneur de Fontaines, chevalier des Ordres du
Roy, gouverneur de Saint-Malo. Il ne laissa pas d'enfants
légitimes.

1. Pour les pièces concernant le duché-pairie de Bellegarde, à savoir
l'érection du marquisat de Seurre en duché et pairie sous le nom et
appellation de Bellegarde, consultez l'*Histoire généalogique et chro-
nologique de la maison de France, des Pairs, etc.*, par le Père
Anselme. T. IV, pp. 295 à 303.

BLASON DU DUC DE BELLEGARDE.

Nous n'avons pas rapporté ici les aventures galantes du duc de Bellegarde. Elles sont racontées tout au long dans l'*Histoire des Amours du grand Alcandre*. Nous eussions fait une répétition parfaitement inutile.

En 1646, de Bellegarde mourut. Son corps fut porté à Dijon, où il fut enterré dans l'église des Jésuites ; et son cœur aux Jésuites de Paris, rue Saint-Antoine.

De Bellegarde portait : Écartelé au i d'azur au lion couronné d'or, au ii d'or à quatre pals de gueules, au iii de gueules au vase d'or, au iv d'azur à trois demi-pals flamboyans d'argent, sur le tout d'azur à la cloche d'argent, bataillée de sable.

QUATRIEME PARTIE[1]

ANALYSE LITTÉRAIRE DE L'HISTOIRE DES AMOURS DU GRAND ALCANDRE

> « Le monde est un écho qui redit comme on lui dit; dites du bien des autres si vous voulez qu'on en dise de vous. »
>
> *Proverbe persan.*

Il advint qu'un certain poète français, après avoir composé quelques poésies inspirées par le sentiment religieux, pour lesquelles il se sentait des entrailles de père, tout fier de son œuvre, s'en alla les communiquer au législateur du Parnasse, Boileau, qui les apprécia en ces termes :

« Si j'étais en parfaite santé, Monsieur, je tâcherais, en répondant fort au long à vos magnifiques compliments, de vous faire voir que je sais rendre hyperboles pour hyperboles et qu'on ne m'écrit pas impunément des lettres aussi spirituelles et aussi polies que la vôtre; mais trouvez bon que, sans faire assaut avec vous, je me contente de vous assurer que j'ai trouvé dans vos ouvrages des sentiments de religion d'autant plus estimables que je les crois sincères et que vous me paraissez écrire ce que vous pensez; c'est un éloge que le zèle des dévots ne mérite pas toujours. Cependant, Monsieur, puisque vous souhaitez que je vous écrive avec cette liberté satirique que je me suis acquise,

1. Cette partie a paru dans la *Revue de la Société des Études historiques de France*, 1887.

soit à droit, soit à tort, sur le Parnasse, comment souffrir qu'un aussi galant homme que vous fasse rimer terre avec colère? Comment vous passer deux hiatus tels que vous vous les permettez? Comment?..... Mais je m'aperçois qu'au lieu des remerciements que je vous dois, je vais ici vous inonder de critiques. Le mieux est de finir, en vous encourageant dans le bon dessein que vous avez de vous élever sur la montagne au double sommet et d'y cueillir les infaillibles lauriers qui vous attendent. »

Ce poète, qui était Philippe Néricault-Destouches, homme d'esprit, ne put se méprendre sur la valeur d'un tel éloge et poussa, en se voyant déchu dans ses chères espérances, ce cri de détresse à jamais devenu célèbre :

La critique est aisée et l'art est difficile.

Ce vers, il l'inscrivit plus tard dans *le Glorieux,* une des meilleures comédies qui aient paru au théâtre depuis Molière.

A notre avis, Destouches eût été plus exact s'il eût dit :

La critique n'est pas aisée et l'art est difficile.

C'est ce que nous allons prouver à l'instant.

« L'*Histoire des Amours du grand Alcandre,* au dire de M. Lenient[1], est une chronique indiscrète des faiblesses royales, décrites par une grande dame qui les avait partagées. L'auteur était une héritière des Guises, la propre fille

1. *La Satire en France* ou la *Littérature militante au* xvi⁰ *siècle,* par C. Lenient [Paris. Hachette, 1866], p. 147.

du Balafré, la nièce de la duchesse de Montpensier, la galante princesse de Conti.

« D'une main légère, sans rancune contre ses nombreuses rivales, elle traçait le modèle d'un genre fort en vogue au XVIIᵉ siècle, mélange d'histoire contemporaine et du roman, où les personnages figuraient sous un pseudonyme facile à deviner. »

Ayant la volonté d'être parfaitement à même d'apprécier à sa juste valeur la dissertation critique de M. Lenient, nous demanderons tout d'abord, à deux autorités transcendantes en matière de critique, Voltaire et Pope, ce qu'il faut pour être un critique supérieur, un critique selon la véritable acception du mot.

« Un excellent critique, répond Voltaire [1], serait un artiste qui aurait beaucoup de science et de goût, sans préjugés et sans envie. »

« Mais où est l'homme, s'écrie Pope [2], qui peut donner un conseil sans d'autre attrait que le plaisir d'instruire et sans être orgueilleux de son savoir; inaccessible à la faveur et à l'envie; qui ne se prévaut point en stupide, et qui n'a point raison en aveugle; qui unit à la science la politesse, et à la politesse la sincérité; hardi avec modestie, et sévère avec humanité; qui relève avec liberté les fautes d'un ami et loue avec plaisir les fautes d'un ennemi; d'un goût exact sans être borné, qui connaît également les livres et

---

1. *Œuvres complètes de Voltaire* [à Paris, chez Desoer, 1817]. *Dictionnaire philosophique.* VII, p. 693.

2. *Œuvres diverses de Pope.* [Amsterdam et Leipzig. — Arkstée et Merkus, 1767.] *Essai sur la critique,* I, p. 129.

les hommes, d'un commerce libre et généreux, dont l'âme est exempte de vanité, et qui se plaît à donner les louanges que la raison autorise? »

Faisons un instant la supposition qu'on en vienne à désirer de nous entendre déterminer le rôle que nous croyons devoir être rempli par le critique d'ouvrages anciens.

A nos yeux, il nous faut bien distinguer le rôle de critique de livres et de publications nouvelles et celui de critique d'ouvrages anciens.

Le critique de livres et de publications nouvelles, pour aller aussi vite que la production et se tenir à son niveau, est obligé de trouver une méthode expéditive, qui lui permette de s'occuper exclusivement d'actualités, car il lui est évidemment impossible de faire un retour en arrière.

Bien au contraire, le critique d'œuvres anciennes a un horizon vaste; il n'a que l'embarras du choix, il lui appartient d'étudier dans toute sa plénitude une époque ; il peut faire ressortir les qualités, les défauts, les tendances, l'influence d'une école philosophique, littéraire ou historique; enfin, il lui est permis de se faire un précepteur intelligent du goût, d'exercer une domination naturelle et puissante sur les esprits.

Ceci étant dit, voyons si, dans l'appréciation de l'*Histoire des Amours d'Alcandre,* M. Lenient a fait preuve des qualités exigées par Voltaire et Pope, s'il a rempli le rôle de critique d'ouvrages anciens tel que nous l'entendons.

Évidemment non. Aristarque léger, superficiel, M. Lenient a parlé de l'*Histoire des Amours du grand Alcandre* sans l'avoir lue. C'est téméraire. Aussi, quelle naïveté quand il nous dit que cette histoire est écrite « d'une main légère, sans rancune contre ses nombreuses rivales, par la galante princesse de Conti ».

Quel peu d'expérience! Faut-il être novice et avoir peu étudié la nature de ce qu'on est accoutumé d'appeler une femme galante pour écrire pareille chose !

Voici le portrait que nous fait, de Mme la princesse de Conti, Tallemant des Réaux :

« Elle étoit humaine et charitable; elle assistoit les gens de lettres et servoit qui elle pouvoit. Il est vrai qu'elle étoit *implacable pour celles qu'elle soupçonnoit d'avoir débauché ses galants.* »

Ceci diffère essentiellement, n'est-il pas vrai, avec ce qu'écrit M. Lenient; mais peut-être qu'à ses yeux, Tallemant des Réaux n'est pas un auteur assez digne de foi pour qu'il daigne s'arrêter à ce qu'il nous dit.

Pour nous, il nous semble qu'autant vaudrait chercher la pierre philosophale que de chercher femme honnête ou galante qui vînt se complaire à nous décrire SANS RANCUNE les triomphes d'une rivale.

Laissons à un littérateur du xviiie siècle, élève de Voltaire, le sémillant Marmontel, le soin de nous faire le portrait de la femme coquette.

« Une coquette, dit-il, est un tyran qui veut tout asservir pour le seul plaisir d'avoir des esclaves. »

Non, mille fois non, M. Lenient n'a pas lu avec conscience ce passage de Marmontel, sinon il se fût mis sur ses gardes; il eût réfléchi et n'eût pas commis une si grande méprise.

Bref, l'appréciation de M. Lenient est sans aucune valeur littéraire.

N'avions-nous pas raison de dire plus haut que la critique n'est pas aisée ?

On nous accusera peut-être de trop de sévérité à l'égard de M. Lenient.

Nous répondrons que, tout en proclamant les brillantes qualités littéraires de M. Lenient, tout en reconnaissant les éminents services rendus par lui à l'histoire des belles-lettres, nous ne pouvons, en toute loyauté, admettre qu'on décrive, dans un livre aussi spécial que l'est *la Satire en France ou la Littérature militante au* xvie *siècle,* des ouvrages qu'on n'a pas lus.

Agir de la sorte, c'est induire les lecteurs, de propos délibéré, en erreur. Ceci est mal.

Ou bien, l'*Histoire des Amours du grand Alcandre* n'avait pas une importance assez grande pour figurer dans l'ouvrage de M. Lenient, et alors il ne devait pas en faire mention, ou bien, il était d'une importance suffisante, et en ce cas, il devait en donner une analyse complète.

On peut dire de M. Lenient qu'il a appliqué le précepte de Quintilien : *Scribitur ad narrandum non ad probandum.*

La légitime renommée que l'*Histoire des Amours du grand Alcandre* s'est acquise se justifie par ses nombreuses réimpressions ; sa popularité établit sa supériorité.

Mais aussi, quel sujet attrayant! Et puis, pour ce qui concerne le héros de l'histoire, fut-il jamais en France souverain plus sympathique ?

Vaillant, audacieux, aventureux, héroïque, de belle humeur dans le péril, gai, prodigue de bons mots dans la détresse, Henri IV est un type original, légendaire.

L'histoire de ses galanteries ne pouvait ne pas être intéressante, étant donné son caractère enjoué.

Au surplus, l'auteur n'est pas seulement un contemporain, il est plus, il joue un rôle considérable dans la pièce ; il ne nous racontera pas simplement ce qu'il a vu ou entendu, il nous décrira ce qu'il a fait lui-même ; mieux que tout autre, on le conçoit aisément, il était apte à exposer, dans tous ses détails, dans des particularités ignorées la vie galante du roi.

Il est vrai qu'il y a toujours lieu d'avoir des préventions à l'égard de quelqu'un qui va nous parler de lui à son aise, dira ce qui lui paraîtra le plus avantageux, passera sous silence tout ce qui pourra nuire à sa considération, en un mot, fera un plaidoyer en faveur de sa cause.

Toutefois, en faisant ses réserves, nous partageons la manière de voir de M. Poitevin[1] quand il dit : « que le meilleur moyen de connaître un homme, c'est de l'écouter parler de lui, quelque apprêtée que puisse être une confession destinée à être lue de tous ». « L'écrivain, ajoute-t-il, ne réussit jamais à dissimuler l'homme complètement ; son caractère se dévoile dans son style, le bout de l'oreille perce à travers certaines phrases. »

Après s'être noyé dans de scandaleuses débauches avec

---

1. *Histoire amoureuse des Gaules.* Introduction, p. viii. Bibliothèque gauloise, Paris, Delahays, 1857.

le duc d'Anjou[1], honteux d'avoir abjuré sa religion, accablé de remords d'avoir été assez faible d'assister au supplice de ses coreligionnaires et amis, Cavagnes et Bruquemaut, Henri IV s'enfuit pendant une bataille à Senlis (1576) et reprend son rôle de chef de parti. C'est à ce moment que de Bellegarde, dans un style élégant et pur, commence son histoire.

Nous sommes en Guyenne. A peine arrivé, Henri, qui mena toujours de front et la guerre et l'amour, se fait le consolateur d'une jeune veuve.

C'était la sémillante Diane d'Andouins[2]. (Corisande, dans l'*Histoire des Amours*). Mariée à Philibert de Grammont, comte de Guiche, gouverneur de Bayonne et sénéchal de Béarn, elle le perdit en 1580.

Lorsque les soucis de la guerre ne l'absorbaient pas trop, il adressait à sa belle Corisande des lettres pleines de passion. Qui ne se souvient de celle datée de Marans,

1. *François d'Anjou,* quatrième fils de Henri II et de Catherine de Médicis, naquit en 1554. Il porta le titre de duc d'Alençon jusqu'à l'avènement de son frère le duc d'Anjou [Henri III] qu'il voulut empêcher de revenir de Pologne, pour s'emparer du trône. Il fut mis en prison et fut gracié en sacrifiant son favori La Mole, qui fut décapité. Ce fut l'être le plus versatile que la France eut jamais. Il combattit les protestants après les avoir leurrés. Se mit à la tête des Flamands révoltés contre Philippe II. Fut reconnu comme souverain des Pays-Bas en 1580. On crut longtemps qu'il épouserait Élisabeth, reine d'Angleterre. Ce mariage ne se fit point. Les Flamands, oublieux de ce qu'il avait fait pour eux, se révoltèrent contre lui et le déposèrent. Il mourut en 1584.

2. Diane d'Andouins, vicomtesse de Louvigny et dame de Lescun, fille unique de Paul d'Andouins, vicomte de Louvigny et de Marguerite de Cauna.

17 juin 1586, que Sainte-Beuve prétend être la perle de ses lettres d'amour.

A ses pieds, lors de la mémorable bataille de Coutras (1587), il dépose enseignes, cornettes et autres prises faites sur l'ennemi.

Fou d'amour, il est à ce point épris de sa Diane, qu'il lui remet une promesse de l'épouser écrite avec son sang. Mais Agrippa d'Aubigné, qui ne descendit jamais du rôle de conseiller intime à celui de complaisant servile et refusa toujours catégoriquement de favoriser ses galanteries, combattit son sentiment. Et lorsque, pour avoir son approbation, Henri lui rappela les nombreux exemples de rois qui avaient élevé leurs sujettes jusqu'à eux, d'Aubigné lui répondit avec une irrésistible logique :

« Sire, les princes que vous citez jouissaient tranquillement de leurs États, et vous, vous combattez pour avoir le vôtre. Le duc d'Alençon est mort, vous n'avez plus qu'un pas à faire pour monter sur ce trône. Si vous devenez l'époux de votre maîtresse, vous vous le fermez pour jamais. Vous devez aux Français de grandes vertus et de belles actions. Ce n'est qu'après avoir subjugué leurs cœurs et gagné leur estime, que vous pourrez contracter un mariage qui aujourd'hui ne ferait que vous avilir à leurs yeux. »

Henri adorait Diane ; il ne pouvait cependant ne pas se rendre au profond raisonnement de d'Aubigné. Il abandonna son projet de mariage. Peu à peu, la rupture se fit pressentir. La comtesse le comprit; elle s'en plaignit amèrement au roi, qui eut beau lui écrire : « Mon cœur, j'enrage quand vous doutez de moi »; elle ne put y croire, elle devina une rivale qui lui enlevait peu à peu l'amour de son Henri.

Ce nouveau conquérant, poursuit Bellegarde, *qui servoit à toute heure de conqueste à l'amour, se donna entièrement à Scilinde, et oublia de telle sorte Corisande, qu'il ne lui estoit resté que la seule mémoire de son nom.*

Scilinde doit se traduire par Antoinette de Pons, marquise de Guercheville, veuve de Henri de Sully, comte de la Rocheguyon.

Henri, dit l'auteur, *pratiqua le mariage de Scilinde avec un illustre chevalier*[1]*, qui avoit grande charge en la Cour, et lui escrivit en faveur de ce nouvel amant, comme peu il avoit fait par lui-même. Cette vertueuse dame, qui l'avoit escouté sans rien hasarder qui lui pût estre honteux, accorda bientost ce mariage, demeurant en fort bonne estime auprès d'Alcandre.*

C'est chose extraordinaire, au milieu d'une société aussi corrompue que l'était celle qui vivait au temps de Henri IV, de trouver une femme qui soit parvenue à conserver sa vertu. Aussi de Bellegarde, qui était excellent juge en pareille matière, s'empresse-t-il de nous la signaler comme un phénomène. Mais ce qui est encore de beaucoup plus singulier, c'est de voir Alcandre s'y attacher, et malgré son opiniâtreté à ne pas céder à ses avances, la marier à un homme de la plus haute condition.

Peu après, écrit de Bellegarde, Alcandre s'enflamma

---

1. Charles du Plessis, seigneur de Liancourt, comte de Beaumont, premier écuyer et gouverneur de Paris.

d'amour pour une « jeune et belle abbesse du Mont-de-Mars, qui lui fit oublier et Corisande et Scilinde ».

Cette jeune et belle abbesse n'était autre, s'il fallait en croire la traduction donnée par les clefs, que Marie de Beauvilliers.

M. Paulin Paris n'est pas de cet avis, il a démontré avec beaucoup d'habileté toute l'impossibilité de cette traduction.

Voici en quels termes il s'exprime :

« Marie de Beauvilliers ne fut abbesse de Montmartre qu'en 1698 ; elle fut constamment citée pour son amour de la discipline, pour sa piété, pour ses vertus : toute sa vie elle lutta contre le relâchement introduit dans son monastère par le malheur des temps ; elle n'eut enfin d'autres relations avec Henri que vers 1600, pour lui demander aide et secours contre les religieuses rebelles à la réforme claustrale.

« D'un autre côté, quand Henri IV vint camper sous les murs de Paris en 1590, l'abbesse de Montmartre, Catherine de Clermont, venait de mourir après vingt-neuf ans de prélature, ce qui ne doit guère ajouter à l'opinion de sa jeunesse et de ses charmes. Elle fut deux fois remplacée en moins d'un an ; d'abord par Claude de Beauvilliers, tante de Marie ; et la deuxième par Catherine de Havart, dont le nom de baptême aura trompé celui qui la confondit avec Catherine de Clermont.

« En tout cas, voilà Marie de Beauvilliers bien désintéressée.

« Cela n'a pas empêché, dans le xviiie siècle, je ne sais quel faussaire[1] de présenter à Louis XV, avec la *Chanson de la charmante Gabrielle,* que le roi Henri IV n'a peut-être pas faite, des vers marotiques que le royal vert-galant aurait composés, en 1590, pour la charmante abbesse Marie de Beauvilliers[2]. »

1. Le faussaire auquel M. Paulin Paris fait allusion est La Borde, valet de chambre de Louis XV, qui donna en 1786 une édition des *Amours du grand Alcandre,* que nous avons décrite sous la rubrique : II⁰ Partie : *Nomenclature des éditions de l'histoire des Amours du grand Alcandre.* N. XXVII.

Au tome II, p. 266, La Borde, écrivain déplorable, manœuvre de style, insère un poème intitulé : *l'Amour philosophe,* et écrit avec une vaine assurance :

« Le petit poème charmant qu'on va lire est certainement de notre excellent Henri. Il le fit vers 1591, pour célébrer ses amours avec Marie de Beauvilliers, alors abbesse de Montmartre, dont il a caché le nom sous celui de Saincte. Quoiqu'il fût dans ce temps-là amoureux de Gabrielle d'Estrées, il étoit resté attaché à Marie de Beauvilliers, l'aima toujours, et la dédommagea autant qu'il put de la perte de son cœur, si quelque chose peut dédommager de n'avoir plus le cœur de ce qu'on aime.

« Henri fait assez connoître cette abbesse en parlant de son habit blanc, et du rang qu'elle tenoit dans le cloître. Marie fut d'abord religieuse à Poissy, dont Mᵐᵉ de Gondi étoit prieure. Elle fut ensuite coadjutrice d'Anne Babou, sa tante maternelle, abbesse de Beaumont-les-Tours; puis enfin elle fut nommée abbesse de Montmartre par Henri IV, en 1590. » .

2. Il faut constater ici que les couvents même n'étaient pas un asile respecté du temps de Henri IV. Nous lisons dans un livre intitulé : *Mémoires historiques et secrets concernant les amours des rois de France.* Paris, vis-à-vis le cheval de Bronze. MDCCXXXIX, in-32. p. 126 : cet ouvrage est du marquis d'Argens.

« Au siège de Pontoise, les officiers donnèrent le mal de Naples à huit religieuses de Maubuisson, et lui, aussi bien que les autres, en engrossèrent cinq. »

« Pendant le siège de Paris, il devint amoureux de l'abbesse de Montmartre, et à son exemple ceux qui commandoient sous lui, cajo-

Jamais récit plus attrayant, plus digne de toute notre attention, que celui des amours de Henri de Navarre et de Gabrielle d'Estrées[1].

Confidente du grand roi, il lui communique ses secrets les plus grands, ses ennuis les plus considérables. Elle le soutient, le console.

Ayant sur lui une immense influence, que de fois il écoute d'elle un utile conseil[2]!

En adroite courtisane, aspirant au trône, elle détermine Henri à abjurer le protestantisme[3]. Elle compte qu'une

lèrent la plupart des religieuses avec tant de scandale qu'on nommoit l'Abbaye, tantôt le magazin des engins de l'armée, tantôt le magazin des V*** de l'armée. »

Ces débordements provenaient de ce que les couvents étaient peuplés de filles sans dot et sans beauté, et qui y étaient entrées sans vocation.

1. Dans l'*Histoire des Amours du grand Alcandre*, Gabrielle d'Estrées est désignée sous le nom de *Crisante*.

2. Le plaisir, dit l'historien Mathieu, en parlant de l'amour de Henri IV pour Gabrielle d'Estrées, n'était pas le principal objet de ses affections; il en tirait du service au démêlement de plusieurs brouilleries dont la Cour n'est que trop féconde. Il lui fiait (à Gabrielle) les avis et rapports qu'on lui faisait de ses serviteurs, et, lui découvrant les blessures de son esprit, elle en apaisait incontinent la douleur, ne cessait que la cause n'en fut ôtée, l'offense adoucie et l'offensé content; en sorte que la Cour confessait que cette grande faveur dangereuse à un sexe impérieux soutenait chacun et n'opprimait personne, et plusieurs s'éjouissaient de la grandeur de sa fortune.

3. Agrippa d'Aubigné écrit: (*Hist. univ.*, t. III, liv. III, chap. xxii): « La marquise de Monceaux, maîtresse du Roi, eut beaucoup de part à son abjuration de protestantisme, dans l'espérance de devenir Reine elle-même si Henri étoit nommé Roi. »

On lit dans le *Journal de Pierre de l'Estoile* (t. I, p. 281): « Toutefois Henri IV trouva toujours que la démarche de son abjuration l'exposait à de grands risques. C'est ce qui lui fit écrire à Gabrielle

fois le roi devenu catholique, elle obtiendra très facilement du pape l'annulation du mariage contracté par lui en 1592 avec Marguerite de Valois. Le divorce prononcé, elle espère que Henri l'épousera et qu'ainsi elle deviendra reine de France.

Avant toutes choses, donnons ici un extrait des fameux Mémoires du maréchal de Bassompierre[1], extrait qui mettra le lecteur au courant de la façon dont la belle Gabrielle passa sa jeunesse, c'est-à-dire les années qui précédèrent ses relations avec Henri IV :

« Dès l'âge de seize ans, elle fut, par l'entremise du duc d'Epernon, prostituée par sa mère[2] au roi Henri III, qui la

d'Estrées : Ce sera dimanche que je ferai le saut périlleux. — A l'heure que je vous écris, j'ai cent importuns sur les bras qui me feront haïr Saint-Denis, comme vous faites Mantes. »

1. *Nouveaux Mémoires du maréchal de Bassompierre*, publiés en 1802, p. 185 et suivantes.

Ces nouveaux mémoires ne sont pas compris dans la *Collection des Mémoires relatifs à l'histoire de France* de MM. Petitot, Michaud et Poujoulat.

2. On lit dans Tallemant des Réaux : « Mme d'Estrées étoit de La Bourdaisière, la race la plus fertile en femmes galantes qui ait jamais été en France. On en compte jusqu'à vingt-cinq ou vingt-six, soit religieuses, soit mariées, qui toutes ont fait l'amour hautement; de là vient qu'on dit que les armes de La Bourdaisière, c'est une poignée de vesces, (vesce, se prenoit en ce temps-là dans le sens de « femme déhontée »), car il se trouve par une plaisante rencontre que dans leurs armes il y a une main qui sème de la vesce. On fit sur leurs armes ce quatrain :

Nous devons bénir cette main
Qui sème avec tant de largesses,
Pour le plaisir du genre humain,
Quantité de si belles vesces. »

Les Babou, dit le Père Anselme, écartelaient au i et au iv

paya six mille écus. Montigny, chargé de porter cette somme,
en garda deux mille.

« Ce roi se dégoûta bientôt de Gabrielle ; alors sa mère la
livra à Zamet, riche financier et à quelques autres partisans ;
ensuite au cardinal de Guise, qui vécut avec elle pendant un an.

« La belle Gabrielle passa depuis au duc de Longueville,
au duc de Bellegarde et à plusieurs gentilshommes des environs de Cœuvres, tels que Brunet et Stenay ; enfin le duc
de Bellegarde la produisit au roi Henri IV. »

M. Desclozeaux n'admet pas ce récit[1].

« Certes, Gabrielle est née au milieu de toutes les cor-
ruptions de la société de son temps, et elle a eu les plus
déplorables exemples dans sa propre famille ; mais nous
aimons à nous en faire un autre portrait que celui qu'en a
tracé la haine sans pitié des partis vaincus.

« Il est, en faveur de Gabrielle, bien des témoignages.
Nous invoquerons seulement l'amitié très vive qu'eurent
pour elle trois femmes dont la vertu et la dignité de la vie
n'ont jamais eu de soupçon.

d'argent, au bras de gueules, sortant d'un nuage d'azur, tenant une
poignée de vesces, en rameau de trois pièces de sinople.

La mère de Gabrielle, après avoir eu neuf enfants de son mari,
Antoine d'Estrées, le quitta, âgée de quarante-huit ans, pour aller
vivre avec le marquis de Tourzel-Alègre, gentilhomme d'Auvergne,
gouverneur pour le Roi de la ville d'Issoire.

Elle fut assassinée ainsi que son amant dans la nuit du 8 ou 9 juin
1592.

Cet assassinat fut provoqué par les exactions du marquis et
l'avarice de sa maîtresse.

Consultez à ce propos : *Annales d'Issoire. Mémoires contemporains anonymes.*

1. *Revue historique.* Janv. févr. 1886, pp. 50 et 51.

« Nous voulons parler de : Madame Catherine de France, depuis duchesse de Bar, sœur unique du Roi — de la veuve du prince d'Orange, Louise de Coligny, la fille de l'amiral — de la veuve d'Henri III, Louise de Lorraine. »

Admettons qu'il y a de l'exagération dans le récit de Bassompierre, mais croyons cependant que M. Desclozeaux perd son temps en cherchant à prouver que Gabrielle était vierge lorsqu'elle devint la favorite de Henri IV.

Il nous faut encore, avant de laisser la parole à de Bellegarde, transcrire le portrait de Gabrielle d'Estrées dû à la plume célèbre de Sainte-Beuve. Il nous fera voir jusqu'à quel point elle dut éveiller en Henri l'appétit charnel le plus vif :

« Elle était blanche et blonde, dit cet écrivain ; elle avait les cheveux blonds et d'or fin, relevés en masse ou micrêpés par les bords, le front beau, l'entrœil (comme on disait alors) large et noble, le nez droit et régulier, la bouche petite, souriante et pourprine, la physionomie engageante et tendre, un charme répandu sur les contours. Ses yeux étaient de couleur bleue et d'un mouvement prompt, doux, et clairs.

« Elle était complètement femme dans ses goûts, dans ses ambitions, dans ses défauts mêmes.

« D'un esprit gentil et gracieux, elle avait surtout un naturel parfait, rien de savant ; le seul livre qu'on ait trouvé dans sa bibliothèque était son livre d'Heures[1]. »

1. *Causeries du lundi,* par Sainte-Beuve. Paris, 1855. t. VIII, p. 324.

Voici en quels termes de Bellegarde nous rapporte les circonstances qui amenèrent Henri IV à faire la connaissance de Gabrielle d'Estrées.

Un jeune seigneur, dit-il, — et ce jeune seigneur, c'est lui — qui avoit esté favory du feu Roi, et qu'il estimoit fort, lui avoit parlé de la beauté d'une fille, dont il estoit extremement amoureux; et comme elle estoit admirablement belle, il ne pouvoit s'empescher de la louer : et il fit naistre au Roi la curiosité de la voir.

Un jour, Florian[1] lui ayant demandé congé pour aller voir Crisante, le Roi voulut estre de la partie; le pauvre Florian fut à ce coup l'ouvrier de son malheur, puisqu'il perdit par cette veuë la liberté de vivre avec sa maîtresse, et hazarda l'amitié de son maître, et le bonheur de sa fortune; tant il est vray que nous avons plus à nous garder de nous mesme que de nos propres ennemis.

Les traits de l'Amour ont percé le cœur d'Alcandre, et tout en ne se laissant pas envahir par la jalousie, que Charron dit être « un fiel qui corrompt tout le miel de la vie », il déclare ne pas vouloir avoir de rival.

A ce propos, de Bellegarde écrit :

Alors il commença à ne faire plus tant de cas de Florian, il lui tesmoigna qu'il ne vouloit plus de compagnon en son amour,

---

1. Ne voulant à aucun prix nuire en quoi que ce soit à l'originalité de l'œuvre du duc de Bellegarde, nous nous sommes décidé à remplacer, seulement dans les passages que nous découpons, les noms noms déguisés par les noms véritables. Pour autant que de besoin, nous donnerons en note les explications nécessaires. Ainsi : *Florian* est le travestissement du duc de Bellegarde, et *Crisante* celui de Gabrielle d'Estrées, comme nous l'avons dit plus haut.

GABRIELLE D'ESTRÉES
DUCHESSE DE BEAUFORT

disant qu'il ne plaignoit aucun travail pour n'en avoir point eu la royauté, et que sa passion lui estoit plus chère que toutes les choses du monde. Florian fut fort troublé du langage et de l'action avec laquelle il estoit proféré et promit à son maistre tout ce qui lui plût : mais Crisante, qui n'aymoit point le Roy et qui avoit donné toutes ses affections à Florian, se mit en une extreme colère contre Alcandre, lui protesta de ne l'aymer jamais, et lui reprocha qu'il lui vouloit empescher son bien d'épouser Florian, dont la recherche avoit cette fin, et là dessus elle partit de Tiane[1] et se retira à la maison de son père[2].

Avec quelle ardeur de Bellegarde saisit l'occasion de se donner de vastes coups d'encensoir; on ne l'accusera pas de manque de prévoyance, il s'exalte lui-même dans son œuvre, afin d'épargner de la besogne à son panégyriste.

Dans le passage qui suit, de Bellegarde s'évertue à nous peindre le roi de plus en plus amoureux de Gabrielle :

Le Roi, continue de Bellegarde, à qui ses ennemis n'avoient jamais donné d'estonnement, en reçeut un si grand par la colère de Crisante, qu'il ne sçavoit à quoy se résoudre. Enfin, il creut qu'en la voyant le lendemain, il la pourroit au moins adoucir;

1. Tiane. = Compiègne.
2. La maison de son père: = Le château de Cœuvres. — Cœuvres est un bourg de France (Aisne) situé à douze kilomètres au nord-est de Villers-Cotterets, et à une quinzaine au sud-ouest de Soissons. En 1585, la terre de Cœuvres fut érigée en marquisat. En 1649, elle reçut le titre de duché-pairie. Ce fut dans ce château que Henri IV vit pour la première fois Gabrielle, le 10 novembre 1590.
Pour la description du château de Cœuvres. Consultez : *Inventaire du duché d'Estrées, mss. fonds-français,* 1023-24. *Notice sur Cœuvres,* par l'abbé Roquet. *Le mariage et le divorce de Gabrielle d'Estrées,* par M. Desclozeaux. — *Revue historique.* Janv. fév. 1886, p. 54 et suivantes.

mais ce voyage ne lui plaisoit pas en compagnie : d'y aller seul, la guerre estoit allumée de tous costés, et deux garnisons d'ennemis sur son chemin, qui estoit à travers d'une grande forest, lui estoient de merveilleuses difficultez qu'il ne pouvoit résoudre avec personne et c'estoit un conseil qu'on ne pouvoit lui donner : mais sa passion par dessus tout, lui fit entreprendre ce chemin de sept lieues, dont il en fit quatre à cheval, accompagné de cinq de ses plus confidens serviteurs ; et estant arrivé à trois lieues du séjour de la Dame, prit les habits d'un païsan, mit un sac plein de paille sur sa teste, et à pied se rendit à la maison où elle estoit, il l'avoit fait advertir le jour d'auparavant qu'il la verroit, et la trouva dans une gallerie seule avec sa sœur nommée Dalinde [1].

> Amour ! amour ! quand tu nous tiens,
> On peut bien dire : adieu prudence !

Mais aussi fut-il jamais homme plus téméraire que Henri IV ? Fut-il jamais roi qui fît moins de cas de sa vie ? Intrépide, courageux à l'extrême, ne doutant de rien, il affronta toujours les plus grands dangers avec une insouciance incompréhensible.

S'exposant comme le simple soldat, au moment de se lancer dans quelque aventure périlleuse, Henri s'écriait : Ventre-saint-gris ! et aussitôt cette exclamation restée fameuse proférée, il se mettait en route sans se donner la peine de réfléchir un instant aux conséquences de sa conduite. On eût dit vraiment que cette exclamation lui servait, dans son esprit, de talisman.

En présence d'une action aussi hardie, d'un témoignage

1. Juliette-Hippolyte d'Estrées, duchesse de Villars

on ne peut plus éclatant de son excessive passion pour elle, d'une démarche qui de la part de son souverain devait l'honorer au suprême degré, on s'attend à voir Gabrielle d'Estrées sous le coup d'une vive émotion, s'enthousiasmer, vanter tout ce qu'il y a de noble et de généreux dans la conduite de Henri, le supplier de toutes ses forces de ne plus s'exposer de la sorte à l'avenir, enfin s'avouer vaincue ou du moins le laisser se repaître de douces espérances.

Il n'en est rien. Gabrielle, avec une nature ataraxique[1] des mieux développées, avec un cœur dur, captivée par la soif insatiable des honneurs et des richesses, dévorée de la passion du luxe, née pour ainsi dire avec l'instinct du vice, accueille le roi avec une froide réserve, elle s'étudie à le convaincre que ce qu'il vient de faire n'a rien de surprenant et qu'un grand nombre d'adorateurs seraient prêts à l'imiter, sinon à le surpasser.

Le mobile qui pousse Gabrielle à tenir cette conduite se conçoit aisément. L'expérience lui a enseigné qu'une femme qui accorde sans résistance les dernières faveurs à un homme n'a pas beaucoup d'empire sur lui; elle veut dès le début acquérir un grand ascendant sur l'esprit du roi, elle reste indifférente, en apparence bien entendu, elle s'étonne de le voir en aussi bizarre accoutrement, lui démontre tout le

1. Dans l'antiquité, trois écoles de philosophie jouissant d'une grande célébrité et ayant pour noms : les stoïciens, les épicuriens, les pyrrhoniens, eurent pour idéal l'ataraxie.

L'ataraxie consistait à s'affranchir des passions, à se détacher de toute crainte et de toute espérance.

Les adeptes de ces écoles se retiraient en quelque sorte en eux-mêmes, assistaient indifférents aux pénibles efforts, aux luttes stériles et aux folies de l'humanité.

ridicule qu'il y a pour lui de se présenter ainsi devant elle, elle cherche à le persuader qu'il est loin de la séduire et le quitte sans lui donner une seule parole d'encouragement.

Mais, en fille d'Ève, habile, rusée, elle sait profiter du temps et de l'occasion, elle laisse auprès de Henri sa sœur à qui elle a fait la leçon : elle l'excusera, elle lui exposera les raisons qui ont amené de la part de Gabrielle une si piteuse réception, enfin elle l'engagera à ne se point désespérer et à revenir.

Ceci est de la haute comédie et jouée de main de maître. Au reste, lisons la description faite par de Bellegarde de la réception de Henri IV au château de Cœuvres :

Crisante fut si surprise de voir ce grand prince en cet équipage, et fut si mal satisfaite de ce changement, qui lui sembla ridicule, qu'elle le receut fort froidement, et plustost comme son habit le monstroit que selon ce qu'il estoit : elle ne voulut demeurer qu'un moment avec lui, et encore ce fut pour lui dire qu'il estoit si mal qu'elle ne le pouvoit regarder, et se retira là-dessus. Sa sœur, plus civile, lui fit des excuses de cette froideur, lui voulut persuader que la crainte de son père l'avoit fait retirer, et fit tout ce qu'elle put pour adoucir ce grand mescontentement; ce qui lui fut aisé, puis que ce prince estoit si espris que rien ne pouvoit rompre ses chaisnes.

Gabrielle était persuadée que Henri, loin de renoncer au siège de la place, entreprendrait mille fois l'assaut, et que le jour où elle capitulerait, ce serait non seulement une reddition avec tous les honneurs de la guerre, mais une victoire complète, car le vainqueur se montrerait grand, généreux, prodigue même.

En effet, l'avenir fit voir qu'elle ne s'était point trompée ; elle obtint l'élévation de toute sa famille[1], le titre de mar-

1. Elle fit nommer son père, le marquis Antoine d'Estrées, grand maître de l'artillerie. Le lecteur qui voudra être avisé sur la faiblesse de Henri IV pour Gabrielle d'Estrées n'aura qu'à parcourir le passage suivant que nous extrayons des *Mémoires de Maximilien de Béthune, duc de Sully* (Londres, 1767, t. III, p. 152 et suivantes) :

« La grande maîtrise de l'artillerie vint à vaquer pendant le quatrième séjour que je fis au camp. Saint-Luc regardant entre deux gabions où à peine y avoit-il passage pour un boulet de canon, son mauvais destin y en apporta un qui le renversa mort. Je m'entretenois seul avec le Roi lorsque Villeroy et Montigny vinrent lui apprendre cette nouvelle : ce qu'ils firent en secret, à cause des prières qu'ils avoient à y joindre au sujet de cette charge. M'étant rapproché lorsqu'ils eurent quitté Sa Majesté, elle m'apprit la mort de Saint-Luc et la demande que Villeroy et Montigny venoient de lui faire de la grande maîtrise ; le premier pour son fils d'Alincourt, ou son neveu Châteauneuf-l'Aubépine, et Montigny pour lui-même. Saint-Luc étoit homme d'esprit et d'invention, prompt, industrieux, plein de courage : on ne pouvoit lui reprocher que le défaut de se livrer si fort à l'abondance de ses idées qui lui fournissoient projets sur projets, qu'il donnoit à l'imagination une partie du temps que demandoit l'exécution : cependant le Roi ne trouvoit aucun des proposés capable de le bien remplacer. D'Alincourt manquoit de fermeté « et avoit, disoit ce prince, les ongles trop pâles ». Châteauneuf cachoit un manque d'esprit réel sous un extérieur composé d'affectation et de grimaces. Montigny étoit à la vérité vaillant et affectionné ; mais ces qualités, destituées d'un esprit de ressource, d'ordre et d'économie, ne suffisent pas dans un poste aussi considérable. En discourant de la sorte avec moi, Sa Majesté ne me parut balancer à m'en gratifier moi-même que parce qu'elle croyoit cette fonction incompatible avec celle de surintendant des finances. Il ne me fut pas difficile de la détromper, et elle me donna dès ce moment sa parole : mais elle remit cet effet de sa bonne volonté après le siège, pendant lequel elle alloit laisser cette charge vacante, ma présence lui paroissant necessaire à Paris. Je ne vis point le Roi de tout le jour suivant ; et malheureusement pour moi il vit Mme de Monceaux, qui n'omit rien pour le faire changer de résolution en faveur du vieux d'Estrées, son père. Le Roi tint bon contre les prières et même contre les larmes :

quise, puis celui de duchesse; ses enfants furent traités en tout comme les Enfants de France. Elle fut comblée de richesses[1].

Cependant Gabrielle n'aima jamais sincèrement le roi, elle ne l'affectionna que pour les innombrables avantages qu'il lui procura.

Autant Henri l'adorait, autant elle était peu sympathique aux Parisiens et au peuple français en général. On lui reprochait amèrement de distraire le roi de ses affaires et de l'endormir dans les plaisirs.

Pierre de l'Estoile, qui, au dire de Sainte-Beuve, est l'écho des propos de la bourgeoisie et des honnêtes gens de robe, écrit à ce sujet :

« Lorsqu'au milieu des fêtes de la mi-carême (12 mars 1597), Amiens fut pris par les Espagnols, Henri IV, se retournant vers sa maîtresse, lui dit : « Il faut quitter nos « armes et monter à cheval pour faire une autre guerre. » Le roi partit; mais une heure avant lui, Gabrielle avoit quitté Paris, ne se sentant pas en sûreté où n'étoit point son amant. »

Certes, si aujourd'hui le nom de Gabrielle d'Estrées est

---

mais il céda à la menace que la dame fit de se jeter dans un couvent s'il lui refusoit cette grâce, et elle ralluma si bien par cette feinte toute la passion du prince pour elle, qu'elle obtint enfin la grande maîtrise.

« Le Roi m'apprit le jour suivant ce qui s'était posé, avec quelque confusion de sa foiblesse. »

1. Consulter : Notice historique sur l'inventaire des biens meubles de Gabrielle d'Estrées, dans la *Bibliothèque de l'École des chartes*, année 1841. Article de M. de Fierville.

devenu populaire, c'est que la popularité de Henri IV a rejailli sur elle.

Un épisode peu connu de la vie de notre courtisane est son mariage :

Cependant l'amour d'Alcandre croissant tous les jours, dit de Bellegarde, le père de Crisante s'en sentant importuné ; elle voulut sortir de cette tyrannie : et pour en trouver un plus raisonnable sujet, elle désira *d'estre mariée,* il se présenta un gentilhomme du païs, tout propre à cette alliance, il avoit du bien et estoit d'assez bonne condition :. mais, pour le regard de sa personne et de son esprit, ils estoient aussi mal faits l'un que l'autre.

Ce gentilhomme du pays était Nicolas d'Amerval[1], sire de Liencourt, baron de Benais, seigneur de Cerfontaine. « Le futur, dit M. Desclozeaux, avait trente-six ans. Au physique, il était petit, brun, assez mal tourné. Au moral, il était d'un caractère faible[2]. »

Dans les belles-lettres, comme dans le droit et l'histoire,

1. Nicolas d'Amerval était le fils aîné d'Antoine d'Amerval, seigneur de Cerfontaine et de Liencourt, baron de Benais, et avait pour mère Adrienne Cauchon de Maupas.

Sa famille était, dit M. Berger de Xivrey, d'une très bonne noblesse de Picardie et alliée aux premières maisons de la province : les d'Ailly — les Maillefer — les Carbonel — les du Hamel — les Roussy — les Vieuville — les Longueval — les Bayencourt — les Nédonchel — les Thumery — les Biancourt. Elle portait : d'argent à trois tourteaux de gueules. Leur cri d'armes était: Boulogne, qui, s'il faut en croire M. Berger, suppose « l'ancienne existence si considérable de chevalier Banneret ».

2. Desclozeaux. *Le mariage et le divorce de Gabrielle d'Estrées.* *Revue historique.* Janv. févr. 1886, p. 63.

il est des faits qui, établis peu à peu, se fondent bientôt sur la tradition et finissent un jour par avoir force de chose jugée.

Parmi ces faits, il n'en est pas de plus généralement reçu que la croyance à l'intervention de Henri IV dans le mariage de Gabrielle d'Estrées avec Nicolas d'Amerval, et que celui-ci joua le rôle de *mari complaisant*. Cela provient évidemment de ce que les écrivains du temps et les représentants les plus éminents de l'école historique moderne n'ont en aucune façon émis de doutes à ce propos.

Il y a vingt-cinq ans, un savant, M. Berger de Xivrey, pris d'une ardente et enthousiaste passion pour tout ce qui avait trait au règne de Henri IV, écrivit un *Mémoire*[1] dans lequel il tentait de prouver, au moyen d'un précieux document demeuré inédit, que *le mariage de Gabrielle d'Estrées s'était fait par la volonté du Roi et que d'Amerval avait été un mari complaisant*[2].

Nonobstant l'imposante autorité de M. Berger de Xivrey, dont les travaux[3], pour la plupart couronnés par l'Académie des inscriptions et belles-lettres, portent le cachet de la vé-

---

1. *Bibliothèque des chartes*, p. 461-469.

2. N'est-il pas pénible de devoir constater que les tristes sires, appartenant aux premières maisons nobles de France, qui ont vendu et leurs titres et leur honneur pour une certaine somme ou pour de grandes faveurs sont fort nombreux? Nous ne relèverons qu'un nom: Philippe de Harlay, comte de Césy, qui épousa Jacqueline du Bueil, comtesse de Moret, qui avait été livrée à Henri IV pour 30,000 écus.

3. M. Berger de Xivrey a attaché son nom à un travail qui a rendu d'immenses services à tous ceux qui s'occupent de l'histoire de Henri IV. Nous voulons parler de la publication de la *Collection des lettres missives de Henri IV*.

rité, il s'est trouvé un homme assez intrépide pour tenter d'opposer une barrière à la croyance commune.

Dans un article intitulé : « Le Mariage et le Divorce de Gabrielle d'Estrées d'après des documents nouveaux[1] », M. Desclozeaux s'est proposé de résoudre les questions suivantes : *Est-ce Henri IV qui a marié Gabrielle d'Estrées? Est-ce lui qui a choisi un mari complaisant et vénal en la personne de Nicolas d'Amerval, sieur de Liencourt?*

Parmi les arguments qui eurent pour objet de forcer l'esprit de M. Berger de Xivrey à admettre comme certain que d'Amerval fut la créature du Roi, il se trouve une *procuration*[2] passée à Clermont, en Beauvoisis, le vendredi 12 juin 1592, avant midi en l'hôtel du Roi, par-devant deux notaires royaux au bailliage de Clermont, par Henri IV, roi de France et de Navarre, agissant plus spécialement ici comme comte de Marle, seigneur de la Fère, à noble homme Philippe de Longueval[3], seigneur de Manicamp, surintendant des affaires de Sa Majesté au comté de Marle, avec plein pouvoir de vendre, disposer et aliéner du tout, à toujours... *la terre et seigneurie de Talvy-sur-Somme,* ses appartenances et dépendances, *justices et seigneuries, sans rien excepter...* pour et au profit de messire Nicolas d'Amerval,

1. *Revue historique.* Janv.-fév. 1886, p. 54-106.

2. Cette procuration a été découverte par M. Louis de Baecker, correspondant du ministère à Nordpeene.

3. Philippe de Longueval, seigneur de Manicamp, était le troisième fils de Philippe II de Longueval, seigneur de Harancours et de Cramailles, et de Françoise d'Estrées, sœur d'Antoine d'Estrées. Il était par conséquent cousin germain de Gabrielle d'Estrées et avait épousé Isabelle de Thou, dame de Manicamp. (*Revue historique.* Janv.-fév. 1886, p. 67.)

seigneur de Liencourt, chevalier de l'Ordre du Roi, gentilhomme de la Chambre, naguère gouverneur de la ville et
bailliage de Chauny..... moyennant la somme de *douze mille
écus,* pour demeurer quitte par Sadite Majesté envers ledit
sieur de Liencourt de la somme de *huit mille écus* que
Sadite Majesté déclare que M. de Liencourt a avancée pendant qu'il était gouverneur de Chauny, tant pour payer la
garnison de cette ville que pour en réparer et entretenir les
fortifications pour le service du Roi, *ainsi qu'il en a dûment
fait apparoir à Sadite Majesté, et dont elle se tient pour
contente et satisfaite.....*

Le surplus du prix, montant à *quatre mille écus,* les
recevoir par ledit procureur et bailler et délivrer ès main
de maître Jullien Malle, conseiller, trésorier et receveur
général de Sa Majesté pour la maison de Navarre et autres
domaines... L'acte est signé par le Roi et contresigné par
M. de Loménie, secrétaire d'État pour les affaires de son
royaume de Navarre.

Pour M. Berger, cet acte n'est qu'un subterfuge. Il cache
une libéralité de huit mille écus à d'Amerval. Les termes :
*ainsi qu'il en a dûment fait apparoir à Sadite Majesté, et
dont elle se tient pour contente et satisfaite...* lui en fournissent, dit-il, la preuve.

Rien n'est plus habile que la façon dont M. Desclozeaux
s'y prend pour réfuter la conclusion tirée de la *procuration*
par M. Berger. Les preuves contraires émises par lui sont
au nombre de trois :

La première. — Le procureur choisi par Henri IV, pour
régler avec d'Amerval le prix de ses complaisances, est Philippe

de Longueval, seigneur de Manicamp, neveu d'Antoine d'Estrées, dont le caractère se prêtait peu à semblable mission. En
effet, lorsque plus tard, au commencement de l'an 1594, pendant
le siège de Laon, Henri IV voulut trouver une résidence pour
loger Gabrielle d'Estrées, il s'adressa au même seigneur de Longueval, qui, avec beaucoup de dignité et de fermeté, refusa de
recevoir chez lui la maîtresse du Roi, quoiqu'elle fût sa cousine.
Il est donc invraisemblable qu'il se fût prêté à servir d'intermé-
diaire dans une négociation peu honorable.

La seconde. — La modicité de la somme employée à acheter
un homme aussi riche que d'Amerval est inexplicable.

La troisième. — Nicolas d'Amerval fut gouverneur de
Chauny de 1590 jusque vers l'époque de son mariage. Il est
naturel qu'au moment où il quittait son gouvernement, il fût
réglé des dépenses qu'il avait faites. Il y a toute vraisemblance
que ces dépenses étaient réelles. Toutes les municipalités et tous
les gouverneurs qui étaient du parti du Roi pendant cette période lui firent des avances. [En 1592, Henri IV règle avec la
municipalité de Chauny et lui paye les avances d'argent et les
fournitures de vivres qu'elle a faites à son armée.] Les finances
royales étaient dans le plus triste état, et Henri IV ne tenait la
campagne qu'à force d'emprunts, tandis que chaque gouverneur
et chaque ville se défendaient avec leurs propres ressources. Il
est donc inadmissible que d'Amerval riche, ait été le seul gouverneur qui n'ait pas fait la guerre à ses dépens.

Quant à l'argument que tire M. Berger de ce que
Henri IV n'a soumis la réclamation de Liencourt à aucune
formalité financière, et qu'il se contente de ce qu'il *a dûment
fait apparoir à Sadite Majesté, et dont elle se tient pour
contente et satisfaite,* M. Desclozeaux répond avec une
grande force de raisonnement :

Les termes de la *procuration* n'excluent pas l'idée qu'un compte de dépenses, avec pièces régulières à l'appui, ait été produit. De Liencourt ne fut payé ni avec les deniers de l'État, ni par la cession d'un fief de la couronne, mais par la cession d'une seigneurie appartenant à Henri IV, et faisant partie de son *domaine privé*. La vente de la seigneurie de Falvy-sur-Somme est passée devant notaire, comme une vente entre particuliers. C'est ainsi qu'en maintes circonstances, le Béarnais a payé avec son domaine les dépenses que ne pouvait solder le Trésor royal. [Ex : l'aliénation des seigneuries du duché de Vendôme.]

Il est dans notre nature de rester longtemps avant d'admettre une chose, sous ce rapport nous avons grande ressemblance avec M. Dupin aîné, qui ne refusait pas de croire, mais qui voulait voir, sans cela restait incrédule. Il nous faut une démonstration, une raison. Empressons-nous de dire que nous tombons le plus aisément du monde d'accord avec M. Desclozeaux qui a démontré jusqu'à l'évidence que M. Berger de Xivrey a mal interprété la procuration en y voyant un don fait à d'Amerval pour prix de sa complaisance. On peut dire qu'il lui prouve qu'il ne faut pas se hâter de conclure.

Donc il est établi que *la cession de la seigneurie de Falvy-sur-Somme par Henry IV est un règlement de compte, et non une libéralité.* Cette victoire éclatante remportée sur M. Berger de Xivrey nous laissait entrevoir une suite d'arguments clairs, solides, irrésistibles, qui seraient venus couronner l'œuvre de M. Desclozeaux; mais grand fut notre désappointement en ne trouvant que des arguments hypothétiques, que nous sommes parvenu à rétorquer sans effort. Le fait qu'Henri IV ne donna ni argent, ni charge, ni commandement à d'Amerval, est pour M. Desclozeaux un argument concluant en faveur de sa thèse.

« *Nous sommes persuadé, dit-il, que d'Amerval n'a pas été choisi par Henri IV pour couvrir sa liaison avec Gabrielle. De semblables maris sont toujours comblés de faveurs. Ce n'est pas la situation de d'Amerval.*

Le métier de mari commode a toujours été métier lucratif. Qui ne sait ce que rapporta à Guillaume, comte du Barry, d'avoir donné son nom à Jeanne Becu, prostituée, qui devint la maîtresse de Louis XV[1]?

Mais cette vérité s'applique-t-elle ici? Nous ne le croyons pas.

Henri IV, de l'avis même de M. Desclozeaux, n'était pas riche; bien plus, il était on ne peut plus gêné, allant deci delà à l'emprunt, et parfois s'adressant même à d'Amerval : La plus jolie fille du monde ne peut donner que ce qu'elle a; de même, Henri, n'ayant rien, ne pouvait rien donner.

Nous n'apprendrons rien aux hommes, écrit Voltaire, quand nous leur dirons qu'ils font tout par intérêt[2].

Partant de ce principe, nous nous demanderons quel intérêt d'Amerval escomptait en épousant Gabrielle?

D'Amerval étant fort riche, ce ne fut apparemment pas l'idée de se procurer de l'argent qui le décida, ce fut l'appât

---

1. Consulter à ce sujet l'excellent ouvrage : *Curiosités historiques sur Louis XIII, Louis XIV, Mme de Pompadour, Mme du Barry*, par J.-A. Le Roy, précédées d'une *Introduction*, par M. Théophile Lavallée. Paris, Plon, 1864, in-8°.

2. Voltaire. *Dictionnaire philosophique*.

des honneurs, charges importantes, hauts emplois à la cour, qui le séduisit.

Mais M. Desclozeaux nous apprend *que d'Amerval ne parut pas à la cour et qu'il se retira en Picardie, où il habita tantôt son château de Liencourt, près Noyon, tantôt sa seigneurie de Jumelles, près Amiens, sans exercer aucune charge, ni aucun commandement.*

Toutefois, malgré que d'Amerval ne fût pas comblé de faveurs, ce fut néanmoins la soif des honneurs qui l'amena à épouser la d'Estrées. D'Amerval se fit ce raisonnement : Ma cousine Gabrielle étant dans les bonnes grâces du roi, en l'épousant je deviendrai certainement son favori, et j'obtiendrai les dignités que je voudrai. Hélas! quelle chimère.

Antoine d'Estrées, n'ayant pu maîtriser le tempérament de sa femme, s'était juré de vaincre au moins celui de sa fille.

Il la maintenait dans un état continuel de surveillance, ce qui contrariait extrêmement les projets du roi.

Henri reconnut tout aussitôt qu'il n'aurait raison de la tyrannie du père qu'en la lui arrachant.

Employer la force était chose impraticable. Les d'Estrées étaient de trop noble maison pour qu'il y songeât un seul instant. Il ne lui restait donc que le mariage.

Un heureux hasard lui vint en aide.

La famille d'Estrées renfermait dans son sein un veuf, d'âge mûr, petit esprit, muni d'une immense fortune: c'était Nicolas d'Amerval. Il fut remarqué par Henri IV, qui, plein de perspicacité, comprit sur-le-champ que c'était là un sujet qui remplissait toutes les conditions désirables pour la réalisation de ses projets.

Cousin germain de Gabrielle, Antoine d'Estrées ne lui refuserait pas la main de sa fille. Petit esprit, il serait facile de le jouer d'un bout à l'autre.

Enfin, riche, le roi ne devrait pas délier les cordons de sa bourse.

Henri, tout fier de sa découverte, courut chez Gabrielle lui en faire part.

Tout aussitôt, nos deux tourtereaux de rire. Ils se réjouissaient déjà de voir ce cocu en herbe devenir bientôt cocu en gerbe.

Antoine d'Estrées, lui, bénissait le ciel en apprenant le choix de sa fille.

Il allait enfin avoir un gendre, un gendre riche et de grande maison. Tous ses souhaits s'étaient accomplis.

Mais par un brusque revirement, d'Amerval, qui avait été primitivement choyé par le roi et Gabrielle, devint tout à coup l'objet de leur haine implacable. Obstacle continuel à leurs amours, ils résolurent de se secouer de lui, comme naguère ils avaient secoué le joug paternel.

Pauvre d'Amerval! à partir de ce moment il put s'écrier comme Perrette : Adieu honneurs! adieu dignités! adieu bons traitements!

Il en vint à se repentir, mais, hélas! trop tard, de l'acte imprudent qu'il avait commis.

Au reste, en admettant même qu'il eût été dans les meilleurs termes avec Henri IV, croyez-vous, lecteur, que ses désirs se fussent accomplis pour cela?

30

Détrompez-vous.

Henri fut le plus égoïste des hommes, et Mme la duchesse de Rohan a écrit en vain son « Apologie pour le Roi Henri Quatre envers ceux qui le blâment de ce qu'il gratifie plus ses ennemis que ses serviteurs ».

Sa sécheresse de cœur était légendaire. Elle se résume en cette maxime qui émane de lui : « Le meilleur moyen de se défaire de ses ennemis, c'est de s'en faire des amis », ce qui veut dire en d'autres mots : ne vous occupez pas de vos amis, n'ayez d'attentions et de grâces que pour vos ennemis.

Nous trouvons un frappant exemple de ce que nous avançons, dans la personne d'Agrippa d'Aubigné, « l'homme chargé de tant de missions périlleuses et importantes, comme le dit M. Poirson, l'intrépide écuyer ou aide de camp de Henri IV, le vaillant capitaine, l'officier général renommé pour son habileté et son courage [1] ».

L'histoire a consacré les anecdotes suivantes : D'Aubigné, couchant dans une chambre à côté de celle du roi, qu'il croyait endormi, dit à son voisin La Force : « Notre maître est bien le plus ingrat mortel qu'il y ait sur la terre. »

La Force, qui sommeillait, lui demanda ce qu'il disait.

« Sourd que tu es, cria le Roi, qui ne dormait pas, il te dit que je suis le plus ingrat des hommes.

« Dormez, Sire, dormez, répondit d'Aubigné, j'en ai bien d'autres à dire. »

Ayant rencontré un épagneul, vieux et abandonné, qu'on

---

1. *Histoire du règne de Henri IV*, par M. Poirson, II, p. 290.

avait chassé du Louvre, et que jadis le Roi aimait à faire coucher à ses pieds, il se l'attacha, en prit soin, et lui mit un collier sur lequel il fit graver ces vers :

> Courtisans, qui jetez vos dédaigneuses vues
> Sur ce chien délaissé, mort de faim dans les rues,
> Attendez ce loyer de la fidélité.

Enfin il écrivit ce quatrain au bas du portrait de Henri IV, que le Roi lui avait envoyé :

> Ce prince est d'étrange nature,
> Je ne sais qui diable l'a fait;
> Il récompense par peinture
> Ceux qui le servent en effet.

Henri ne fut pas longtemps à se débarrasser de d'Amerval.

Gabrielle venait d'accoucher d'un fils, et comme d'Amerval s'apprêtait, comme il est de règle dans tous les pays, de donner son nom à cet enfant, tout à coup on lui cracha à la face qu'il n'en était que le père imaginaire, le véritable auteur de ses jours étant Henri IV.

Point n'est besoin de dire dans quel paroxysme de douleur et d'ahurissement dut se trouver le malheureux d'Amerval quand on lui fit cette révélation.

Ce n'était pas encore assez. On lui fit boire le calice jusqu'à la lie.

Gabrielle demanda le divorce le 27 août 1594. Les moyens qu'elle fit valoir furent :

Le premier, « qu'elle avoit espouzé le sieur de Liencourt avec qui elle n'avoit eu aucune cognoissance, aucune fréquentation ni amytié avec lui avant son mariage, qu'elle ne l'avoit espouzé que par contrainte et induction de son père et autres parents ».

Le second, « que d'Amerval étoit impuissant, que depuis les espouzailles, lui étoit venu à la cognoissance que ledit d'Amerval avoit quelque maladie secrette qui luy etoit survenue depuis le décés de sa deffuncte madame Anne Gouffier, sa première femme, qui étoit la cause de son impuissance au deub conjugal ».

Quant à ce qui regarde l'argument de *l'impuissance de d'Amerval* invoqué par Gabrielle, nous allons examiner jusqu'à quel point il était fondé.

Le 12 décembre 1594, d'Amerval écrivit son testament.

On y trouve un passage de la dernière importance pour la question que nous venons d'aborder.

« *Et parce que pour obéyr au roy et de crainte de la vie, je suis sur le point de consentir à la dissolution du mariage de moi et de ladite d'Estrées, suivant la poursuite qui s'en fait devant l'official d'Amiens, je déclare et proteste devant Dieu et devant les hommes, je jure et affirme que, si la dissolution se fait et ordonne, c'est contre ma volonté et par force pour le respect du Roy, n'estant véritable l'affirmation, confession et déclaration que je pourrai faire estre impuissant et inhabile pour la copulation charnelle et génération.*

Est-il possible de faire une affirmation plus catégorique?

D'après les lignes que nous venons de lire, nous pouvons hardiment déduire que d'Amerval avait la parfaite

conviction *d'être puissant et habile pour la copulation char-*
nelle et génération.

Eh bien, pourrait-on se l'imaginer, ce même d'Amerval
paraissant devant l'official le 17 décembre, c'est-à-dire cinq
jours après la rédaction de son testament, avoua avec des
détails qu'il était *impuissant,* et de plus renouvela des
aveux le 21, sous serment, devant deux médecins, alors que
nous l'avons vu dans son testament jurer devant Dieu et les
hommes qu'il était puissant.

Comment apprécierons-nous une pareille conduite ?

A nos yeux elle est inqualifiable.

Pour nous, elle émane d'un mari on ne peut plus complaisant et elle est digne d'un misérable.

En effet, si d'Amerval avait été réellement impuissant,
qu'il en eût fait l'aveu, nous n'aurions rien à lui reprocher.

Mais lorsqu'il jure qu'il est puissant et que peu après il
vient dire qu'il est impuissant, il agit avec lâcheté.

Enfin, ce qui le rend infâme, c'est qu'il a fait planer sur
la tête d'Henri IV une accusation odieuse qui ne se vérifie
nulle part, car, comme le dit fort justement M. Desclozeaux,
on ne peut pas se fier aux assertions d'Agrippa d'Aubigné,
dont les Mémoires, écrit M. Poirson, provoquent le doute
et inspirent la défiance, où il brouille et confond tout [1].

Cependant, tout en déclarant que ce Roi n'usa pas de
menaces de mort à l'égard de d'Amerval, nous sommes entièrement persuadés qu'il employa toute son autorité pour le
décider à demander le divorce.

1. Poirson. *Histoire du règne de Henri IV,* t. II, 2e partie,
p. 519.

Gabrielle, sur ces entrefaites, s'était aperçue qu'Anne Gouffier[1], la première femme de d'Amerval, était sa cousine germaine et qu'il n'avait demandé aucune dispense pour l'épouser.

Or les canons de l'Église, comme on le sait, interdisent au veuf d'épouser les parentes de sa première femme, sœurs, nièces, cousines. L'Église considère le mariage ainsi contracté sans les dispenses comme n'ayant jamais existé.

Gabrielle ne s'était pas trompée dans ses prévisions. L'official rejeta les deux premiers moyens de nullité qu'elle avait proposés.

Le premier, tiré de la contrainte exercée par son père, parce que la preuve de cette contrainte ne résultait pas de l'enquête; que l'ordre paternel qui n'est accompagné d'aucune violence ni d'aucun acte matériel ne peut être considéré comme une contrainte suffisante, ayant violé le consentement nécessaire au mariage.

Le second, tiré de l'impuissance du mari, parce que le certificat des médecins n'était pas concluant, attendu que les aveux d'impuissance formulés par d'Amerval, soit vis-à-vis des docteurs, soit dans ses interrogatoires, peuvent avoir pour origine son désir personnel de voir annuler son mariage[2].

---

1. Anne Gouffier de Crèvecœur était fille de Messire François Gouffier, chevalier, seigneur de Crèvecœur et Bonnivet, lieutenant-général pour le roi en Picardie. (*Revue historique.* Janv.-fév. 1886, p. 65.)

2. D'Amerval, étant l'objet de tous les quolibets de la noblesse de province, résolut de se remarier.

Il s'unit à Marguerite d'Autun, ou d'Authun, fille de Jacques

Enfin, l'Official admit le troisième moyen : parce qu'il était constant que Gabrielle d'Estrées, seconde femme de d'Amerval, était parente au degré prohibé par les canons de l'Église d'Anne Gouffier, sa première femme ; qu'il ne pouvait pas contracter ce second mariage sans dispenses de l'Église et qu'il ne les avait ni demandées ni obtenues ; il déclarait donc le premier mariage entre d'Amerval et d'Estrées attentatoire aux lois et aux statuts de l'Église, nul dès le commencement et par conséquent n'ayant pas existé.

Revenons-en à présent à M. Desclozeaux.

Dès que Mme de Liencourt a un enfant, écrit-il, d'Amerval ne remplit pas le rôle qui incombe à ses pareils, de donner son nom au nouveau-né. On ne songe qu'à se débarrasser de lui, on lui fait un procès pour arriver à la dissolution de ce mariage, tandis qu'on l'aurait payé deux ans auparavant pour le contracter. On va même plus loin : on lui persuade, à tort ou à raison, que, s'il résiste au procès, sa vie est en danger. A quoi a-t-il donc été bon ? En quoi s'est-on servi de sa prétendue complaisance ?

A ce récit plein d'invraisemblance, qui représente Gabrielle et le Roi choisissant d'Amerval pour échapper à la surveillance du marquis d'Estrées, substituons cet autre : que c'est le père qui a marié sa fille, alors tout s'explique, tout devient naturel. — Le caractère honnête d'Antoine

d'Autun, seigneur de Chandos ou Champelos et d'Élisabeth de Pluviers.

Ce qu'il y a d'extraordinaire, c'est que Marguerite d'Autun allégua aussi son impuissance pour obtenir la dissolution de son mariage, alors que le juge d'Amiens ne l'avait pas adopté comme moyen de nullité.

d'Estrées, le choix du mari, qui est un gentilhomme de son voisinage, veuf d'une de ses plus proches parentes, tout indique son intervention active et le désir de soustraire Gabrielle au Roi.

Nous ne pouvons admettre cette substitution. Nous ne voyons absolument rien qui soit à même de prouver que d'Amerval ne fût pas un mari complaisant; bien plus, le fait que d'Amerval n'a pas protesté, qu'il n'a pas tenté d'obtenir que cet enfant portât son nom, est pour nous une preuve indéniable de sa complaisance.

Ensuite, M. Desclozeaux s'efforce de nous convaincre que ce fut Antoine d'Estrées qui chercha à soustraire sa fille au Roi et que ce fut lui *tout seul* qui lui choisit un mari.

Nous sommes de son avis, quand il nous dit qu'Antoine d'Estrées chercha à marier Gabrielle.

C'est dans l'ordre naturel des choses qu'un père, qui s'aperçoit que son enfant nourrit une passion aveugle pour quelqu'un qui l'amènera indubitablement au déshonneur, fasse l'inimaginable pour lui procurer un mari. De cette façon, il dégage sa responsabilité. Si sa fille continue ses relations avec son amant, si elle vient à en avoir un enfant, c'est le mari qui couvre tout de son nom.

Mais le fait qu'Antoine d'Estrées cherchait à marier Gabrielle n'empêchait pas le moins du monde la participation du Roi.

Henri avait double intérêt à s'occuper de ce mariage. Il voulait la marier pour la soustraire à l'autorité paternelle, et il voulait lui trouver un mari patient.

Un argument auquel M. Desclozeaux attache la plus

grande importance, et que nous détruisons d'un trait de plume, est celui-ci :

Lorsque plus tard, Henri IV prendra Mlle d'Entragues dans sa famille pour en faire sa maîtresse, il ne songera pas un instant à la marier. De même, nous refusons de croire qu'il ait voulu élever entre lui et Gabrielle les obstacles que devait lui susciter l'existence d'un mari quelque paisible qu'il fût.

C'est une chose inexplicable pour nous que M. Desclozeaux n'ait pas vu immédiatement que la situation dans laquelle se trouvait Gabrielle différait essentiellement de celle d'Henriette d'Entragues.

En effet, nous venons de décrire les raisons qui portèrent Henri IV à désirer le mariage de Gabrielle; ces raisons n'existent pas pour Henriette.

La famille d'Entragues, comme nous l'exposerons tout au long plus loin, avait tenté l'impossible pour attirer le Roi dans son château, afin de lui faire apprécier les charmes d'Henriette.

Le Roi en étant tombé amoureux, le marquis d'Entragues lui déclara qu'il ne pouvait consentir à lui donner sa fille, que s'il signait une promesse de mariage. Ce qu'il fit.

Henri IV se trouvait donc lié vis-à-vis d'Henriette et de son père. Comment eût-il pu songer un seul instant à la marier à un autre?

Voulant aller plus loin, nous soutiendrons qu'il était dans les habitudes du Roi de marier ses maîtresses à de complaisants courtisans.

Ne l'avons-nous pas vu marier Jacqueline du Bueil,

comtesse de Moret, à Philippe de Harlay, comte de Césy?

Ne disions-nous pas avec raison que cet argument était sans valeur ?

Le dernier argument de M. Desclozeaux consiste à chercher à établir : que *Gabrielle n'est devenue la maîtresse d'Henri IV qu'après avoir abandonné son mari, c'est-à-dire vers novembre 1592.*

Certes, si M. Desclozeaux était parvenu à prouver cela, il n'y aurait plus eu de doute possible que ce fût Antoine d'Estrées qui maria tout seul sa fille. Mais les preuves, si cela peut s'appeler des preuves, données par M. Desclozeaux sont à ce point hypothétiques, et partant sujettes à discussion et à interprétation différente, qu'il ne nous y faut pas arrêter. Et puis, en admettant même qu'il soit établi que Gabrielle d'Estrées n'eût des relations avec le Roi qu'après avoir abandonné son mari, cela ne nous empêcherait pas de dire que d'Amerval a tenu une conduite ignominieuse dans le procès du divorce.

Nous dirons encore que nous différons essentiellement d'opinion avec M. Desclozeaux sur ses conclusions.

Nous admettons avec lui que M. Berger de Xivrey a écrit à tort que d'Amerval a été un mari vénal.

Nous prétendons, contrairement à son avis, que d'Amerval fut un mari on ne peut plus complaisant, qu'il fut une vulgaire dupe, un misérable.

Nous affirmons enfin que le Roi, après la naissance de César de Vendôme, força d'Amerval à se prêter à l'annulation du mariage.

Rejoignons à présent de Bellegarde :

Crisante avait fait jurer au roi, dit-il, que le jour de ses nopces, il arriveroit et la meneroit en un lieu où elle ne verroit son mary que quand il lui plairoit, lui ayant persuadé qu'elle ne vouloit consentir à lui faire une infidélité : mais ce jour estant passé, sans qu'Alcandre eût pû abandonner une entreprise très importante qu'il avoit, elle jura cent fois de s'en venger; et toutes fois elle ne voulut jamais coucher avec lui; si bien que son mary pensant estre plus autorisé chez lui que dans la ville où il avoit esté marié, et dont le pere de Crisante estoit gouverneur, il l'emmena, mais elle se fit si bien accompagner de dames ses parentes qui s'estoient trouvées à ses nopces, qu'il n'osa vouloir que ce qu'il lui plut.

Le Roi, estant arrivé là dessus à la plus prochaine ville, manda le mary qui amena sa femme, présumant d'en tirer à tout le moins quelque advantage à la Cour : partant de là, Alcandre la mena avec lui. »

« Quant à l'histoire de Henri IV, retenu par une entre-prise importante, dit M. Desclozeaux, et mis dans l'impos-sibilité de venir enlever la mariée le soir même de ses noces; quant au refus de Gabrielle de coucher avec son mari; quant à l'intention de sa tante et de ses cousines pour empêcher celui-ci d'exercer ses droits, ce sont là de pures inventions, démenties par la propre déclaration de Gabrielle. » — « Enquise si le jour des noces luy et elle n'auroient pas eu copulation ensemble, a dict que non parce que comme elle croit qu'il a eu quelque coup ou autre mal qui l'auroit rendu impuissant et inhabile à rendre le devoir de mariage, sçavoit qu'il s'y soit mis en effor et quel-quefois encore du depuis durant le temps de trois mois... A dist aussy qu'elle n'a eu aucune querelle ny contestation avec ledit sieur de Liencourt et autant qu'ils ont esté ensemble ont esté en paix et eust bien désiré qu'il eut esté tel qu'il est requis, encore qu'elle ne l'eust pas aymé auparavant[1]. »

Il y a loin de là, ajoute M. Desclozeaux, au récit de Mlle de Guise.

Il est parfaitement exact que Gabrielle fit cette déclaration, mais peut-on conclure de là qu'elle concorde avec sa conduite lors de son mariage? Nous ne le croyons pas.

Pour nous, le récit de Bellegarde est authentique; Gabrielle n'a fait cette déclaration que pour les besoins de la cause : en effet, réclamant le divorce pour *impuissance de son mari,* elle ne pouvait pas venir avouer à l'Official qu'elle n'avait pas voulu expérimenter le savoir-faire de d'Amerval.

Nous affirmions plus haut que Gabrielle n'aima jamais sincèrement Henri IV, nous n'en voulons pour preuve que la narration piquante qui suit. L'incident qui en fait l'objet a été donné comme authentique par les historiens les plus scrupuleux.

Crisante continuoit aymer Florian, dont le Roi avoit quelque soupçon, dit de Bellegarde; mais à la moindre caresse qu'elle lui faisoit, il condamnoit ses pensées comme criminelles et s'en repentoit.

Il arriva un petit accident qui faillit à lui en apprendre davantage, ce fut qu'estant en une de ses maisons pour quelque entreprise qu'il avoit de ce costé là et estant allé à trois ou quatre lieuës pour cet effect, Crisante estoit demeurée au lict,

1. Dossier de la procédure suivie devant l'Official d'Amiens.

disant qu'elle se trouvoit mal, et Florian avoit feint d'aller à Tiane qui n'estoit pas fort esloignée; si tost que le Roy fut party, Arfure[1], la plus confidente des femmes de Crisante et en qui elle avoit une entière confiance, fait entrer Florian dans un petit cabinet dont elle seule avoit la clef; et comme Crisante se fut défaite de tout ce qui estoit dans la chambre, son amant y fut receu. Alcandre, qui n'avoit pas trouvé ce qu'il avoit esté chercher, revint plustost qu'on ne croyoit et pensa rencontrer ce qu'il ne cherchoit pas et tout ce que put faire Florian fut d'entrer promptement dans le cabinet d'Arfure, dont la porte se trouvoit au chevet du lict de Crisante, et où il avoit une fenestre qui avoit veuë sur le jardin. Le Roi ne fut pas plustost entré qu'il demanda Arfure pour avoir des confitures, que si Arfure ne se trouve, que quelqu'un vienne pour ouvrir cette porte ou qu'on la rompe, et lui mesme commença à lui donner des coups. Dieu sçait en quelle alarme estoient ces deux personnes si proches d'estre descouvertes, Crisante feignoit que ce bruit l'incommodoit fort; mais pour cette fois Alcandre fut sourd et continuoit à vouloir rompre cette porte. Florian, voyant qu'il n'y avoit point d'autre remède, se jetta par la fenestre dans le jardin, et fut si heureux que, bien qu'elle fût assez haute, il se fit fort peu de mal.

Arfure, qui s'estoit cachée pour n'ouvrir pas cette porte, entra aussitost bien échauffée, s'excusant sur ce qu'elle ne pensoit pas qu'on eust affaire d'elle; elle alla donc quérir ce que le Roi avoit si impatiemment demandé, et Crisante, voyant qu'elle n'estoit pas

---

1. Arfure, confidente de Gabrielle. On l'appelait « la Rousse ». Consultez : *Mémoires du Président de Thou.* t. I, ch. 90, p. 421 et 422.

M. Desclozeaux, dans un article intitulé : *Étude critique sur les économies Royales de Sully* (*Revue historique,* mars-avril. 1887), p. 289, a démontré que « la Rousse » était le surnom de Marie Hermant, femme du sieur *de Magneville,* capitaine aux gardes du Roi.

Elle avait, ajoute-t-il, sous ses ordres, Nicole Guyart, femme de chambre, et Gratienne Mareil, fille de chambre.

découverte, reprocha mille fois à Alcandre cette façon : Je voy bien, lui dit-elle, que vous me voulez traitter comme les autres, que vous avez aymées, et que vostre humeur changeante veut chercher quelque sujet de rompre avec moy, qui vous previendray me retirant avec mon mary que vous m'avez fait laisser d'autorité. Je confesse que depuis l'extrême passion que j'ay euë pour vous m'a fait oublier mon devoir et mon honneur, que vous payez d'inconstance, sans ombre de soupçon, dont je ne vous ay jamais donné de sujet par pensée seulement : là dessus les larmes ne manquoient pas, qui mirent Alcandre en un tel désordre qu'il lui demanda mille fois pardon, qu'il confessa avoir failly, et fut long-temps depuis sans tesmoigner aucune jalousie.

Constatons en passant qu'il est impossible d'agir avec plus d'astuce. Quelle maîtresse mouche !

Henri IV venait de mettre le siège devant Paris.

Un nouveau personnage est mis en scène par de Bellegarde : c'est la séduisante Marguerite-Louise de Lorraine, princesse de Conti.

C'est à cette ravissante dame qu'à tort on est accoutumé, encore de nos jours, d'attribuer l'*Histoire des Amours du grand Alcandre,* dans laquelle, comme on pourra en juger par la suite, elle joue un rôle considérable.

Ainsi que nous l'avons déjà dit, Henri IV lui avait promis de l'épouser aussitôt qu'il aurait obtenu de se divorcer de Marguerite de Valois, sa femme.

Mais, dans l'entre temps, il s'était épris de Gabrielle, et sa promesse de mariage était devenue de l'histoire ancienne. Il n'en était pas de même, tout au contraire, de la princesse qui n'avait rien oublié et « qui portoit, écrit de Bellegarde, une extreme envie à Crisante, en partie parce que véritablement elle étoit plus belle, et en effect pour ce qu'elle croyoit qu'elle lui avoit osté Alcandre, et cherchoit avec soin le moyen de s'en vanger ».

« Or un jour que pour quelque occasion, ajoute de Bellegarde, on avoit accordé une petite trêve de six heures, la princesse Dorinde[1] et Milagarde[2], accompagnées de plusieurs dames, vindrent sur le rempart; aussi tost tous les galands de l'armée se trouvèrent au pied de la muraille pour parler à quelques-unes de leur reconnoissance, et tous presque pour voir Milagarde.

« Florian s'y trouva qui arresta si fort sa veuë sur les beautez de cette princesse, qu'oubliant Crisante et les sermens qu'il lui avoit faits de n'aymer jamais personne qu'elle, il se donna à cet objet présent.

« Milagarde, qui mesprisoit tout le monde, sentit à la veuë de Florian qu'elle pouvoit aymer autre chose qu'un roi et dès lors ces deux personnes eurent de l'amour l'une pour l'autre. »

Cette dernière phrase est une véritable étude de mœurs. Il nous faut faire ressortir qu'on vit rarement homme plus infatué, plus fortement persuadé de son esprit, de la beauté de son physique et de ses talents. A l'entendre, « il étoit une perfection sous tous les rapports ».

« Chacun se retira après que la trêve fut expirée et Florian,

1. Catherine de Clèves, veuve de Henri de Lorraine, duc de Guise, assassiné aux Etats de Blois, en 1588.
2. Louise de Lorraine, princesse de Conti, fille de Catherine de Clèves.

ajoute-t-il, remporta mille pensées en son âme, tantost plaisantes et tantost fâcheuses. Il ne vouloit ny ne pouvoit quitter Crisante. Sa nouvelle passion lui donnoit des inquiétudes : mais il n'y vouloit pas résister. Enfin il se résolut d'aymer Milagarde, de conserver Crisante et de les garder toutes les deux. »

Bellegarde nous fait ensuite assister à une rencontre entre Milagarde et Crisante.

Il n'est pas possible de s'imaginer une situation plus extraordinaire. Que de sentiments différents animent les personnes qui assistent à cette entrevue : Alcandre aime Crisante à la folie, Crisante ne l'aime pas et adore Florian, Florian est profondément attaché à Crisante, mais il est cruellement tenté par les charmes de Milagarde, Milagarde regrette Alcandre et s'éprend de Florian. Elle va faire tous ses efforts pour le ravir à Crisante sa rivale; toutefois, elle doit user de beaucoup de précautions, de peur de voir ses sentiments découverts par sa mère qui, elle aussi, est éperdument amoureuse de Florian.

On conçoit aisément tout l'intérêt que présente ce passage de l'*Histoire des Amours du grand Alcandre.*

Cependant la guerre continuoit toûjours, dit de Bellegarde, et Dorinde, mère de Milagarde, rechercha d'avoir un passeport pour aller voir une de ses maisons, et Alcandre lui accorda aisément, et mesmes de passer par le lieu où il estoit avec toute la Cour.

Milagarde estoit tres aise de ce voyage, tant pour ce qu'elle espéroit que Florian auroit moyen de parler à elle, que pour voir si Crisante estoit aussi belle que l'on disoit.

Il ne fut pas malaisé à Florian de persuader à Alcandre, tres courtois de son naturel, d'envoyer au-devant des princesses, et lui mesme en eut la commission à cause du lieu qu'il avoit en la cour.

A l'arrivée, Dorinde et sa fille reçeurent mille caresses d'Alcandre, et la première ne pouvoit se lasser de louer la beauté de Crisante qui trouva Milagarde trop aimable à son gré, et celle-ci fut surprise de tant de beautez qu'elle vit en Crisante ; mais toutes deux, sans faire semblant du jugement qu'elles faisoient l'une de l'autre, demeurerent avec toute la froideur que la civilité pût souffrir. Dès que Milagarde l'eut veuë, se tournant vers Florian qui n'estoit pas loin d'elle l'ayant conduite jusques là, lui dit : Je la croiois plus belle, à quoy il ne respondit point pour estre trop près de Crisante.

Le Roi, qui se connoissoit fort bien en passions et sçavoit celle de Dorinde, ne douta point que Florian ne l'amusast afin d'avoir moyen de voir sa fille, de laquelle il jugea qu'il estoit amoureux ; et cette opinion fit deux effects, l'un qu'il assoupit le soupçon qu'avoit tous jours Alcandre, que Florian aimoit sa maistresse, et l'autre qui lui fit perdre tout à fait le dessein qu'il avoit pour Milagarde.

Crisante, qui estimoit plus l'affection de Florian que tous ces petits interests, espia de si près toutes les actions de son amant, qu'elle reconnut qu'il aimoit Milagarde, et qu'il n'en estoit pas haï, dont elle eut un tel dépit et une si forte jalousie qu'elle eut bien de la peine à la cacher.

Milagarde, qui estoit bien aise de lui donner martel en teste et qui croioit avoir gagné de rendre cette belle jalouse, faisoit tout ce qu'elle pouvoit pour augmenter son soupçon, s'imaginant que si elle partoit de la Cour sans avoir rien gagné sur le Roi, elle triompheroit au moins sa maîtresse.

Le lendemain, Dorinde partit ayant obtenu la neutralité d'Alcandre pour la maison où elle alloit, à quoy Florian avoit contribué tout ce qu'il avoit pû, estant si enflammé des attraits

de Milagarde, qu'Alcandre accorda tout ce qu'il voulut pour lui
faire abandonner Crisante qui, outrée de colère, ne voulut dire
adieu, ni à la mère, ni à la fille, feignant de se trouver fort mal,
et ne se laissant voir de tout le jour à personne. Florian et toute
la Cour conduisirent ces dames assez loin et revindrent le lendemain que Crisante fist si mauvaise mine à ce chevalier que cela
commença à l'inquieter. Car ne voyant plus Milagarde, l'objet
present le reprenoit, et outre toutes ces choses, il avoit si peur
de la perdre pour les interests de sa fortune, qu'il maudissoit son
inconstance et son indiscrétion.

C'est jouer avec le feu que de badiner avec l'Amour.

Il n'y a pas lieu à s'étonner de voir de Bellegarde nous
annoncer que Crisante accoucha d'un fils [1] « dont Alcandre
reçeut une telle joye qu'il lui fit à l'instant quitter le nom
de son mary [2], lui bailla le titre de marquise [3], et commença
non pas à l'aymer davantage (car son amour estoit si extreme qu'il ne pouvoit recevoir d'augmentation), mais à en
faire plus de cas et à la faire honorer ».

Il est, dans le domaine de la littérature et de l'histoire,
des questions qui ont le propre de causer de la surprise,

---

1. César de Vendôme naquit au château de Coucy (Picardie) en
1594 et mourut en 1655. Légitimé en 1595, créé duc de Vendôme en
1598, il reçut en même temps le gouvernement de Bretagne et fut
dans la suite fiancé à la fille du duc de Mercœur. En 1610, Henri IV
lui donna rang immédiatement après les princes du sang. On peut
consulter pour la biographie de César de Vendôme : l'*Histoire de
Louis XIII*, par Vassòr, et les *Mémoires de M*me *de Motteville.*

2. Henri IV fit prononcer le divorce de Gabrielle. (Voir pour les
pièces du procès du divorce, l'article de M. Desclozeaux : « Le mariage et le divorce de Gabrielle d'Estrées ».) *Revue historique.* 1886,
janv., fév., p. 91 et suivantes.

3. Marquise de Monceaux.

d'intriguer le lecteur; mais il en est peu d'aussi singulière et aussi peu connue que celle de savoir si Henri IV est bien le père de l'enfant que Gabrielle mit au monde au château de Coucy, en 1594.

Cette question qui a toujours été du plus haut intérêt pour les contemporains de Henri IV et même pour les historiens de notre siècle, l'attrait qui fait désirer qu'une question soit résolue d'une façon indubitable, nous a passionné au point de nous amener à faire le plus grand effort en vue de donner une décision qui, à l'avenir, fasse loi.

Écoutons tout d'abord l'avis des contemporains :

Après la mort du surintendant des finances le marquis d'O, écrit Sully, il parut sur les rangs un homme qu'on jugea devoir bientôt remplir cette place : c'étoit Nicolas de Harley, comte de Sancy.

C'étoit ce qu'on appelle proprement un homme d'esprit, à prendre ce terme dans le sens qu'on lui donne ordinairement pour marquer de la vivacité, de la subtilité et de la légéreté ; mais comme ces qualités ne sont rien moins qu'inséparables de l'excellent jugement, il les gâtoit par une vanité, un caprice, une fougue qui le rendoient quelquefois insupportable.

Sancy avoit servi long-tems et utilement Henri III et le roi régnant, soit en Allemagne, soit en Suisse. Il s'étoit insinué dans l'esprit d'Henri par beaucoup de complaisance, par des manières déliées, par un art très rafiné de le flater dans ses divertissemens et de l'amuser dans ses galanteries : par là il s'étoit mis avec ce prince dans les termes de la plus privée familiarité.

Pour lui faire sa cour en toutes manières et aussi par jalousie, il crioit sans cesse contre la dissipation des finances ; et comme un flateur en dit presque toujours plus qu'il n'a envie, en frondant le surintendant, il n'avoit pu s'empêcher d'invectiver aussi contre la surintendance, comme contre une charge ruineuse à l'État; en quoi il ne s'étoit pas montré pour cette fois homme d'esprit. Mais il avoit mis a son élévation cette charge, un obstacle bien plus essentiel encore : c'est que non seulement il ne s'étoit pas attaché a plaire a Mᵐᵉ de Liancourt | Gabrielle d'Estrées | actuellement en faveur auprès du Roi; mais encore que par une intempérance de langue, a laquelle ses pareils sont sujets, il avoit offensé cette dame par un endroit des plus sensibles.

Je ne sçais si le conte que je vais rapporter, ajoute Sully, a jamais été en effet autre chose qu'un conte; en ce cas, Sancy n'en auroit que plus de tort de lui avoir donné cours. Quoi qu'il en soit, voici comme il courut à Paris.

Alibour, premier médecin du Roi, ayant été envoyé par Sa Majesté visiter Mᵐᵉ de Liancourt, qui avoit mal passé la nuit (c'étoit au commencement de ses poursuites amoureuses près de cette dame), vint lui redire qu'à la vérité, il avoit trouvé un peu d'émotion à la malade ; mais que Sa Majesté ne devoit point s'en mettre en peine et qu'assurément la fin en seroit bonne. Mais ne la voulez-vous pas saigner et purger? lui dit le Roi. Je m'en donnerai bien de garde, répondit le bon vieillard avec la même candeur, avant qu'elle soit à mi-terme. Comment, reprit le Roi, surpris et ému au dernier point; que voulez-vous dire, bon homme? Je crois que vous rêvez, et n'êtes pas en votre bon sens.

Alibour appuya son sentiment de bonnes preuves que le prince crut bien détruire en lui apprenant plus particulièrement en quels termes il en étoit avec la dame. « Je sçais, repartit le vieux médecin avec beaucoup de phlegme, ce que vous avez fait ou point fait »; et il le remit pour la preuve complète, à six ou sept mois de là.

Le Roi quitta Alibour extrêmement en colère et s'en alla de

ce pas gronder la belle malade, qui sçut r'habiller tout ce qu'avoit
dit ignoramment le bon homme; car on ne vit aucune mésintel-
ligence entre le roi et sa maîtresse. Il est bien vrai que l'effet
fut de tout point conforme à la prédiction d'Alibour, mais on
conjecture que Henri fut amené, après un meilleur examen, à
croire que tout le mécompte étoit de son côté; puisqu'au lieu de
désavouer l'enfant dont Mme de Liancourt accoucha à Coussy,
pendant le siège de Laon, il s'en expliqua hautement et voulut
qu'on lui donnât le nom de César.

Sancy se donnoit carrière en faisant ce *conte*, et il n'y
oublioit pas la circonstance de *La Regnardière*, qui ayant voulu,
dit-il, un jour prendre la liberté de donner à Sa Majesté certains
éclaircissemens qui ne lui plurent pas, fut peu de jours après
chassé de la cour : on chercha pour prétexte, qu'il avoit rompu
en visière à l'amiral.

Sancy trouvoit à parler jusque sur *la mort du bon homme
Alibour*, et il l'auroit trouvée *plus naturelle*, si elle ne fût point
arrivée avant l'accomplissement de sa prédiction; s'il glosoit
ainsi sur la naissance du fils, il n'en faisoit pas moins sur toute
la vie de la mère. Sancy éprouva à ses dépens ce que peut la
haine d'une femme, sur-tout la maîtresse du Roi. Henri l'aimoit
et lui vouloit du bien : quoiqu'il penchât de lui-même à supprimer la surintendance des finances, il l'auroit encore conservée
uniquement pour la lui donner ; mais Mme de Liancourt sçut
bien l'en empêcher[1].

1. *Mémoires de Maximilien de Béthune, duc de Sully, principal
ministre de Henry le Grand* [Londres, 1767], II, p. 442.

Il ajoute (note 28, p. 444): « *Le Journal de l'Étoile* et la *Confession de Sancy* [par M. d'Aubigné] confirment toute cette plaisanterie, aussi bien que le soupçon qu'elle finit d'une manière tragique,
pour le vieux M. Alibour, premier médecin du Roi, empoisonné,
disoit-on, par ordre de la maîtresse du Roi; mais tout cela est dit
sans preuves. »
On lit dans les *Nouveaux Mémoires du maréchal de Bassompierre*:

De plus, on s'en occupe également dans un grand nombre de pamphlets et de libelles satiriques qui s'entretiennent des intrigues galantes de Gabrielle d'Estrées avec le duc de Bellegarde.

Transcrivons maintenant l'opinion d'un historiographe du xixe siècle, M. l'avocat général Desclozeaux :

Le premier médecin du Roi n'était pas Alibour, mais bien Jehan Ailleboust.

L'histoire du premier médecin du Roi, telle qu'elle est racontée par Sully, ne soutient pas la critique. La révélation de la grossesse de Gabrielle doit être placée vers décembre 1593, l'accouchement ayant eu lieu en juin suivant. Henri IV n'a pas pu dire qu'il n'avait eu aucun rapport avec Gabrielle, qui était publiquement sa maîtresse, probablement depuis le siège de Chartres. Il ne faut pas oublier non plus que c'est à elle que pendant l'année 1593, le Roi a écrit un grand nombre de lettres, dont seize nous sont parvenues, qui sont les témoins irrécusables de leur intimité.

Ce n'est pas l'histoire du médecin Ailleboust telle que la racontait la chronique scandaleuse du temps. On disait qu'une maladie du Roi l'avait tenu éloigné de Gabrielle pendant assez longtemps et par le rapprochement des dates, on en concluait qu'il ne pouvait être le père de César. L'anecdote ainsi amendée

« Ce prince [Henri IV] n'eut d'abord pour elle que des caresses presque innocentes, sa santé ne lui en permettant pas davantage. L'abbesse de Vernon, Catherine de Verdun, lui avoit laissé un « souvenez-vous de moi » dont il ne pouvoit se guérir. Néanmoins Gabrielle devint grosse, et Mme de Sourdis, sa tante, manœuvra si habilement qu'elle fit avouer l'enfant au roi. Ce prince parut cependant fort étonné lorsque d'Alibour, son médecin, lui apprit que Gabrielle étoit enceinte. « Que voulez-vous dire, bonhomme? lui dit Henri IV, « comment seroit-elle grosse? je sais bien que je ne lui ai encore rien « fait. »

n'est pas plus vraisemblable; cette maladie est réelle, mais elle ne survint qu'après la naissance d'Alexandre Monsieur, le troisième enfant de Gabrielle. Henri IV fut guéri des conséquences « de sa carnosité » à Monceaux, en octobre 1598, par une « opération admirable » du chirurgien Regnault et peu de temps après survint la quatrième grossesse qui amena la mort de Gabrielle.

L'amour de Henri IV pour ses enfants est, en réalité, la seule réponse à faire « à ces imprimez infasmes, à ces ouvrages d'une main ennemie, à ces escritz trempés dans le fiel ».

Mais n'est-il pas pénible de voir Sully, « le grand Sully », devenu un vieillard morose et haineux, rivaliser avec « ces escritz trempés dans le fiel » et lui, l'ancien serviteur de Henri IV, ramasser une semblable anecdote, probablement dans l'*Estoile* dont il s'est beaucoup servi, l'insérer dans les *Œconomies Royales* pour satisfaire ses mauvais sentiments contre une femme, auprès de laquelle, pendant sa vie, il avait joué le rôle de courtisan et qui, pendant son pouvoir passager, avait su lui rendre service?

À nos yeux, lecteur, il est une chose bien plus pénible, c'est de voir un homme de rare mérite et d'une grande intelligence, M. Desclozeaux, venir avec une extrême imprudence jeter à la face de l'univers une sentence magistrale contre l'un des plus illustres ministres que la France ait produits.

Vous étiez profondément dans l'erreur monsieur Legouvé, quand vous écriviez[1] :

Tour à tour et tout à la fois soldat, diplomate, grand maître de l'artillerie, ministre de la guerre, ministre des

---

1. *Sully*, par M. Ernest Legouvé, 1873. In-12.

travaux publics, ministre de l'agriculture, ce qui caractérise surtout *Sully*, ce n'est pas la complication, la multiplicité de ses rôles, c'est d'avoir acquis une gloire éternelle en servant la gloire d'un autre, c'est d'être devenu un grand homme rien qu'en étant le second d'un grand roi.— Qu'aurait été Henri IV sans Sully ? »

Il ne vous avait pas encore été donné de lire le portrait de Sully par M. Desclozeaux.

« Le surintendant ne recule devant rien lorsqu'il s'agit de satisfaire son orgueil ou ses haines. Il faut que les événements se plient à sa passion ; au besoin, il refait l'histoire quand elle ne lui convient pas. Altérer le texte d'une lettre n'est qu'un jeu pour lui ; à l'occasion, il sait fabriquer les demandes et les réponses de toute une correspondance !

« D'après lui, il a tout fait et tout dirigé sous le règne de Henri le Grand, le roi ne pouvait prendre aucun parti sans le consulter.

« Dans un récit célèbre, il cherche à faire croire à la postérité que Henri IV le préférait même à Gabrielle et aurait déclaré qu'il sacrifierait dix maîtresses comme elle plutôt que de se priver d'un serviteur comme lui !

« Non seulement il a fait injurier grossièrement par la reine cette maîtresse inoffensive et serviable pour lui, mais il tient à ce que nous sachions bien qu'après sa mort une femme de chambre soupçonnée de vol a raconté sur sa vie passée des histoires nombreuses et si graves qu'il ne peut les répéter par respect pour la mémoire du roi et de ses enfants.

« Il laisse croire que Gabrielle est morte empoisonnée,

alors que personnellement il sait bien le contraire, et fabrique une lettre qu'il attribue à La Varane pour donner plus de fondement à ses insinuations.

« Enfin par les prédictions qu'il prétend avoir faites à sa femme sur le mariage de Gabrielle, il paraît bien aise qu'on puisse penser qu'il n'a pas été étranger au crime qui devait empêcher le Roi de commettre la lourde faute d'épouser sa maîtresse. »

Bref, Sully était un être orgueilleux et haineux, un faussaire, un infatué, un vantard, un misérable, un payeur de dénonciateurs, un fourbe, enfin un assassin.

Fut-il jamais portrait plus flatteur ?

De bien mauvaise composition serait celui qui ne distinguerait pas sous ces traits le ministre habile et patriote, le financier intègre et méticuleux, le grand Sully qui, alors que les produits de l'impôt étaient engagés pour plusieurs années à l'avance, le trésor vide, la dette de l'État énorme, l'agriculture et le commerce ruinés par les guerres civiles, sut au moyen de l'exactitude et d'une sévère économie presque doubler les impôts ; qui ne percevrait pas les éminentes qualités qui firent que son amitié avec Henri IV est restée populaire. Vrai ! Sully, même de son vivant, eût dû chercher longtemps pour trouver un pareil panégyriste.

Mais en voilà assez. Tout ceci dégénère en plaisanterie.

Il est parfaitement visible que M. Desclozeaux fait de Sully un repoussoir, afin de placer Gabrielle d'Estrées sur un piédestal, de l'entourer d'une auréole, et de lui prodiguer force coups d'encensoir. Eh quoi ! s'écrie-t-il, Gabrielle n'a-t-elle pas toujours été une honnête femme? n'a-t-elle pas toujours été une bienfaitrice pour Sully?

Pour nous, non.

Honnête femme! Elle a eu une jeunesse très orageuse, elle a été la maîtresse du roi, et l'a trompé en faveur du duc de Bellegarde.

Bienfaitrice de Sully? Nous ne rappellerons qu'un seul épisode pour prouver le contraire.

Saint-Luc ayant été tué, la grande maîtrise de l'artillerie devint vacante.

Le roi engagea sa parole à Sully, lui affirmant qu'il la lui donnait. Mais Gabrielle intervint, fit changer Henri de résolution, et fit revêtir de cette dignité son père Antoine d'Estrées.

Les deux articles de M. Desclozeaux sont, pour les appeler par leur nom, la canonisation de Gabrielle d'Estrées.

Que Gabrielle soit un idéal pour M. Desclozeaux, c'est parfait, chacun a ses préférences; mais ce que nous ne pouvons approuver, c'est qu'après avoir décrit tout au long les défauts de Sully, il ne reconnaisse pas ses qualités, les services rendus par lui à la France. La façon dont il traite ce ministre est on ne peut plus partiale.

M. Desclozeaux parle maintes fois « d'escritz trempés dans le fiel »; nous pourrions appliquer cette épithète à ses articles pour ce qui concerne Sully.

Mais revenons-en à la question de savoir si César de Vendôme est bien le fils de Henri IV.

Mgr Dupanloup avait raison quand il disait : « Les faits

sont le meilleur argument et abrègent la discussion. »

Quels sont les faits qui amènent M. Desclozeaux à certifier la paternité de Henri IV ?

L'amour de Henri IV pour ses enfants est en réalité, dit-il, la seule réponse à faire à ces imprimez infasmes, à ces ouvrages d'une main ennemie, à ces escritz trempés dans le fiel.

Voilà une preuve à faire mourir de rire.

Pour nous, César de Vendôme n'est pas le fils de Henri IV, mais bien celui du duc de Bellegarde.

Nous voulons bien croire que Gabrielle d'Estrées ne fit pas empoisonner le médecin Ailleboust, et que celui-ci termina sa carrière par une mort naturelle.

Mais ce que nous ne pouvons admettre à aucun prix, c'est que M. Desclozeaux dise que Sully a inséré cette anecdote dans ses Œconomies royales *pour satisfaire ses mauvais sentiments contre une femme auprès de laquelle, pendant sa vie, il avait joué le rôle de courtisan et qui, pendant son pouvoir passager, avait su lui rendre service.*

D'abord Sully ne se fit jamais le courtisan de Gabrielle, tout au contraire; il s'opposa de toutes ses forces à ce qu'elle arrivât au trône. De plus, ne l'avons-nous pas vu plus haut décliner cette responsabilité pour la narration des faits concernant l'empoisonnement du médecin Ailleboust, faits qu'il appelle un « conte » ? ne l'avons-nous pas vu blâmer Sancy de les avoir rapportés s'ils n'étaient qu'un conte ?

Au reste, ne se fût-il pas même excusé, il n'y aurait pas lieu à lui en faire un reproche, car il est du devoir d'un historien de tout consigner dans son œuvre ; il doit signaler un fait grave, alors même qu'il ne peut se prononcer faute de preuves suffisantes ; en agissant de la sorte, il permet à un successeur plus autorisé de résoudre la question.

Ce qui nous a fait avancer que César est bien le fils du duc de Bellegarde, c'est que premièrement ses relations avec Gabrielle précédèrent de beaucoup celles que le roi eut avec elle, et que celle-ci, alors même que Henri IV en était le plus amoureux, adorait toujours Bellegarde, à preuve qu'il fut trouvé à deux reprises chez elle et la deuxième fois couché avec elle.

Secondement, c'est l'opinion publique à cette époque, et le dire universel des historiens contemporains que Bellegarde en était l'auteur.

Enfin, nous trouvons encore une preuve dans le choix du prénom de César pour cet enfant.

Au sujet de ce prénom, nous lisons dans les *Historiettes* de Tallemant des Réaux : « Henri IV n'avoit pas eu les gants de Gabrielle d'Estrées, et ce fut pour cela qu'il ne fit pas appeler M. de Vendôme Alexandre, de peur qu'on ne dît Alexandre le Grand, car on appeloit M. de Bellegarde M. le Grand (à cause de sa charge de grand écuyer) et apparemment il y avoit passé le premier. »

De preuves certaines, on le conçoit, il n'y en a pas, car, pour nous servir d'une locution un peu hasardée qui ne date pas d'aujourd'hui, « il n'y eut personne qui tint la chandelle » pour nous venir mettre au courant de ce qui se passa.

Un jour, Alexandre le Grand, s'entretenant de sa

naissance, s'écria : Je suis fils de Philippe [1], à ce que dit
ma mère; il nous semble que César de Vendôme eût pu
s'inspirer de lui et dire : Je suis fils de Henri IV, à ce que
dit ma mère.

Cette question résolue, poursuivons.

On adore souvent une chose pour laquelle on ressentait
une profonde aversion la veille ; de Bellegarde nous en donne
bien un exemple dans ce passage :

Florian, craignant qu'à la fin l'amour qu'il avoit pour Milagarde ne lui fît perdre Crisante, se résolut de mettre bien
ensemble ses deux maîtresses : et voyant qu'il pouvoit ce qu'il
vouloit sur l'esprit de celle-cy, il lui persuada que, puis qu'elle
estoit dans le chemin d'estre reine, il auroit plus d'establisse-
ment et de moyen de la servir s'il pouvoit espouser Milagarde :
que si elle ne vouloit pas ce mariage, le pretexte leur seroit plus
plausible vers Alcandre et le destourneroit des soupçons qu'il

1. Philippe avait conçu des doutes sur sa paternité. Deux versions
se trouvent en présence : l'une tient de la fable ; elle est assez curieuse,
mais il ne faut pas y ajouter foi ; l'autre émane d'un historien digne
de ce nom. Voici la première : A la naissance d'Alexandre, Philippe
ayant envoyé consulter à ce sujet l'oracle de Delphes, celui-ci lui
répondit d'avoir la plus grande vénération pour Jupiter Ammon, et
lui persuada que, comme il avait regardé à travers les fentes d'une
porte sa femme jouer sur son lit avec un énorme serpent, c'était
Jupiter qu'il avait aperçu sous cette forme; en punition de sa curiosité, il devait perdre l'œil qui avait observé le mystère. Philippe, en
effet, perdit l'œil droit au siège de Méthone.

Passons à la seconde : Plutarque nous dit que Nectanébo, chassé
de ses États, s'était réfugié à la cour du roi de Macédoine. Il nous
apprend qu'il méconnut le bon accueil que lui fit ce prince, qu'il lui
ravit sa femme Olympias et en eut Alexandre; qu'à partir de ce
moment Philippe suspecta sa femme, et que ce fut la raison qui le
détermina à le répudier dans la suite.

pourroit avoir d'eux, où il lui sembloit qu'il pourroit retomber en reconnoissant desja quelque chose : que ce soupçon nuiroit extremement à sa grandeur, et qu'elle sçauroit bien que quoy qu'il temoignast en apparence, en effect son cœur estoit à elle. Bref, il la sçeut si bien cajoler, qu'elle lui promit de faire bonne mine à Milagarde, qui fut tres aise d'estre bien avec cette puissance et la sçeut si adroitement entretenir que Crisante la favorisoit plus que nulle autre. ET IL Y EUT ENTR'ELLES UNE SI ESTROITE INTELLIGENCE QU'ELLES ESTOIENT TOUJOURS HABILLÉES L'UNE COMME L'AUTRE, ET NE BOUGEOIENT D'ENSEMBLE. »

On n'est pas universel; de Bellegarde n'avait pas, malheureusement pour lui, compté avec cette race d'hommes, ennemie du laisser-faire, du laisser-passer; qui s'immisce dans les affaires des autres qui ne les regardent en aucune façon, dans l'espoir d'obtenir des avantages.

Tandis que Henri guérissait son esprit des soupçons qu'il nourrissait à son égard, un de ses valets de chambre vint lui remettre une lettre adressée par Florian à Crisante. Cette lettre, le valet l'avait trouvée un matin qu'elle faisait la malade, sur la toilette. Arfure, sa femme de chambre, l'avait laissée là, ne prévoyant pas que l'on dût venir d'aussi bonne heure dans sa chambre.

Un homme prévenu en vaut deux, dit le proverbe. Henri recommanda tout naturellement à ce zélé serviteur d'avoir l'œil sur les amants.

L'attente ne fut pas longue. Un certain soir, notre valet vola chez le roi et lui annonça que de Bellegarde venait d'entrer chez Gabrielle. Henri donna sur-le-champ l'ordre à son capitaine des gardes de l'aller tuer dans l'appartement même de sa maîtresse.

Lucidan (c'estoit le nom de ce capitaine)[1] fut tres surpris de ce commandement, aymant fort ces deux personnes, et toutes fois il fallut marcher. Il prit des archers passant dans la sale et le plus long chemin et fit tant de bruit qu'il ne trouva personne que Crisante toute seule estant entré dans sa chambre, à qui il dit sa commission. Elle qui vit bien qu'il ne l'avoit pas voulu surprendre, lui promit de n'oublier jamais ce bon office; ce qu'elle lui témoigna depuis, faisant pour lui tout ce qu'elle pouvoit : Et Milagarde, qui sçeut l'affaire, lui en sçeut si bon gré qu'elle lui ayda fort à venir aux grandes dignitez qu'il avoit lorsqu'il mourut. — Crisante fit cependant des grandes plaintes à Alcandre des soupçons qu'il prenoit d'elle. Il fit semblant d'avoir tort et ne voulut pour cela estre mal avec elle; mais la lettre qu'il avoit veuë que Florian lui escrivoit lui fut un peu reprochée. Elle jura ne l'avoir jamais veuë et se justifia assez bien, tout lui estant aisé avec le Roi.

Tant va la cruche à l'eau qu'à la fin elle se brise. C'en est fait. Henri est las; il n'est pas doué d'une patience d'Allemand, il s'irrite; l'orage gronde, éclate sur la tête de Bellegarde. Toutefois, le roi fait briller un cœur noble et clément; il se souvient que c'est lui qui lui a présenté sa Gabrielle, il se contente d'exiger son départ de la Cour et met comme conditions à son retour de se marier et d'amener avec lui sa femme.

Le plus court pour Florian fut de partir, écrit Bellegarde, et de faire ce qui lui estoit commandé, bien que ce fût avec un extrême regret.

Fallait-il pourtant qu'Henri fût naïf pour exiger simple-

1. Charles de Choiseul, sieur de Praslin, qui devint maréchal de France.

ment qu'il amenât sa femme! en voilà-t-il une belle garantie que le mariage sous le règne du Parpaillot!

En ce temps-là, les maris étaient encore plus entreprenants que les célibataires, et cela n'est pas peu dire.

Sur ces entrefaites, dit de Bellegarde, Crisante eut une fille [1] et bien tost après un fils [2] dont elle accoucha après avoir esté démariée.

La naissance de ce second fils eut pour effet de faire grandir la tendresse du roi pour Gabrielle, de la faire devenir infinie; elle alla jusqu'à lui faire obtenir « que le baptême de ce fils se feroit à Saint-Germain où étoit alors Sa Majesté, avec toute la magnificence et tous les honneurs qui sont particuliers dans cette cérémonie aux *Enfants de France* ».

Voici en quels termes Sully [3] apprécie la conduite du roi en cette circonstance :

« Je pardonne à cette femme une yvresse où l'entretenoient les respects servils des courtisans pour ses enfans, et les adorations qu'ils lui rendoient à elle-même. Je n'ai pas la même indulgence pour Henri, qui, bien loin de rien faire qui la pût destromper, accordoit les ordres pour le

---

1. Catherine-Henriette, légitimée de France. Fut mariée en 1619 à Charles de Lorraine, duc d'Elbœuf, pair de France.

2. On l'appela le chevalier Alexandre de Vendôme. Il fut tenu sur les fonts par Madame Catherine, sœur du Roi et par M. le comte de Soissons; les flatteurs lui donnèrent le nom de Monsieur, nom qui était l'apanage du frère unique du Roi, ou de l'héritier présomptif.

3. *Mémoires de Maximilien de Béthune, duc de Sully* [Londres, 1767], t. III, p. 246 247.

baptême de cet enfant, avec une complaisance qui faisoit assez voir combien la chose étoit de son goût. J'en dis mon avis assez hautement. Je m'attachai à combattre en public la conséquence que je voyois que les courtisans tiroient en faveur de ces enfans, si chers au Roi, pour la succession à la couronne. Ce prince s'apperçut lui-même après la cérémonie qu'il avoit beaucoup trop permis, et me dit qu'on avoit passé ses ordres, ce que je n'ai aucune peine à croire. »

Brûlant du désir de tout approfondir, nous allons encore transcrire un passage des *Mémoires de Sully,* où il rapporte la scène intime qui s'éleva entre Henri et Gabrielle, par suite de l'opposition qu'il mit à acquitter les frais considérables réclamés pour ce baptême.

Cette scène vive et vraie à laquelle Sully assista apprendra au lecteur que Henri savait à l'occasion sacrifier ses amours aux affaires; elle lui fera voir jusqu'à quel point Gabrielle, qui nous paraît si haute dans ses armes, si adulée par Henri et ses courtisans, dut un jour s'humilier profondément, faire les plus plates excuses à son amant et baisser pavillon devant Sully pour lequel elle nourrissait une haine implacable; elle lui fera enfin apprécier toute la noblesse avec laquelle Henri traita en cette occurrence Sully, le cas immense qu'il fit toujours de celui qui fut son plus fidèle serviteur. Cette déférence l'honore aux yeux de l'univers entier.

Fresne, écrit Sully[1], ayant dressé l'ordonnance pour le

---

1. *Mémoires de Maximilien de Béthune, duc de Sully, principal ministre de Henri le Grand. A Londres, 1767. Tome III, p. 250 et suivantes.*

payement des hérauts, trompettes et autres officiers subalternes de la couronne qui avoient servi dans la cérémonie du baptême; elle me fut apportée comme les autres, afin que j'y misse mon mandement pour l'acquitter. Je n'eus pas plutôt jetté les yeux sur cette pièce qu'un vif sentiment de douleur me la fit regarder comme un monument de la honte du Roi, qu'on alloit conserver à la postérité. Je ne balançai pas, je la retins, et en fis faire une autre, modeste, comme elle devoit l'être, où les noms de Monsieur, de Fils de France, et tout ce qui pouvoit donner la même idée étoit supprimé, et conséquemment l'honoraire des hérauts réduit à la taxe commune, ce qui ne les satisfit point. Ils ne tardèrent pas à revenir, et dans leur mécontentement, ils alléguoient et M. de Fresne, et la loi qui régloit leurs droits. Je me contins d'abord devant des gens dont je connoissois assez la mauvaise intention; à la fin la patience m'échappa, et je ne pus m'empêcher de leur dire avec indignation : « Allez, allez, je n'en ferai rien, sçachez qu'il n'y a point d'Enfans de France. » Je n'eus pas plutôt lâché la parole que je me doutai qu'elle alloit me susciter une affaire. Pour la prévenir, je sortis dans le moment et vins trouver Sa Majesté qui se promenoit dans ses appartemens de Saint-Germain avec le duc d'Épernon : je lui dis, en lui montrant l'ordonnance de Fresne, que si elle avoit lieu, il ne lui restoit plus qu'à se déclarer marié avec la duchesse de Beaufort. « Il y a ici de la malice de Fresne, dit le roi après l'avoir lue; mais je l'empêcherai bien. » Il m'ordonna de déchirer cet écrit, et dit tout haut en se tournant vers trois ou quatre seigneurs de la Cour des plus proches : Voyez la malice du monde, et les traverses que l'on donne a ceux qui me servent bien : on a apporté a M. de Rosny une ordonnance, afin de m'offenser, s'il la passoit, ou d'offenser ma maitresse, s'il la refusoit. Dans l'état où étoient les choses, cette parole n'étoit pas indifférente : elle fit juger aux courtisans qui rioient de ma simplicité, qu'ils pouvoient bien s'être trompés eux-mèmes, et que le prétendu mariage n'étoit pas encore si proche qu'ils se l'étoient imaginé. Le Roi, continuant à m'entretenir seul, me dit qu'il ne doutoit point que Mme de Beaufort ne fût dans une violente colère contre moi : qu'il me conseilloit d'aller la trouver, et de chercher à la satisfaire par de bonnes raisons : « et si cela ne suffit, ajouta-t-il, je parlerai en maître ». La duchesse avoit son appartement dans le cloître de Saint-Germain : je m'y en allai de ce pas. Je ne sçais quelle idée elle prit d'une visite qu'elle me vit commencer par une espèce d'éclaircissement; elle ne me donna pas le temps d'achever : la colere dont elle étoit animée ne lui permettant pas de mesurer sès termes, elle m'interrompit en me reprochant que je séduisois le Roi et lui faisois croire que le noir était blanc. Ho! HO! MADAME, LUI DIS-JE EN L'INTERROMPANT A MON TOUR, MAIS D'UN AIR TRÈS FROID, PUISQUE VOUS LE PRENEZ SUR CE TON, JE VOUS BAISE LES MAINS; MAIS JE NE LAISSERAI PAS POUR CELA DE FAIRE MON DEVOIR : et je sortis sans vouloir en entendre davantage, afin de ne lui rien dire de mon côté de plus dur. Je mis le Roi de fort mauvaise humeur contre sa maîtresse, en venant lui rapporter ses paroles. « Allons, me dit ce prince, avec un mouvement dont je fus très satisfait, venez avec moi, et je vous ferai voir que les femmes ne me possèdent pas. » Son carosse tardant trop à venir à son gré, Sa Majesté monta dans le mien, et pendant tout le chemin jusqu'à l'appartement de la duchesse, il m'assura *qu'on ne lui reprocheroit jamais d'avoir chassé, ni seulement mécontenté, par complaisance pour une femme, des serviteurs qui, comme moi, ne cherchoient que sa gloire et son intérêt.*

Mme de Beaufort, qui s'étoit attendue en me voyant sortir de chez elle, à y voir bientot arriver le Roi, avoit bien étudié son personnage pendant ce temps-là; elle regardoit aussi bien que moi la victoire que l'un ou l'autre allions remporter, comme le présage heureux ou malheureux de sa fortune. Lorsqu'on lui annonça le Roi, elle vint le recevoir jusqu'à la porte de la première salle. Henri, sans l'embrasser ni lui faire les caresses ordinaires : « Allons, madame, lui dit-il, allons dans votre chambre, et qu'il n'y entre que vous, Rosny et moi, car je veux

vous parler à tous deux, et vous faire bien vivre ensemble. » Il
fit fermer la porte, regarda s'il n'y avoit personne dans la
chambre, la garde-robe et le cabinet; puis, la prenant d'une main
pendant qu'il me tenoit de l'autre, il lui dit d'un air qui dut la
surprendre beaucoup, que le véritable motif qui l'avoit déterminé à s'attacher à elle étoit la douceur qu'il avoit cru remarquer dans son caractère; qu'il s'appercevoit, par la conduite qu'elle
tenoit depuis quelque temps, que ce qu'il avoit cru véritable
n'étoit qu'une feinte, et qu'elle l'avoit trompé. Il lui reprocha les
mauvais conseils qu'elle prenoit, et les fautes considérables qui en
étoient la suite. Il me combla de louanges pour faire sentir à la
duchesse, par la différence de nos procédés, que j'étois seul
véritablement attaché à sa personne. Il lui ordonna de sur-
monter son aversion pour moi, au point de se conduire par mes
avis; parce qu'assurément il ne me chasseroit pas pour l'amour
d'elle.

Mme de Beaufort commença sa réponse par des soupirs, des
sanglots et des larmes. Elle prit un air caressant et soumis. Elle
voulut baiser la main de Henri. Elle n'omit rien de ce qu'elle
connoissoit capable d'attendrir son cœur. Ce ne fut qu'après
toutes ces petites façons qu'elle prit la parole, pour se plaindre
amèrement de ce qu'au lieu du retour qu'elle auroit dû attendre
d'un prince, à qui elle avoit donné toute sa tendresse, elle se
voyoit sacrifiée *à un de ses valets*. Elle rappela ce que j'avois dit
et fait contre ses enfans, pour aigrir l'esprit de Sa Majesté contre
moi; puis, feignant de succomber au désespoir, elle se laissa
tomber sur un lit, où elle protesta, qu'elle étoit résolue d'attendre la mort, après un aussi sanglant affront. L'attaque étoit
un peu forte. Henry ne s'y étoit point attendu. Je l'observois.
Je vis son cœur chanceler; mais il se remit si promptement, que
sa maîtresse ne s'en aperçut point. Il continua à lui dire du
même ton, qu'elle auroit pu s'épargner la peine de recourir à
tant d'artifices pour un si léger sujet. Ce reproche la piqua sensiblement. Elle redoubla ses pleurs. Elle s'écria qu'elle voyoit

bien qu'elle étoit abandonnée, que c'étoit sans doute, pour augmenter encore sa honte et mon triomphe, que le roi avoit voulu me rendre témoin des choses les plus dures qu'on puisse dire à une femme. Il parut que cette idée la plongeoit dans un désespoir véritable. — *Pardieu ! Madame, c'est trop, reprit le roi, en perdant patience ; je vois bien qu'on vous a dressée à tout ce badinage, pour essayer de me faire chasser un serviteur, dont je ne puis me passer. Je vous déclare que si j'étois réduit à la nécessité de choisir, de perdre l'un ou l'autre, je me passerois mieux de dix maîtresses comme vous que d'un serviteur comme lui.*

Il ne laissa pas passer le terme de VALLET, dont elle s'étoit servie, et trouva encore plus mauvais, qu'elle l'appliquât à un HOMME DONT LA MAISON AVOIT L'HONNEUR D'ÊTRE ALLIÉE A LA SIENNE.

« Après tant de paroles affligeantes, le roi quitta la duchesse brusquement et s'avança pour sortir de la chambre, sans être touché de l'état où il la laissoit, parce que apparemment la connoissance qu'il avoit de sa maîtresse lui découvroit tout ce qu'il y avoit d'affectation et de grimaces dans son procédé. Pour moi, j'y étois trompé, jusqu'à en être affligé ; et je ne sortis d'erreur que lorsque Mme de Beaufort, voyant le roi prêt à sortir de chez elle, si irrité, qu'elle pouvoit appréhender que ce ne fût peut-être pour n'y jamais revenir, changea tout d'un coup de personnage. Elle courut l'arrêter et se jetta à ses pieds, non plus pour le surprendre, mais pour lui faire oublier sa faute. Elle commença par s'excuser. Elle montra un air doux et un visage serein. Elle jura au roi qu'elle n'avoit eu ni n'auroit d'autre volonté que la sienne.

Il n'y a jamais eu de changement de décoration si subit. Je ne vis plus qu'une femme agréable et complaisante, qui agit avec moi, comme si tout ce qu'elle venoit de me dire n'étoit qu'un songe. La paix se fit avec une parfaite cordialité entre nous deux, et nous nous séparâmes tous fort bons amis. »

Pour M. Desclozeaux, cette scène n'a jamais existé ailleurs que dans l'imagination de Sully.

Les raisons qui le déterminent à tirer cette conclusion sont :

1. — En décembre 1598, tout se prépare pour le mariage de Gabrielle, l'empire exercé par elle sur le roi était à son apogée et n'avait fait que croître avec les années.

2. — L'affection d'Henri pour elle augmente avec chaque enfant qu'il a d'elle, et à l'époque où Sully a la malencontreuse idée de placer cette scène, Gabrielle était devenue toute-puissante : une quatrième grossesse commençait.

3. — Sully n'a jamais balancé l'influence de la maîtresse. Quand Saint-Luc, grand maître de l'artillerie, mourut, le roi lui promit cette charge; mais Gabrielle étant intervenue, elle fit nommer son père.

4. — La cause de la querelle est tout aussi invraisemblable que la scène elle-même. Sully ne pouvait pas douter un seul instant que le cérémonial observé au baptême d'Alexandre Monsieur avait l'entière approbation du roi. Il y avait des précédents qui ne devaient laisser aucune hésitation dans son esprit : le baptême de la fille que Mme de Monceaux avait eue le 2 novembre 1596, et les fiancailles de César de Vendôme avec la fille du duc de Mercœur, François de Lorraine (avril 1598).

Il n'est pas admissible que, juste à l'époque où Henri IV prépare son mariage, habitue la cour à regarder Gabrielle comme la reine, prend toutes les mesures pour la rendre populaire, en la faisant dispensatrice de toutes les grâces et en lui créant de nombreux appuis dans les provinces,

Sully veuille faire croire qu'il a triomphé de la duchesse et qu'il l'a fait malmener par le roi.

CONCLUSION

Le récit de Sully est controuvé.

Pour nous, cette scène est en tous points authentique. Seulement, M. Desclozeaux n'a pas compris que Henri IV, ayant tout commandé dans sa faiblesse pour Gabrielle, une fois les choses faites, s'est mis à réfléchir et s'est repenti d'avoir accédé à son désir, et qu'il n'a pas voulu avouer son peu d'énergie au parcimonieux Sully.

C'est une chose propre à tout homme, même à celui qui est arrivé au faîte des honneurs et des richesses, d'avoir en vue un summum.

Pour Gabrielle d'Estrées, son rêve était de devenir reine de France.

C'était là, il faut bien le reconnaître, une impossibilité, une chimère ; et alors que, parfois découragée, elle déplorait la vicissitude des choses humaines, qu'elle était prête à céder à la nécessité et à embrasser le parti de renoncer à son projet, la marquise de Sourdis, sa tante, Hurault, comte de Chiverny, chancelier de France, de Fresne, secrétaire d'État, atteints de cette soif de la gloire qui est peut-être la plus active de toutes les passions, la secondaient, lui remontaient le moral, et Gabrielle, reprenant courage, suppliait Henri d'obtempérer à sa demande.

Que pouvait Henri vis-à-vis de semblables prières ?

Pouvait-il rester impassible? Évidemment non; aussi favo-
risait-il l'intention de Gabrielle.

Sully [1] nous raconte la conversation qu'il eut sur ce
sujet avec le roi à Rennes. Sainte-Beuve [2] l'a commentée
d'une façon très piquante, comme on va le voir :

A Rennes, quand le roi, qui songeait sérieusement à
épouser Gabrielle, et qui, depuis quelque temps, voulait s'en
ouvrir à Sully, sans l'oser, s'arma à la fin de courage et, emme-
nant son serviteur dans un jardin, le retint à causer durant près
de trois heures d'horloge, on assiste à une conversation à la fois
politique et des plus plaisantes. Henri commence en marquant
son intention : « Allons nous promener, nous deux seuls, lui
« dit-il, en lui prenant la main et passant familièrement, selon
« sa coutume, ses doigts entre les siens; j'ai à vous entretenir
« longuement de choses dont j'ai été quatre fois tout près de
« vous parler; mais toujours me sont survenues, en ces occa-
« sions, diverses fantaisies en l'esprit qui m'en ont empêché.
« A présent je m'y suis résolu. » Il n'arrive pourtant au sujet même
qu'après une demi-heure au moins, durant laquelle il parle
encore d'autres affaires : après quoi venant au point indiqué, y
venant par de nouveaux circuits, énumérant ses fatigues et les
peines qu'il s'est données pour parvenir au trône et pour rétablir l'État, il montre que tout cela n'est rien encore et n'abou-
tira à rien de solide et de durable, s'il ne se procure des héritiers.
Mais cette nécessité des héritiers admise et le divorce avec la
reine Marguerite étant aussi chose convenue et déjà ménagée en
secret auprès du pape, quelle femme prendre et de qui faire
choix? Ici Henri IV, plaisante, selon son usage, et prête à sa
consultation de roi ses saillies de Béarnais.

1. *Mémoires de Sully* [Londres, 1767], t. III, p. 208 et suiv.
2. *Causeries du lundi*, par Sainte-Beuve [Paris, Garnier, 1855],
t. VIII, p. 326 et suiv.

Pour lui, le plus grand des malheurs de la vie serait « d'avoir
« une femme laide, mauvaise et despite. Que si l'on obtenoit des
« femmes par souhait, afin de ne me repentir point d'un si hasar-
« deux marché, ajoute-t-il, j'en aurois une, laquelle auroit, entre
« autres bonnes parties, sept conditions principales, à savoir :
« beauté en la personne, pudicité en la vie, complaisance en l'hu-
« meur, habileté en esprit, fécondité en génération, éminence en
« extraction, et grands États en possession. Mais je crois, mon
« ami, que cette femme est morte, voire peut-être n'est pas encore
« née ni prête à naître; et partant, voyons un peu ensemble
« quelles filles ou femmes dont nous avons ouï parler seroient à
« désirer pour moi, soit dehors, soit dedans le royaume. »

Cela posé, il énumère et parcourt la liste de toutes les personnes royales et d'extraction souveraine qui sont à marier; il
épuise, comme on dirait, l'almanach de Gotha de son temps, dis-
tribuant à droite et à gauche des lardons et voyant à toutes des
impossibilités. Au dedans du royaume, il cherche encore parmi
les princesses; il nomme sa nièce de Guise, sa cousine de
Rohan, la fille de sa cousine de Conti; à toutes il trouve des
inconvénients encore, et conclut à la normande en disant :
« Mais quand elles m'agréeroient toutes, qui est-ce qui m'assu-
« rera que j'y rencontrerai conjointement les trois principales
« conditions que j'y désire, et sans lesquelles je ne voudrois point
« de femme : à savoir qu'elles me feront des fils, qu'elles seront
« d'humeur douce et complaisante, et d'esprit habile pour me sou-
« lager aux affaires sédentaires et pour bien régir mon État et mes
« enfants, s'il venoit faute de moi avant qu'ils eussent âge?... »

Sully n'est pas dupe de cette espèce de consultation de
Panurge, et il le fait sentir au Roi : « Mais quoi? Sire, lui
« répond-il, que vous plaît-il d'entendre par tant d'affirmatives
« et de négatives, desquelles je ne saurais conclure autre chose,
« sinon que vous voulez bien être marié, mais que vous ne trou-
« vez point de femmes en terre qui vous soient propres? telle-
« ment qu'à ce compte il faudrait implorer l'aide du ciel afin qu'il

35

« fît rajeunir la reine d'Angleterre, et ressusciter Marguerite de
« Flandre, Mlle de Bourgogne, Jeanne la Folle, Anne de Bretagne
« et Marie Stuart, toutes riches héritières, afin de vous mettre au
« choix. » Et se faisant gausseur à son tour, il propose pour dernier moyen de faire publier par tout le royaume « que les pères,
« mères ou tuteurs qui auraient de belles filles, de haute taille, de
« dix-sept à vingt-cinq ans, eussent à les amener à Paris, afin que
« sur icelles le roi élût pour femme celle qui lui agréerait ». Et il
poursuit en détail ce conseil gaillard avec toutes sortes d'enjoli-
vements. Bref, le roi insistant toujours sur ces trois conditions
dont il veut être sûr à l'avance, que la femme en question soit
belle, qu'elle soit d'humeur douce et complaisante, et qu'elle lui
fasse des fils ; Sully, de son côté, tenant bon et se retranchant à
dire qu'il n'en connaît pas avec certitude de telles, et qu'il faudrait en avoir fait l'essai au préalable pour savoir ces choses,
Henri finit par livrer son mot, le mot du cœur : « Et que direz-
vous si je vous en nomme une ? » Sully fait l'étonné et n'a garde
de deviner ; il n'a pas assez d'esprit pour cela, assure-t-il. —
« O la fine bête que vous êtes, dit le roi. Mais je vois bien où
« vous voulez en venir en faisant ainsi le niais et l'ignorant, c'est
« en intention de me la faire nommer, et je le ferai. » Et il nomme
sa maîtresse Gabrielle comme réunissant évidemment les trois
conditions : « Non pour cela, ajoute-t-il, un peu honteuse-
« ment et en faisant retraite à demi, non que je veuille dire
« que j'aie pensé à l'épouser, mais pour savoir ce que vous
« en diriez, si, faute d'autre, cela me tenait quelque jour en fan-
« taisie. »

Gabrielle, enivrée d'espérances, croyait bien tenir cette
fois le trône si ambitionné ; elle voyait déjà l'enfant dont
elle était grosse être l'enfant légitime du roi, quand tout à
coup une mort foudroyante l'enleva le 8 avril 1599.
De Bellegarde nous décrit sa mort en ces mots :

Crisante vint à Lutecie pour faire ses Pasques en public, afin de se faire voir bonne catholique au peuple qui ne la croioit pas telle. Elle se logea dans le cloistre des chanoines de la paroisse du palais Royal, et le mercredi saint estant arrivé, elle alla en une église à un des bouts de la ville pour y ouïr les tenebres qui s'y disoient avec une grande musique. Crisante y alla en littiere, et toutes les princesses en carosse, et il y avoit à costé de la littiere un capitaine des gardes. On lui avoit gardé une chapelle où elle entra pour n'estre pressée ny trop en veüe. Milagarde estoit avec elle, et tout le long de l'office, elle lui montra des lettres de Rome, où l'on asseuroit que ce qu'elle desiroit seroit bien tost achevé. Elle lui fit aussi voir deux lettres qu'elle avoit reçues le meme jour d'Alcandre, si passionées et si pleines d'impatience de la voir reine, qu'il lui mandoit qu'il depescheroit le lendemain un de ses secretaires d'Estat et qui estoit tout à elle, pour avoir épousé une de ses parentes, pour presser Sa Sainteté de lui permettre ce qu'aussi bien il estoit resolu de faire. Toute l'heure de la devotion se passa en semblables prieres, et quand le service fut achevé, elle dit à Milagarde qu'elle s'alloit mettre au lit, et que puisqu'elle estoit là, qu'elle la prioit de l'aller entretenir ; là dessus elle monta en littiere et Milagarde en carosse, se plaignant d'un grand mal de teste, et soudain il lui prit une convulsion dont elle ne revint qu'à force de remedes. Elle voulut escrire au Roi ; mais une autre convulsion l'empescha, et voulant lire une lettre qu'elle avoit receuë d'Alcandre : comme elle fut revenuë de la seconde, une troisiesme la reprit, qui, augmentant tousjours, lui dura jusqu'à la mort. Ce mal la prit le mercredi ; elle accoucha le vendredy par force de remedes, et mourut le samedy matin, veille de Pasques, sans avoir eu aucune cognoissance, au moins à ce qu'on en pouvoit juger [1].

1. Voir encore pour la mort de Gabrielle d'Estrées, *Mémoires du maréchal de Bassompierre,* édit. de la Société de l'histoire de France. T. Ier, p. 71.

A la nouvelle d'une mort aussi brusque, aussi effrayante, on s'écria que Gabrielle avait été empoisonnée.

La plupart des littérateurs et des historiens ne manquent jamais de profiter d'un événement capable d'exciter la curiosité publique pour émettre une opinion qui fait sensation, pour parler en oracle; et cependant *est modus in rebus.*

Voyons : sommes-nous ici en présence d'un drame sombre, mystérieux et, dans l'affirmative, quel est le coupable?

Pour être à même de donner une solution vraisemblable à cette question, il nous paraît de toute nécessité de rechercher les personnages qui pouvaient avoir intérêt à faire disparaître Gabrielle d'Estrées.

En premier lieu nous trouvons Sully.

Toujours impitoyable, le duc ne se départit pas un seul instant de son devoir, il se refusa de toutes ses forces à ce que Gabrielle devînt reine de France.

La courtisane, tout en lui témoignant certaine amitié, dans son for intérieur le maudissait. Elle ne pouvait oublier son attitude lors du baptême de son fils Alexandre de Vendôme. De plus, chaque fois qu'elle faisait un pas en avant, que Henri était sur le point d'accomplir la promesse qu'il lui avait faite de l'épouser, Sully usait de tout son ascendant sur le roi pour le dissuader, lui peignant les pénibles conséquences de la faute irréparable qu'il allait commettre.

Mais Sully avait une âme noble, magnanime; il était incapable de faire une lâcheté et bien moins encore de s'entacher d'un crime.

Au reste, pour ne pas pousser les choses plus loin, sa

parfaite innocence ressort dù passage suivant de ses Mémoires [1] :

Le samedi de Paques, un courrier vint de la part du Roi me dire que je me rendisse à Fontainebleau à l'heure même. Il me parut avoir le visage si triste, que je crus que le Roi étoit malade. « Non, me répondit-il; mais il est dans le dernier chagrin; Mme la duchesse est morte. » Je me le fis répéter plusieurs fois, tant la chose me paroissoit peu vraisemblable. Lorsque je n'en pus plus douter, je sentis mon esprit partagé entre l'affliction de l'état où cette mort réduisoit le Roi, et la joie du bien qui en revenoit à toute la France. Ce dernier sentiment se rendit le plus fort, parce que je convins en moi-même que ce prince alloit acheter par une douleur passagère l'exemption de mille déchiremens de cœur, plus cruels encore que ce qu'il souffroit actuellement. Je remontai dans la chambre de ma femme, occupé de ces pensées. « Vous n'irez point, lui dis-je, au lever ni au coucher de la duchesse : elle est morte. »

Nous rencontrons ensuite Marguerite de Valois, la femme légitime de Henri. C'est une chose avérée que Marguerite avait un profond mépris pour Gabrielle.

A propos de son divorce, elle écrit à Sully « qu'elle continuoit à donner les mains à sa séparation d'avec le Roi; mais « qu'elle se sentoit si indignée qu'on pût penser à donner sa place « à une femme aussi décriée que l'étoit la nouvelle duchesse par « son commerce avec le Roi, qu'elle, qui n'avoit point mis de con-« ditions à son consentement, ne pouvoit présentement ne pas « exiger qu'on lui accordât l'exclusion de cette femme, et qu'elle « avoit pris sur ce point une si forte résolution, qu'on ne devoit

1. Sully, *Mémoires* [Londres, 1767], t. III, p. 385-386.

« pas s'attendre à la lui faire changer par aucun traitement bon
« ou mauvais [1]. »

Marguerite ne fit point assassiner Gabrielle. Cela est de
toute évidence. D'abord, pourquoi l'eût-elle fait? Si elle
ne voulait pas que Henri l'épousât, elle n'avait qu'à ne
pas accorder la demande de séparation qu'on lui faisait;
du coup, le roi était dans la plus entière impossibilité de
mettre son projet à exécution.

Enfin, il se trouve le grand-duc Ferdinand de Toscane,
l'oncle de Marie de Médicis, dont on négociait à cette
époque le mariage avec Henri IV.

De Sismondi, dans son *Histoire des Français,* dit
qu'en voyant en Gabrielle un obstacle à cette union, le
grand-duc la fit empoisonner dans une maison du financier
Zamet [2], l'ami, le confident du roi.

Une pareille accusation doit être appuyée de preuves
sérieuses, indéniables; l'aveu de plusieurs témoins est indis-

1. Sully, *Mémoires* [Londres, 1767], t. III, p. 248-249.
2. Sébastien Zamet naquit à Lucques, en 1549. Fils d'un cordon-
nier, il suivit Catherine de Médicis, quand cette princesse vint en
France. Intriguant, patelinant, il sut s'acquérir la faveur des grands.
Il se lança dans la finance et fit très rapidement une immense fortune. Henri IV, toujours à court d'argent lui en empruntait, et l'employait dans ses affaires sérieuses. Zamet fut naturalisé Français
en 1581. Henri IV lui donna le titre de baron de Murat et de Billy,
seigneur de Beauvoir et de Cazabelle. Il fut nommé dans la suite conseiller du Roi, capitaine au château et surintendant des bâtiments de
Fontainebleau. Malgré l'accusation qui pesa sur lui d'avoir empoisonné Gabrielle d'Estrées, le roi, après la mort de cette maîtresse, ne
cessa pas de lui accorder toute sa confiance. Il eut de Madeleine Le
Clerc, demoiselle du Tremblay, plusieurs enfants naturels. Il mourut
à Paris en 1614.

pensable, *testis unus testis nullus* ; ces témoins doivent, en outre, être dignes de foi. Or nous n'avons ici ni preuves ni témoins.

Cet examen démontre à l'évidence que ce ne furent ni Sully, ni Marguerite de Valois, ni Ferdinand de Toscane qui furent pour quelque chose dans la mort de Gabrielle. Ce serait ici la place de reproduire les avis des auteurs qui se sont prononcés pour ou contre l'empoisonnement de la d'Estrées.

Mais comme cette énumération et ces extraits n'auraient rien de bien intéressant pour le lecteur, nous nous contenterons d'examiner dans les moindres détails les raisons données par M. Desclozeaux qui n'admet pas l'empoisonnement.

C'est le dernier écrivain qui se soit occupé de cette question, il a résumé toutes les opinions émises par ses devanciers.

Lorsque Gabrielle fut à la mort, La Varenne[1], qui était à

---

1. Guillaume Fouquet, marquis de la Varenne, naquit à la Flèche en 1560 et mourut en 1616.

D'abord cuisinier de Madame, — dit d'Aubigné, — il exerça dans la suite le métier de pourvoyeur de Henri IV à qui il fournit des maîtresses.

Ce métier a toujours rapporté gros. Henri, pour le récompenser, le créa marquis de la Varenne.

Il fut successivement porte-manteau du roi, conseiller du roi, contrôleur général des postes, gouverneur de la Flèche. C'était un homme à l'esprit souple et délié. Il fit preuve d'une grande habileté dans diverses missions qui lui furent confiées. Il se signala en obtenant de la reine d'Angleterre un secours important de troupes.

Ce fut lui qui découvrit toutes les intrigues de Philippe II en France, allant à Madrid et en s'y faisant passer pour un envoyé de la Ligue.

Il contribua beaucoup à la fondation du célèbre collège de la

son chevet, s'empressa d'écrire deux lettres : l'une adressée
au roi pour lui faire part de la fâcheuse nouvelle, l'autre
destinée à Sully pour le mettre au courant de la situation.

Voici le texte de la seconde :

Monseigneur, ne doutant point que vous ne soyez en peine
de sçavoir toutes les particularitez qui se sont passées touchant
Mme la duchesse (et ce avec raison, car elle vous aymoit et estimoit plus que seigneur de France), je vous diray que s'estant
séparée du Roy environ à moitié du chemin de Fontainebleau
à Paris avec plus de démonstrations de passion amoureuse et
regrets l'un pour l'autre que jamais voire avec des paroles telles
que s'ils eussent dès lors jugé qu'ils ne se devoient jamais plus
voir, comme je l'estime bien maintenant, le Roy me commanda
de l'accompagner et de la mener loger chez Zamet, comme je
fis, et le lendemain, qui estoit le jeudy absolu, après qu'elle eut
bien disné et de fort bon appétit, car son hoste l'avoit traitée de
viandes les plus friandes et délicates, et qu'il sçavoit estre le plus
selon son goût | ce que vous remarquerez avec votre prudence,
car la mienne n'est pas assez excellente pour présumer des choses
dont il ne m'est pas apparu | , elle s'en alla ouyr Tenebres au
petit Saint-Antoine, où il se fait tous les ans à mesme jour un
des plus excellents concerts de musique qui se puisse ouyr,
durant lequel il luy avoit pris quelques éblouissements qui
l'avoient fait revenir plustost qu'elle n'avoit délibéré au logis
dudit sieur Zamet, auquel lieu, pendant qu'elle se promenoit

Flèche, et ce fut sur sa demande que Henri IV fit don à la ville d'une
propriété de famille appelée le Château-Neuf avec son jardin et ses
parcs.

Les jésuites, qui furent appelés à diriger les études dans ce collège, voulant reconnaître les bienfaits qu'ils lui devaient, lui élevèrent
dans leur église un superbe tombeau.

Nous nous demandons en vain pourquoi M. Desclozeaux l'appelle
La Varane.

dans le jardin, elle avoit esté surprise d'une grande apoplexie, qui, dès l'heure mesme, l'avoit pensé suffoquer, de laquelle estant un peu remise, elle n'avoit eu autre parole, sinon que l'on l'ostat promptement de ce logis et que l'on la portast en celui de Mme de Sourdis, au cloître Saint-Germain, ce que l'on avoit esté contraint de faire, à cause de la passion extreme qu'elle tesmoignoit avoir de desloger du logis du sieur Zamet, et aller en l'autre, où elle ne fust pas sitost arrivée que s'étant mise au lict elle n'eust des redoublements de son premier accez, tellement frequens que je me resolus d'en avertir le Roy, et de luy mander que tous les médecins doutoient fort de sa vie, surtout à cause qu'estant fort grosse, l'on ne pouvoit pas user des remèdes proportionnez à la violence du mal, mais que depuis la voyant tellement empirée et changée qu'il n'estoit nullement à propos que le Roy la vist ainsi défigurée, de crainte que cela ne l'en degoutast pour jamais si tant estoit qu'elle pust revenir à convalescence. Je me suis hazardé tant pour cette raison que pour eviter les trop grands regrets et desplaisirs du Roy, s'il eut veu tant souffrir une créature qu'il avoit si fort aymée, de luy escrire que je le supplois de ne venir point, d'autant qu'elle estoit morte, et que sa venue ne lui feroit que rengreger ses douleurs, et luy causer quelque fascheux accident, et en tous cas apprester à parler à beaucoup d'esprits malicieux, à quoy Sa Majesté se résolut par l'instance formelle de tous ses plus qualifiez et affidez serviteurs qui feussent auprès d'elle lorsqu'il a reçu ma lettre, et s'en estant sur ses pas retournée à Fontainebleau ; et moy je suis icy tenant cette pauvre femme comme morte entre mes bras, ne croyant pas qu'elle vive encore une heure, veu les effroyables accidents dont elle est travaillée. Ce courrier que vous cognoissez vous dira le surplus et fera entendre ce que le Roy désire de vous, à quoy je ne doute point que vous n'obéyssiez aussitost, je vous en supplie, luy ayant toujours ouy dire qu'il n'a jamais trouvé serviteur qui l'ayt si puissamment consolé que vous en toutes ses afflictions et vous jugez assez qu'il

a besoin de l'estre en celle-cy, ayant fait une telle perte. Sur ce,
je prie Dieu, etc.

M. Desclozeaux a reproduit cette lettre dans son article :
Gabrielle d'Estrées et Sully. *(Revue historique,* mars-avril
1887, p. 280-281.)

Au bas de cette lettre nous lisons les notes suivantes :
Note répondant au nom de *Zamet :*

Voilà des détails rétrospectifs déjà connus de Sully donnés
avec bien du sang-froid pour un homme qui écrit au chevet
d'une agonisante.

Note répondant au mot *Viandes :*

Quelle vraisemblance qu'un tel festin pendant la semaine
sainte, alors que Gabrielle vient faire publiquement à Paris acte
de bonne catholique !

D'accord avec l'historien Marbault, M. Desclozeaux dit
que cette lettre est fausse et que Sully l'a fabriquée.

Elle est fausse, dit-il, pour les motifs suivants :

1° La Varane n'a pas pu donner le titre de Monseigneur
à Sully parce qu'il ne lui était pas dû avant qu'il fût duc et
pair;

2° Le style de la lettre indique qu'elle émane des secrétaires de Sully.

Elle contient les habitudes de toutes les lettres fausses
déjà examinées par lui : Louanges à l'adresse de Sully.
Emploi de mots et phrases habituels aux Œconomies.
Exemples : la répétition du mot *prudence;* emploi de deux

verbes accouplés, *aymer* et ESTIMER, qu'on retrouve nombre de fois dans les économies.

3° Erreurs et omissions.

a. La Varane fait aller Gabrielle assister le jeudi saint aux Ténèbres au Petit-Saint-Anthoine. C'est une erreur. C'est le mercredi qu'elle y alla.

b. Sully passe complètement sous silence l'accouchement de Gabrielle. Il ne parle que d'apoplexie, de convulsions et tait d'une façon volontaire la naissance d'un enfant mort-né. Si la lettre de La Varane était vraie, elle devrait combler la lacune laissée dans le récit de Sully.

CONCLUSION.

Ce qui est certain, c'est que le récit de Sully et celui de la lettre de La Varenne semblent poursuivre un même but : faire croire à l'empoisonnement de Gabrielle.

Si Sully n'avait pas laissé entendre qu'il croyait à l'empoisonnement, il n'y aurait pas eu l'interminable liste d'auteurs qui après lui l'ont répété. En effet, avant la publication des *Œconomies Royales,* il n'y avait qu'un historien qui admettait l'empoisonnement, alors qu'il y en avait onze qui n'en parlaient pas.

Notre stupéfaction eût été grande si nous n'avions pas vu M. Desclozeaux s'écrier, dans sa terrible explosion de haine pour Sully, qu'il était l'auteur de la lettre de La Varenne et par conséquent que celle-ci était fausse.

Oui, M. Desclozeaux a juré de vouer Sully à l'exécration publique ; il a juré que chaque fois qu'il le pourrait, il le présenterait comme un misérable, un faussaire.

Il ne sera pas dit cependant que Sully n'aura pas trouvé un vengeur de ces accusations.

L'arsenal de preuves réunies par M. Desclozeaux en vue de démontrer que la lettre de La Varenne est fausse ne nous a pas fait l'effet d'être assez formidable pour rendre notre opinion douteuse, vacillante.

Le flambeau de la vérité à la main, d'un pas résolu, nous allons réfuter point par point les arguments invoqués par cet écrivain.

Ne trouvez pas mauvais, lecteur, de nous voir faire une digression.

L'histoire, chacun le sait, est une science toute de discussion.

Nul ne l'a mieux compris que M. Desclozeaux. Élève de cette grande école qui évite le chemin rebattu pour parcourir les sentiers, qui ne s'occupe que des questions restées dans l'oubli ou contestées, qui est habitué à accumuler matériaux sur matériaux, à dépouiller les archives et les dépôts publics, à commenter toutes les pièces, à élaguer les détails, à réunir en faisceaux les documents importants, M. Desclozeaux, avec un talent d'exposition remarquable, apporte dans la discussion des questions historiques une autorité qu'il est impossible de méconnaître.

Le contredire avec succès est une victoire dont on peut à bon droit être fier.

Mais aussi quelle différence entre lui et ces farceurs qui veulent se faire passer pour historiens, tranchant de tout alors qu'ils ne savent rien, donnant leurs conclusions comme infaillibles, sans même s'être donné la peine d'étudier la question qu'ils traitent !

Parmi ces geais parés de plumes de paon, parmi ces historiens improvisés, nous en avons rencontré un qui vraiment est typique, nous voulons parler de M. G.-B. de Lagrèze.

Dans son livre : *Henri IV, vie privée, détails inédits,* (Paris, Didot, 1885, in-12), — nous lisons à la page 282 :

« En 1585, Gabrielle devient marquise de Verneuil et, « en 1597 duchesse de Beaufort. »

« Le 10 avril 1599, elle mourut empoisonnée. »

Voilà un passage dont on peut dire : autant de mots, autant de fautes.

En effet : 1° Gabrielle d'Estrées ne fut jamais marquise de Verneuil. Ce titre fut donné par Henri IV à Henriette Balzac d'Entragues, en octobre 1599; 2° il place la date de la mort de Gabrielle au 10 avril 1599, alors qu'elle trépassa le 8 avril 1599; 3° enfin, sans explication aucune, il affirme qu'elle mourut empoisonnée, tandis que le contraire est démontré.

Nous disions plus haut que M. Desclozeaux avait jugé bon de placer au bas de la lettre de La Varenne deux notes. Quelle valeur ont-elles ?

Dans la première, il s'étonne de voir des *détails rétro-spectifs déjà connus de Sully, donnés avec bien du sang-froid pour un homme qui écrit au chevet d'une agonisante.*

La narration de ces détails rétrospectifs ne nous étonne nullement; bien plus, elle est pour nous une preuve que cette lettre, qu'il serait préférable d'appeler le procès-verbal de la mort de Gabrielle d'Estrées, est bien de La Varenne.

Si Sully connaissait ces détails, il ne les eût pas remémorés. Pourquoi l'eût-il fait? La Varenne, au contraire, part de l'idée d'exposer tout au long les circonstances qui ont précédé la maladie de Gabrielle; il commence *ab ovo*.

Quant au sang-froid de La Varenne, nous ne parvenons pas à saisir pour quelle cause il eût perdu la tête au point de ne plus pouvoir rédiger ces quelques lignes. Il faut envisager que l'agonisante n'était ni sa mère, ni un proche parent, mais simplement une amie.

La deuxième note tend à faire ressortir *l'invraisemblance du fait que Gabrielle mangea « des viandes les plus friandes et délicates le jeudi saint »*.

Pour nous, il n'y a rien d'invraisemblable dans ce récit. Ne perdons pas de vue que Gabrielle n'était pas dans son état normal. Elle était grosse de plusieurs mois, et sous le coup d'une excessive faiblesse puisque, « étant allée ouyr « tenebres au petit Saint-Anthoine, il lui avoit pris quelques « esblouyssements ».

N'était-il donc pas naturel que Zamet ne lui eût pas fait servir du poisson, mais bien des aliments réconfortants, c'est-à-dire de la viande? N'était-il pas encore plus naturel de lui avoir fait préparer des viandes « le plus selon son goust » afin de stimuler son appétit?

Voilà pour les notes. Abordons l'argumentation proprement dite.

Avant tout, constatons que M. Desclozeaux s'est autorisé de Marbault pour prétendre, de concert avec lui, que la lettre de La Varenne est fausse et que Sully l'a fabriquée.

Quel historien que ce Marbault ! C'est bien de lui qu'on peut dire : sacrée est son histoire, personne n'y touche.

Les arguments de M. Desclozeaux sont les suivants :

1° *La Varane n'a pas pu donner le titre de Monseigneur à Sully parce qu'il ne lui était pas dû avant qu'il fût duc et pair.*

Marbault dit : *La Varenne était bien trop fier pour lui donner ce titre.*

Il est parfaitement exact que Sully n'avait pas droit au titre de monseigneur, et c'est dans cet emploi de ce titre que nous trouvons une preuve que la lettre émane de La Varenne.

Si Sully l'avait composée, il est hors de doute qu'il ne se fût pas attribué ce titre, car il n'est pas admissible qu'un homme comme lui, au faîte des honneurs, détenant les emplois les plus élevés de France, eût été assez vaniteux, mesquin, ridicule pour agir de la sorte.

Une raison qui a beaucoup plus de fondement que celle de M. Desclozeaux est celle de Marbault.

« La Varenne était beaucoup trop fier pour donner le « titre de Monseigneur à Sully. »

La Varenne, l'ancien cuisinier de Madame, l'entremetteur, n'eût pas été trop fier pour traiter Sully, surintendant des finances, de *Monseigneur,* y pense-t-on ?

Vrai, ce brave Marbault provoque des éclats de rire. Ah ! l'excellent bouffon de la science historique.

Eh bien, oui, la Varenne traita Sully de monseigneur ; il avait compris que la distance qu'il y avait entre lui et le grand Sully était si énorme, le respect qu'il nourrissait pour lui l'avait poussé à le traiter en duc et pair. Et puis n'était-il pas un courtisan ?

2° *Le style de la lettre, reprend M. Desclozeaux, indique qu'elle émane des secrétaires de Sully. Elle contient toutes les habitudes des lettres fausses déjà examinées par lui : louanges à l'adresse de Sully.... emploi de mots et phrases habituels aux Œconomies.... ex. : la répétition du mot prudence, emploi de deux verbes accouplés qu'on retrouve nombre de fois dans les Œconomies.*

M. Desclozeaux reproduit en outre (p. 284) une lettre de La Varenne adressée à Duplessis-Mornay.

Il saisit cette occasion pour constater que la netteté et la concision du style de La Varenne ressemblent peu à la longueur des phrases de la lettre qui lui est faussement attribuée.

C'est à tort que M. Desclozeaux donne à l'écrit de La Varenne la dénomination de lettre. C'est le compte rendu d'un événement.

La déférence que devait La Varenne à Sully l'empêchait de se servir du style épistolaire.

Ce style a un caractère trop familier, une allure trop vive, une tournure trop négligée.

Il a fait usage du style historique qui a pour caractères spéciaux la clarté, la gravité, la noblesse, la précision.

La Varenne avait à présenter à Sully avec simplicité et exactitude l'enchaînement des faits, enfin il avait à raconter avec vérité scrupuleuse tout ce qui s'était passé : y est-il parvenu ?

N'oublions pas que Buffon a dit : « Le style est l'homme. »

La Varenne en sa qualité de courtisan employait le style net, concis, avec ses égaux, impératif avec ses inférieurs, les périodes avec les grands.

Quant à l'emploi de mots et phrases habituels aux *Économies,* nous dirons qu'à chaque siècle il est une mode particulière dans le parler, le style, la calligraphie, comme dans le costume, et la manière de vivre.

Au temps de Sully, l'emploi du mot prudence était fréquent, et on rencontrait, plus souvent que ne le pense M. Desclozeaux, l'accouplement des verbes.

Et si vraiment cette ressemblance est frappante, il ne faut y voir que l'effet du hasard.

L'argument tiré des louanges adressées à Sully est sans valeur.

Pourrait-on concevoir un homme de cour comme l'était La Varenne, habitué à aduler le roi et les grands, manquer de dire quelques mots flatteurs pour Sully, le bras droit de Henri IV ?

3° a. *La Varane, dit encore M. Desclozeaux, fait aller Gabrielle assister le jeudi saint aux ténèbres au petit Saint-Anthoine. C'est une erreur. C'est le mercredi qu'elle y alla.*

Cette erreur est une preuve que ce fut La Varenne qui écrivit la lettre.

En effet, puisque Sully, de l'avis même de M. Desclozeaux, était parfaitement au courant des détails rétrospectifs, il ne se fût pas trompé.

La Varenne a commis cette erreur dans sa précipitation à rédiger sa lettre.

b. Sully, dans ses Œconomies, passe complètement sous silence l'accouchement de Gabrielle. Il ne parle que d'apoplexie, de convulsions et tait d'une façon volontaire la naissance d'un enfant mort-né. Si la lettre était vraie, dit M. Desclozeaux, elle devrait combler la lacune laissée dans le récit de Sully.

c. Ce qui est certain, c'est que le récit de Sully et celui de la lettre fausse de La Varane semblent poursuivre un même but : faire croire à l'empoisonnement de Gabrielle.

C'est ici une des preuves les plus concluantes que Sully n'a pas rédigé la lettre.

Lorsque La Varenne écrit à Sully, Gabrielle n'a pas encore accouché, elle n'a encore été que frappée d'apoplexie.

Si on parlait dans cette lettre d'accouchement, il serait de toute évidence qu'elle aurait été faite après coup.

Quand M. Desclozeaux accuse Sully d'avoir été l'initiateur de l'idée de l'empoisonnement de Gabrielle et qu'il poursuit sans cesse le but d'y faire croire, nous disons qu'il agit avec partialité.

Ce ne fut pas Sully qui le premier parla d'empoisonnement, mais bien d'Aubigné. M. Desclozeaux l'a reconnu lui-même, il dit : « Avant Sully il y eut onze historiens « qui ne parlèrent pas d'empoisonnement; un seul, d'Au- « bigné, en parla. »

Sully n'a fait que signaler l'opinion de d'Aubigné.

Enfin nous concluons que la lettre de La Varenne est

bien de lui et, partant, qu'elle n'a pas été fabriquée par Sully.

En ce qui concerne l'idée de l'empoisonnement de Gabrielle, nous nous prononçons contre cette hypothèse. D'après nous, elle est erronée.

Nous croyons qu'elle mourut d'épuisement.

Sa constitution ne fut pas assez robuste pour résister aux fatigues de quatre accouchements en moins de cinq ans, surtout du dernier qui fut on ne peut plus laborieux, puisqu'elle accoucha d'un enfant mort, et qu'il fut précédé d'une apoplexie.

Quoi qu'il en soit, la mort de Gabrielle causa un immense chagrin à Henri, qui tout d'abord parut inconsolable. Il prit le deuil, et la cour s'empressa d'en faire autant[1].

Il ne voulut avoir auprès de lui que les personnes qui avaient vécu dans l'intimité de sa maîtresse, pour qu'elles puissent l'entretenir constamment d'elle.

A la lettre de condoléance que lui adressa sa sœur Catherine, il répondit : « Mon affliction est aussy incomparable comme l'estoit le subject qui me la donne; les regrets et les plainctes m'accompagneront jusqu'au tombeau. La racine de mon amour est morte, elle ne rejettera plus[2]. »

Mais tout ce qui est violent n'est pas durable. « Peu après, écrit Sully, Henri, de retour à Fontainebleau, pas-

---

1. On lit dans les *Mémoires de Chiverny* : Henry IV fit porter le deuil à toute sa cour pour la mort de la duchesse de Beaufort. Il le porta lui-même en noir les huit premiers jours, et ensuite en violet.

2. *Let. Mis. de Henri IV,* par Berger de Xivrey, 15 avril 1599.

sant la plus grande partie de son tems dans les parties de plaisir et de table, entendit parler de Mlle d'Entragues, et sur le portrait que lui en firent les courtisans, empressés à flater son penchant pour le sexe, comme d'une fille aussi belle que vive et spirituelle, il eut envie de la voir et en devint aussitôt passionnément épris[1].

Catherine-Henriette d'Entragues était fille de François de Balzac, seigneur d'Entragues, de Marcoussy et de Malesherbes, et de la belle Marie Touchet[2], ancienne maî-

1. *Mémoires du duc de Sully* (Londres, 1767), t. III, p. 410 et 411.

2. Marie Touchet naquit à Orléans en 1579. Tallemant la dit fille d'un bourgeois d'Orléans. Brantôme prétend que son père était un apothicaire de la même ville. Enfin, Le Laboureur, dans ses *Additions aux Mémoires de Castelnau,* et Dreux du Radier, dans les *Reines et Régentes de France,* soutiennent qu'elle était née de Jean Touchet, sieur de Beauvais et du Quilard, conseiller du Roi et lieutenant particulier au bailliage d'Orléans. Sa mère était fille naturelle d'Orable Mathy, médecin du Roi. Ce fut en 1566 que le roi Charles IX, lors d'un voyage qu'il fit à Orléans, la connut et qu'il s'y attacha fortement. Elle conserva toujours son amour. Au reste, s'il faut en croire les chroniqueurs du temps, et il faut les croire, elle était aussi bien douée au physique qu'au moral. D'un désintéressement excessif, elle ne chercha ni à faire fortune ni à acquérir une influence politique quelconque. Elle eut deux fils de Charles IX : l'un mourut en bas âge, et l'autre fut Charles de Valois, comte d'Auvergne. En 1578, Marie épousa François de Balzac d'Entragues, gouverneur d'Orléans et chevalier des ordres du Roi. Elle vint à la cour et s'y fit fort remarquer. Elle eut de lui deux filles : Catherine-Henriette, qui vit le jour à Orléans en 1579, et devint la maîtresse de Henri IV, et l'autre, qui eut pour amant un des esprits les plus brillants et un des hommes les plus heureusement doués de son temps, le maréchal de Bassompierre, dont elle eut un fils. Elle plaida huit ans contre lui pour obtenir la réalisation d'une promesse de mariage qu'il lui avait faite, et ne réussit pas. A ce propos, rapportons un bon mot du maréchal : Un jour qu'il se promenait en carrosse avec la Reine, il arriva que la voiture de Mlle d'Entragues fut obligée de s'arrêter près

LA MARQUISE
&
DE VERNEUIL

tresse du roi Charles IX. Elle avait pour frère utérin Charles de Valois, comte d'Auvergne[1].

Dans l'*Histoire des amours du grand Alcandre,* Henriette d'Entragues est désignée sous le nom d'Ismène.

« Celle-cy, nous apprend de Bellegarde, fit oublier tout à fait Crisante, bien qu'elle ne fust pas si belle ; mais elle estoit plus jeune de beaucoup et plus gaye. »

Nous laissons à M. Zeller le soin de nous faire le portrait de la nouvelle maîtresse de Henri IV.

« Dans une estampe de 1600, dit cet éminent écrivain, on trouve cette Reine de beau plaisir encadrée d'une fraise qui surmonte un corsage à plis bouffants, étroit et

---

d'eux à cause de la foule. La Reine, le regardant : « Voilà, lui dit-elle, Mme de Bassompierre. — Ce n'est que son nom de guerre, répondit-il assez haut pour être entendu de son ancienne maîtresse. — Vous êtes le plus sot des hommes ! s'écria celle-ci avec indignation. — Que diriez-vous donc, reprit Bassompierre, si je vous avais épousée ? » Marie Touchet mourut à Paris, en 1638.

1. Charles de Valois, comte d'Auvergne, puis duc d'Angoulême, naquit en 1573, combattit sous les ordres de Henri IV à Arques, à Ivry, à Fontaine-Française. Impliqué dans la conspiration du maréchal de Biron, qui fut décapité le 31 juillet 1602 pour avoir comploté contre la vie de Henri IV et avoir promis son secours au roi d'Espagne qui n'avait pas renoncé à ses prétentions sur la France, il fut gracié. Ayant secondé sa sœur utérine Henriette et François de Balzac d'Entragues, il fut condamné à mort comme criminel de lèse-majesté. Toutefois, le Roi commua cette peine en prison perpétuelle. Louis XIII le remit en liberté, et Charles rendit à ce prince d'éminents services au siège de la Rochelle et dans les campagnes du Languedoc, d'Allemagne et de Flandre. On a de lui : *Mémoires très particuliers du duc d'Angoulême, pour servir à l'Histoire des règnes de Henry III et de Henry IV*, qui ont été reproduits dans la première série, t. XLIV, de la *Collection des Mémoires relatifs à l'Histoire de France*, publiée par M. Petitot.

allongé en forme de pointe, du haut duquel se détachent deux manches à gigot; sa figure mignonne et arrondie est rehaussée d'une coiffure dont le premier rang, fait de cheveux finement crépés, découvre en forme de cœur un front haut et intelligent; derrière, trois pierres fines richement enchâssées et placées sur les côtés et au milieu de la coiffure.; le reste de la chevelure, ramené en arrière, est rattaché au sommet de la tête et forme une petite couronne fermée dont les branches sont figurées par des rangs de perles; sur le côté droit s'élance d'un étui, précieux une longue aigrette. Cet ornement accuse encore davantage l'air de hardiesse et de décision qui est le caractère saillant d'une physionomie où l'on découvre plus d'agrément piquant que de véritable beauté. Les sourcils, bien arqués, s'arrondissent autour d'assez grands yeux clairs et froids; le nez, fort ordinaire, se relève au-dessus d'une bouche aux lèvres fines et pincées qui semble indiquer à la fois l'esprit et la méchanceté. Un large collier de perles, enfilées sur un double rang et rattachées par une plus grosse de distance en distance, fait deux tours sur le corsage de la favorite et supporte à l'étage inférieur, au milieu de sa poitrine, l'ornement préféré, emblème éclatant de sa destinée, une étoile de diamants[1]. »

Voilà pour le physique. Passons maintenant à l'examen du moral.

---

1. *Henri IV et Marie de Médicis, d'après des documents nouveaux tirés des Archives de Florence et de Paris,* par M. Berthold Zeller (Paris, Didier), in-8°, p. 22 et 23.

« La demoiselle n'étoit pas novice, dit Sully [1], quoique sensible au plaisir de se voir l'objet des poursuites d'un grand Roi;
elle l'étoit encore davantage à l'ambition qui la flatoit que dans
la conjoncture présente, il ne lui étoit pas impossible de jouer
si bien son personnage, qu'elle obligeât son amant à convertir
ce titre en celui d'époux. Elle ne se pressa donc pas de satisfaire
ses désirs. La fierté et la pudeur furent employées tour à tour
et ensuite l'intérêt. Elle ne demanda pas moins de cent mille
écus pour prix de sa dernière complaisance. Lorsqu'elle s'apperçut qu'elle n'avoit fait qu'irriter la passion de Henri par un
obstacle qui me parut à moi si capable de la refroidir, qu'il fallut
que Sa Majesté usât de la dernière violence pour me tirer cette
somme d'argent, elle ne désespéra plus de rien et eut recours à
d'autres finesses. Elle allégua la gêne où la tenoient ses parens [2]
et la crainte du ressentiment auquel ils se porteroient contre elle
après sa faute. Le prince satisfaisoit à tout cela de son mieux,
mais jamais au gré de la demoiselle, qui lui déclara enfin, après
avoir pris le moment favorable, qu'elle ne lui accorderoit jamais
rien qu'il ne lui eût fait une promesse de sa main de l'épouser
dans l'année. Ce n'étoit point pour elle même, disoit-elle, en
accompagnant cette étrange proposition de l'air de modestie
qu'elle connoissoit propre à enflammer le prince, qu'elle demandoit cette promesse. Une verbale lui eût suffi, ou plutôt elle n'en
auroit point exigé du tout, persuadée qu'elle n'étoit point d'une
naissance à oser prétendre à cet honneur; mais elle avoit besoin

1. *Mémoires de Sully* (Londres, 1767), III, 411, 412, 413.
2. On lit dans les *Mémoires du maréchal de Bassompierre*, t. I :
« La mère étoit, à la vérité, d'humeur fort complaisante, et même
c'est elle qui attira le Roi à Malesherbes, maison où elle demeuroit,
mais le père n'étoit pas si traitable, non plus que le comte d'Auvergne,
frère utérin de la demoiselle: ils cherchèrent querelle au comte du
Lude dont Henri IV se servoit en cette occasion, et emmenèrent
cette demoiselle à Marcousis, où le Roi ne laissa pas d'aller la
trouver. »

de cet écrit pour lui servir d'excuse de sa foiblesse auprès de ses parens. Comme elle vit que le Roi balançoit encore, elle eut l'adresse de glisser qu'elle regardoit dans le fond cette promesse comme une chimere, sçachant bien que Sa Majesté n'étoit pas comme le commun de ses sujets, en prise au Tribunal des officiaux. »

Henri IV n'était pas aveugle. Gascon roué, il voulait bien feindre de tomber au piège que lui tendait sa maîtresse, il lui donna sa parole et s'empressa de formuler sa promesse. Cependant, tout en étant sous le charme fascinateur d'Henriette, il se sentait dans une position excessivement fausse et ne parvenait pas à se dissimuler tous les embarras que cet acte de folie amoureuse lui réservait dans l'avenir.

Agité violemment, flottant dans l'indécision, il s'en va faire l'aveu de sa faute à Sully.

Quelle scène touchante, digne, grandiose, que celle où Henri, avec les traits bouleversés d'un coupable, présente d'une main tremblante à son ministre la promesse de mariage que lui a dictée la vénale et insatiable maison d'Entragues !

Sully reçoit avec effroi « ce honteux papier ». La lecture de chaque mot, dit-il dans ses *Mémoires,* est pour lui un coup de poignard.

Ah ! rien n'égale cet attachement, ce sublime dévouement pour son Roi.

Cette âme loyale frémit en réfléchissant au mépris, au ridicule que vaudra à son maître ce fatal écrit.

Pendant qu'il lit, Henri l'observe ; il voit se peindre

sur son visage le souci, la peine, le désespoir même; à certains moments il se détourne pour cacher sa rougeur, il cherche à gagner son confident, il l'interrompt, tantôt s'accusant, tantôt s'excusant.

Sully a fini. Muet, immobile, il remet « foiblement » au Roi son papier.

Henri, sous le coup de l'agitation d'esprit la plus vive, tourmenté de mille inquiétudes, anxieux : « La! la! parlez librement, et ne faites point tant le discret ».

Le Roi espère encore; il tâche d'amadouer Sully en l'assurant, à diverses reprises, qu'il ne se fâchera pas, qu'il peut dire et faire, en toute sûreté, tout ce qu'il a dans l'esprit.

Un long silence accueille ces paroles. Tout à coup, mû d'une noble et légitime conviction, Sully prend son élan, il enlève le papier des mains du Roi et le met en pièces sans mot dire.

Quel courage! Sully, pénétré d'admiration pour Henri, ne veut à aucun prix jeter un blâme sur lui; il préfère lui montrer, au péril de sa place, de ses honneurs, de ses richesses, de sa vie même, ce qu'il entend qu'il fasse de sa maudite promesse.

Mais le Roi, outré de dépit, blessé dans ses amours les plus chères, d'un ton fort, sec, âpre, s'exclame : « Je crois que vous êtes fou! » Sully dans ce moment suprême, avec une froideur très respectueuse, se contenant admirablement, avec une grande assurance, lui fait cette réponse incomparable : « Il est vrai, Sire, que je suis fou : et plût à Dieu que je le fusse tout seul en France! »

Sully n'a pas trahi son devoir, il attend son sort avec confiance.

C'en est fait, le Roi est profondément irrité, exaspéré de la hardiesse de son serviteur ; il va se venger, il va bannir à tout jamais Sully pour sa témérité.

Mais non, Henri maîtrise sa passion ; il aime la vérité, il apprécie la sincérité extrême de son confident. Il sort sans proférer une parole.

Voilà une des plus belles pages de l'histoire de France.

Jamais on ne vit d'un côté souverain plus magnanime, de l'autre, conseiller plus intègre.

Cette scène inspirera peut-être un jour quelque peintre. La représentation sera d'un profond enseignement pour les ministres, peu soucieux des intérêts du monarque et de l'État, qui sacrifient tout pour conserver leur portefeuille. L'auteur pourrait écrire au-dessous de son œuvre : Plutôt mourir que de ne pas faire son devoir.

A la suite de l'entretien qu'il avait eu avec Sully, le Roi était entré dans son cabinet. Quelle résolution allait-il prendre ? Ce n'est pas bien difficile à deviner. S'étant fait donner une écritoire, il refit à l'instant une autre promesse, monta à cheval, se rendit à Malesherbes et y demeura deux jours.

Mettons à présent sous les yeux du lecteur cette fameuse promesse de mariage. C'est une pièce qui présente un vif intérêt.

« Nous, Henry quatrieme, par la grâce de Dieu, roy de France et de Navarre, promettons et jurons devant Dieu, en foy et parole de roy, à messire François de Balzac, sieur d'Entragues, chevalier de nos ordres, que nous donnant pour compagne damoiselle Henriette-Catherine de Balzac, sa fille, au cas que dans six mois, à commencer du premier jour du présent, elle devienne grosse et qu'elle en accouche d'un fils, alors et à l'instant nous la prendrons à femme et à légitime épouse, dont nous solemniserons le mariage publiquement et en face de nostre saincte Eglise, selon les solemnités en tel cas requis et accoustumez. Pour plus grande approbation de laquelle présente promesse, nous promettons et jurons comme dessus de la ratifier et renouveler soubs nostre seings, incontinent aprèz que nous aurons obtenu de nostre sainct père le Pape la dissolution du mariage entre nous et dame Marguerite de France, avec permission de nous remarier où bon nous semblera.

« En tesmoing de quoy nous avons escrit, signé la présente.

« Au bois de Malesherbes, ce jourd'hui premier octobre 1599[1].

« HENRY. »

Si on se demandait ce que cette fille aux roueries précoces, complice du marché dont elle paraissait victime, cette guêpe fine et piquante, apportait au Roi comme compensation de tous les sacrifices qu'il faisait pour elle, M. de Lescure[2] répondrait :

1. Cette pièce a été copiée par nous dans la section des manuscrits de la Bibliothèque nationale de France. Elle a été reproduite à la page 226 du t. V des *Let. Mis.*, Ed. de Berger de Xivrey.
2. De Lescure, *Les lettres d'amour de Henri IV*. Préface, p. XVIII.

« Elle lui apportait, digne fille d'une mère déshonorée
par un adultère royal, fleur née sur le fumier, le charme
équivoque de ses yeux malins, de son ingénuité faunesque,
de cette virginité matérielle survivant à la corruption morale et souriant d'avance à la flétrissure souhaitée, au mal
deviné. Elle lui apportait ce goût de fruit vert, cher et funeste aux dents usées.

« Elle lui apportait aussi et surtout, au lieu de la paix à
laquelle il aspirait, des haltes de voluptueux repos où il se
flattait d'oublier les intrigues de la cour, les soucis du pouvoir, les ennuis domestiques; elle lui apportait les vicissi-
tudes, les fatigues et les dégoûts d'une passion qu'allaient
tourmenter les soupçons, les jalousies, les querelles susci-
tées par l'ambition, la coquetterie, la malignité d'une femme
qui, sans égards pour le prestige du roi et la bonté de
l'homme, se rebiffait, se rebecquait contre ses remontran-
ces, se raillait de ses plaintes et de ses reproches. »

En novembre, le mariage de Henri IV et de Marguerite
de Valois fut annulé comme contracté entre une princesse
catholique et un prince hérétique, parents rapprochés d'autre part à un degré prohibé par l'Église, et comme imposé
de vive force à la princesse Marguerite qui n'y avait donné
son libre consentement.

Henri était libre de se remarier.

« Ses ministres, écrit de Bellegarde, voyant de quel
malheur Dieu l'avoit délivré (son mariage avec Gabrielle
d'Estrées) et reconnoissant l'esprit hardi d'Ismène (Henriette d'Entragues) qui n'avoit pas moins d'ambition que
l'autre, l'embarquèrent le plus viste qu'ils pûrent à se

marier, et celui qui[1] estoit allé à Rome pour faire agréer le mariage de Crisante en traitta un autre avec la princesse Olympe. »

Le nom de « la princesse Olympe » sous-entend celui de Marie de Médicis[2].

Les négociations qui précédèrent les fiançailles furent assez longues à cause de la discussion relative à la dot[3], mais elles ne durèrent pas encore assez au goût de Henri; car Sully nous rapporte que lorsqu'il alla lui communiquer les articles du contrat de mariage[4] que le connétable de Montmorency, le chancelier de Bellièvre, Villeroi et lui avaient signés, le Roi, qui ne s'attendait pas à une aussi prompte expédition, lui demanda d'où il venait. Sully lui ayant répondu : Nous venons, Sire, de vous marier, « ce Roi fut demy-quart d'heure, resvant et se grattant la tête et curant les ongles sans rien respondre, puis tout soudain il dit en frappant d'une main sur l'autre : Hé bien! de

1. Nicolas Bruslart de Sillery, né à Sillery, en 1544. Conseiller au Parlement de Paris (1573), maître des requêtes (1585), il fut envoyé comme ambassadeur auprès des Suisses, négocia la paix de Vervins entre la France, l'Espagne et la Savoie (1599). Alla traiter à Rome du divorce du Roi avec Marguerite de Valois et du mariage de ce prince avec Marie de Médicis. Son extrême habileté lui valut d'être nommé d'abord président à mortier au Parlement, puis garde des sceaux (1604), chancelier de Navarre (1605), enfin grand chancelier de France (1607).

2. Fille de François, grand-duc de Toscane, et de l'archiduchesse Jeanne d'Autriche, fille de l'Empereur Ferdinand.

3. Voir l'ouvrage intitulé : *Henri IV et Marie de Médicis,* de M. Berthold Zeller, p. 14 et suivantes.

4. Le contrat et toutes les pièces relatives à ce mariage se trouvent dans le carton n° XIII des Archives de Florence, au Palais des Offices.

pardieu, soit; il n'y a de remède, puisque pour le bien de mon royaume et de mes peuples vous dites qu'il faut estre marié, il le faut donc estre[1]. »

On peut déduire de ce passage qu'Henri IV, en consentant à ce nouveau mariage, obéit surtout à la raison d'État. Ce ne fut certainement pas la sympathie et encore moins l'amour qui l'y poussèrent. C'est malheureusement ce que la suite justifiera.

Ce fut au mois de mars 1600 que les fiançailles de Marie de Médicis furent officiellement annoncées devant le Sénat de Florence.

La cour alla lui présenter ses félicitations au palais Pitti, et à partir de ce jour elle fut considérée comme Reine :

Sismondi nous la dépeint ainsi :

« Grande, grosse, avec des yeux ronds et fixes, elle n'avait, dit-il, point de goût pour le Roi; elle ne se proposait point de l'amuser ou de lui plaire; son humeur était acariâtre et obstinée; toute son éducation avait été espagnole, et dans l'époux, qui lui paraissait vieux et désagréable, elle soupçonnait encore l'hérétique relaps. »

Il saute aux yeux combien cette princesse était peu faite pour fixer le cœur volage du Roi; on conçoit aisément quelle victoire éclatante la marquise remportera sur elle.

Dans l'entre-tems, écrit de Bellegarde, Ismène, estant devenue grosse, alla faire ses couches en l'une des belles maisons

---

1. *Mémoires de Sully* (Londres, 1767), III, p. 418 et 419.

d'Alcandre[1], où il la mena lui mesme avec force belles espérances ; mais elle se blessa et accoucha d'un fils mort[2].

Quelle circonstance providentielle! Henri va-t-il enfin saisir cette occasion pour arracher aux parents d'Henriette d'Entragues la dangereuse promesse de mariage qu'ils ont entre les mains? Point du tout. Touché de pitié, il déplore amèrement cet accident, et, plus que jamais enchaîné à elle, il l'aime à tort et à travers.

Ismène fut fort malade, reprend de Bellegarde, et fut si bien assistée par le Roi, et on lui appliqua tant de remèdes qu'elle revint en santé; et ce fut à cette heure là qu'elle apprit l'accord du mariage de son amant, dont elle fit tant de vacarme, et gourmanda tant ce Roi amoureux, qu'il eut bien de la peine à la mettre en bonne humeur[3]. Elle s'en prit à Florian qui l'avoit voulu cajoler, et qu'elle n'avoit guères escouté; si bien qu'elle trouva moyen de faire que Filizel[4], jeune prince et de bonne grâce, et qui estoit amoureux d'elle, entreprist sur sa vie,

1. Château de Saint-Germain-en-Laye.

2. Voici une autre version : Nous lisons dans les *Mémoires de Sully*, III, p. 451 : « Elle étoit devenue grosse. Le ciel vint encore à son secours. Le tonnerre entra dans la chambre de Mme de Verneuil pendant un orage violent, et la frayeur qu'elle eut de le voir passer par dessous son lit, la fit accoucher d'un enfant mort. »

3. Henri, pour consoler sa maîtresse, lui donna le château de Verneuil, près de Senlis; d'où elle prit le nom de marquise de Verneuil.

4. Claude de Lorraine, d'abord prince de Joinville, puis duc de Chevreuse. Heureux rival de Henri IV près de la marquise de Verneuil, il épousa en 1622 la célèbre Marie de Rohan, fille d'Hercule de Rohan, duc de Montbazon, pair et grand-duc de Montbazon, grand veneur, gouverneur de Paris et de l'Ile-de-France, et de Madelaine de Lénoncourt, sœur d'Urbain de Laval, maréchal de Bois-Dauphin. Elle était veuve de Charles-Albert, duc de Luynes, favori du roi Louis XIII.

un soir que le Roi souppoit à la ville, et qu'ils se trouverent tous deux à la porte du logis où souppoit Alcandre[1]; Florian fut blessé : mais ses gens voyant cela poursuivirent si bien Filizel, qu'ils l'eussent tué sans un chevalier de bonne maison, nommé Lucile[2], qui le secourut, et fut si grievement blessé qu'on croioit qu'il en deust mourir.

Alcandre fut si outré de colere de cette action, qu'il vouloit

1. Chez Sébastien Zamet. M. Zeller dans son ouvrage : *Henri IV et Marie de Médicis*, insère à la page 60 une note fort intéressante extraite de la relation que fait l'ambassadeur vénitien Angelo Badoer, des habitudes de représentation du roi Henri IV, que nous reproduisons ici :

« Le Roi de France, quand il est en représentation, dit-il, donne une plus haute idée de sa grandeur que ne le fait le roi d'Espagne. Car il n'est aucun prince, du sang ou autre, aucun cardinal, ni personne, qui se couvre devant lui, hormis les ambassadeurs des princes; ainsi, quand un ambassadeur va à l'audience, il n'y a que le Roi et lui qui soient couverts. Quand le Roi mange dans son palais, ni prince ni cardinal ne mange avec lui; la Reine seule est admise à sa table, et elle commence par lui donner la serviette pour s'essuyer les mains; quand elle ne s'y trouve pas, c'est le premier prince du sang, un cardinal ou un prince ordinaire qui remplit cet office. Il faut dire que quand il n'y a pas d'ambassadeur, le Roi fait ordinairement couvrir les cardinaux et les princes; mais ils ne se couvrent jamais sans en avoir reçu l'invitation. Hors d'apparat, le Roi est le prince le plus familier du monde; il parle sans façon avec toute sorte de personnes. *Quand il va manger dans la maison de quelque particulier, il fera prendre place à sa table tout le commun des gentilshommes, qui, pour une raison ou pour une autre, se trouvent à sa cour.*

« Il n'est personne en France qui ne puisse avoir la prétention d'inviter le Roi et c'est une faveur que Sa Majesté accorde très généreusement, s'invitant lui-même ici ou là. C'est là une liberté ordinaire aux rois de France et qui leur sert à se conserver les bonnes dispositions des peuples. Si le roi d'Espagne avait à gouverner les Français, il devrait en faire autant, car il ne convient pas qu'un Roi soit Espagnol, ou Français ou Allemand. Il doit se faire de la nation qu'il a à gouverner. »

2. Nicolas d'Angennes, marquis de Rambouillet.

faire punir Filizel, et ne vouloit en façon quelconque que l'on prît soin de Lucile, qui fut neantmoins si bien pansé qu'il en échappa, et la princesse de la Suziane [1], mère de Filizel, et sa sœur Milagarde firent son appointement avec le Roi, bien qu'elles fussent et l'une et l'autre extremement faschées contre Filizel, soupçonnant qu'il n'avoit pas ainsi traitté Florian pour le seul amour d'Ismène.

Henri, désirant échapper aux fureurs jalouses de sa maîtresse et se rapprocher de la princesse sa fiancée, ne trouva rien de mieux que de commencer une campagne.

Il fut question, dit de Bellegarde, d'aller faire la guerre au duc des Allobroges [2]. Ce prince estoit venu trouver Alcandre pour s'accommoder avec lui d'un petit Estat, qu'il avoit pris sur le feu Roi durant les grandes affaires de ce prince [3]. Son successeur, qui avoit recouvré presque tout son royaume à coup d'espée, et qui ne pouvoit souffrir que ce petit prince auprès de

1. La duchesse douairière de Guise.
2. Charles-Emmanuel, duc de Savoie.
3. En 1588, tandis qu'aux États de Blois les ligueurs s'occupaient à élever sur le trône Henri de Guise et que Henri III tranchait la question en faisant assassiner ce prince ainsi que son frère, le duc de Savoie, mettant à profit tout ce désordre, enlevait à la France le marquisat de Saluces. — Lors du traité de Vervins (2 mai 1598), le duc de Savoie était allié de Philippe II. Henri IV consentit à le comprendre dans le traité, mais à la condition qu'il restituerait le marquisat de Saluces. Le duc et les négociateurs espagnols ayant refusé d'admettre cette clause, il fut convenu que le différend serait soumis à l'arbitrage de Clément VIII; mais le duc dut s'engager à évacuer dans un délai de deux mois la ville de Berre, seule place qu'il eut conservée en Provence. — Le duc laissa passer le délai sans s'exécuter. Henri IV déclara la guerre et, en 1602, le duc Charles-Emmanuel signa le traité de Lyon en vertu duquel il cédait à Henri IV la Bresse, le Bugey et le Valmorey. En revanche, la France lui cédait le marquisat de Saluces.

lui, eust entrepris de garder sa prise, l'avoit souvent fait advertir qu'il vouloit avoir ce qui lui appartenoit. Le duc, croyant qu'il gagneroit quelque chose s'il y venoit lui-mesme, vint trouver Alcandre, qui le receut fort courtoisement. Mais sa principale espérance avoit esté l'intelligence qu'il avoit euë avec la duchesse Crisante [1] du vivant de laquelle il avoit asseuré le Roi de le venir trouver. De façon que quand il sçeut sa mort, il estoit si engagé, de parole et par lettre, à faire ce voyage, qu'il ne s'en pût dédire. A son arrivée, ce ne furent que festins; il fit des présens à toutes les plus belles dames et aux principaux de la cour, trop pour le profit de quelques-uns. Les disputes pour la pré-

1. Nous sommes bien aise, lecteur, de pouvoir vous donner ici une preuve éclatante de la véracité du récit du duc de Bellegarde. Le chanoine Bonciani, représentant direct du grand-duc de Toscane auprès de Henri IV, qui porta à la cour le nom supposé de Baccio Strozzi, pour la raison que le prudent duc de Toscane ne voulait pas se compromettre au point de vue religieux en entretenant des relations ouvertes avec un prince sous le coup de l'anathème, s'occupant des relations en cette affaire de la duchesse de Beaufort et du duc de Savoie, écrit dans une dépêche du 15 février 1599 (Filz. XXIII, parte A. ind. I, inéd.) : « On m'a dit que le duc de Savoie, pour conserver le marquisat, a fait l'offre à Mme de Monceaux de s'entendre avec les Espagnols pour s'interposer auprès du pape en faveur de l'annulation du mariage avec la Reine de Navarre; et comme on désire vivement cette annulation, plusieurs pensent que le Roi pourrait bien se laisser entraîner par la dame en question; il semble également vraisemblable que les Espagnols prendront à cœur l'affaire; d'abord, pour que Saluces ne retourne pas entre les mains des Français, et ensuite parce que, si le Roi venait à épouser Mme de Monceaux, ils pourraient faire naître en France encore bien plus de désordres qu'auparavant. » Combien de fois eûmes-nous l'occasion d'établir des concordances entre le récit du duc de Bellegarde et celui des historiens les plus consciencieux de son temps ? Ce qui nous a déterminé à faire ce rapprochement, c'est l'intérêt tout particulier de ce passage, qui nous fait voir jusqu'à quel point Gabrielle d'Estrées s'occupa de politique. En tout cas, il ressort de tout ceci que l'*Histoire des amours du grand Alcandre* a une énorme importance historique.

séance de ces dames ne manquerent pas. Alcandre y prenoit plaisir et ne les terminoit. Ismène en passoit son temps. Le duc s'en retourna sans rien faire, si bien que le Roi se résolut de lui faire la guerre, et c'estoit aussi son chemin pour aller recevoir la princesse d'Étrurie[1]. Le Roi conquit en moins de rien tout l'Estat du duc des Allobroges et la paix s'estant faite par l'entremise du pape, Alcandre eut son compte.

C'était le moment du mariage par procuration[2].

Alcandre, dit de Bellegarde, avoit envoyé sa procuration au duc son oncle pour l'épouser, et Florian en fut le porteur.

Soyons de bon compte, ceci passe la permission. Peut-on lire ce passage sans sourire? Non, n'est-ce pas, c'en est trop. Être naïf, c'est permis, mais ceci... prendre son ancien rival pour l'envoyer épouser sa future femme! Ah! certes, Henri, pour agir de la sorte, n'était pas atteint de la rancune de prêtre.

On peut se demander comment de Bellegarde put prendre son rôle au sérieux. Il dut bien rire sous cape quand le Roi le désigna pour ce service. C'est une chose fâcheuse à constater, mais la vie privée de Henri IV n'est qu'une accumulation de folies sur folies. Pour ce qui concerne de Bellegarde, il fit, à ce que disent les chroniqueurs du temps, belle figure à Florénce à la tête de la fleur de la noblesse française.

1. Marie de Médicis.

2. Pour la description des fêtes auxquelles donna lieu le mariage, les réceptions faites à la Reine dans les différentes villes qu'elle traversa, etc., on peut consulter : *Traicté du mariage de Henri IV avec la sérénissime princesse de Florence*. Honnefleur, 1606.

Si nous jetons un coup d'œil sur ce qui se passait à cette époque en France, nous voyons Henriette d'Entragues prendre un empire absolu sur l'esprit du Roi. Lorsqu'elle apprit que le mariage était conclu, son courroux franchit toutes les bornes de la raison.

Henri, ne sachant plus de quel bois faire flèche, commit pour la calmer la plus grande des faiblesses. Il lui remit une lettre de créance pour un agent spécial qu'il envoyait à Rome, avec des pièces capables d'invalider le mariage toscan et d'établir que le Roi n'avait pu canoniquement s'engager avec Marie de Médicis, attendu qu'il était déjà engagé avec Henriette d'Entragues.

Nous vous laissons, lecteur, le soin de qualifier cet acte.

Marie de Médicis s'embarqua à Livourne le 17 novembre de l'année 1601.

Le Roi se fit longtemps attendre, il se laissa désirer. Ce fut à Lyon qu'il vint la rejoindre. Le dimanche 17 décembre 1601, le cardinal Aldobrandini, neveu du pape, unit Henri IV et Marie de Médicis.

Le Roi quitta Lyon le 21 janvier 1601, se fit transporter en poste jusqu'à Roanne, où il s'embarqua, afin de descendre le fleuve jusqu'à Briare. Puis il gagna Montargis, et de là Fontainebleau.

« La Reine, au contraire, fit le voyage à petites journées, tout à son aise, dit M. Zeller; on attribuait ce soin à l'espérance d'une grossesse que le Roi tenait pour certaine. » Le Roi s'était réjoui avec la Reine, « disait-elle à l'ambas- « sadeur, d'avoir en un même jour conclu la paix et acquis « la certitude d'avoir des enfants ». Cependant Marie de

MARIAGE DU ROI HENRI IV ET DE MARIE DE MÉDICIS

Médicis défendit au Roi d'en parler avant un mois. Mais Henri IV était si désireux d'avoir un fils héritier de sa couronne et si joyeux d'en pouvoir espérer un que sa nature expansive ne sut se contenir; il divulgua le secret. La Reine en informa également la cour de Toscane[1]. »

En dépit de ce cri du cœur arraché à Henri dans la dernière lettre qu'il adressait à Marie en Italie : « Ma femme, aymés-moi bien; et ce faisant, vous serez la plus heureuse femme qui soit sous le ciel[2] », Marie, aussitôt arrivée à Paris, devait voir en un coup tout son espoir de bonheur s'évanouir comme un fantôme.

Le mesme jour, écrit de Bellegarde, qu'Olympe arriva à Paris, le Roi commanda à la duchesse des Armoriques[3], surintendante de la maison de la Reine, d'aller querir Ismene et de la lui presenter. Cette vieille princesse s'en voulut excuser, disant que cela lui osteroit toute creance auprès de sa maistresse; mais le Roi le voulut et le lui commanda assez rudement, contre sa coustume, qui estoit d'estre fort courtois. Elle la mena donc à la Reine qui, extremement surprise de cette veuë, se trouva estonnée, et la reçeut assez froidement; mais Ismene, fort hardie de son naturel, lui parla tant et se rendit si familiere avec elle, qu'enfin elle s'en fit entretenir. Cependant le Roi sçeut peu de gré à cette vieille duchesse de cette conduite et Olympe lui fit un tres mauvais visage qui dura tousjours depuis.

Le chanoine Bonciani, qui assista à cette scène, nous la décrit en ces termes :

1. Zeller. *Henri IV et Marie de Médicis*, p. 72 et 73
2. *Let. Mis.* Ed. de Berger de Xivrey, t. V, p. 330.
3. Duchesse de Nemours.

Quand Mlle d'Entragues fut arrivée devant Marie de Médicis, le Roi dit à la Reine : « Cette femme a été ma maîtresse et veut « être aujourd'hui votre humble servante. » Tandis qu'il prononçait ces paroles, Mlle d'Entragues prit la robe de la Reine et fléchit le genou pour la baiser. Le Roi, trouvant qu'elle ne s'était pas assez inclinée, lui prit la main et la tira rudement presque jusqu'à terre; Henriette d'Entragues prit le bord de la robe et le baisa. Scène brutale et odieuse dans laquelle on ne sait pour qui, de la femme ou de la maîtresse, l'humiliation dut être plus amère !

Marie de Médicis accueillit Henriette d'Entragues, sans changer de visage. Timide et craintive, elle obéissait. Le Roi fit dîner la marquise à la table de la Reine, en compagnie des princesses qui avaient assisté à l'entrevue, et la soirée se passa sans que l'on pût saisir sur les traits de Marie de Médicis la moindre expression d'un ressentiment qui devait être profond [1].

Un événement qui, à première vue, paraît bien inoffensif, amena les premiers froissements entre Henri et sa femme.

Le Roi, écrit de Bellegarde, avoit envoyé à la Reine la duchesse des Armoriques et la marquise Scilinde [2], pour estre dame d'honneur, et une autre dame pour estre dame d'atour nommée Leriane [3]. La Reine ne voulut point recevoir cette dernière, disant qu'elle vouloit qu'Argie [4] eust cette charge, qui l'avoit tousjours servie, et qu'elle avoit amenée pour cela. Le

1. Dép. de Bac. Giov. du 16 févr. Filz. XXVI, ind. I, p. 253. Ab. Desj., *Neg. dipl.*, t. V, p. 458, traduite par M. Zeller dans son ouvrage : *Henri IV et Marie de Médicis*, p. 100, 101.

2. Antoinette de Pons, marquise de Guercheville.

3. La comtesse de l'Isle.

4. Léonora Dori, dite Galigaï, née à Florence, en 1573, d'un menuisier et d'une blanchisseuse. Sa mère fut nourrice de Marie de Médicis.

Roi disoit que, l'ayant donnée à Leriane, il vouloit qu'elle servist [1].

Argie ne se désespéra pas. Elle s'obstina et finit par réussir.

Argie, ajoute de Bellegarde, voyant qu'il n'estoit au pouvoir d'Olympe de faire que le Roi voulust qu'elle la servist en la charge de dame d'atour, eut recours à Ismene et lui fit parler, lui promettant que si elle faisoit son affaire, elle la mettroit au point qu'elle voudroit avec Olympe. Elle l'entreprit et en vint à bout [2], si bien que la Reine estoit radoucie et commença à lui faire bonne chère.

La France allait bientôt être spectatrice d'un grand scandale, qui se répéta en 1602 [3].

Henri écrivait un jour à sa femme : « Comme vous désirés la conservation de ma santé, j'en fais ainsi de vous et vous recommande la vostre, affin que à vostre arrivée, nous puissions faire un bel enfant qui face rire nos amys et pleurer nos ennemis [4]. »

1. L'ambassadeur chevalier Belisario Vinta, ayant insisté pour que le Roi nommât Léonora dame d'atours, celui-ci lui dit que pour exercer cette charge il fallait remplir deux conditions : être noble et mariée. Or Léonora était *cittadina* ou bourgeoise et non mariée.

2. Henriette, dit M. Zeller, saisit cette occasion de montrer la supériorité de son crédit sur celui de la reine et de s'assurer des intelligences dans la société la plus intime de sa rivale couronnée. Léonora porta non le titre de dame d'atours, mais celui de demoiselle d'atours. C'était là, ajoute-t-il, une dérogation criante aux usages de la cour.

3. Le 22 novembre 1602, Marie de Médicis accoucha d'Élisabeth de France. Le 21 janvier 1603, Henriette d'Entragues accoucha de Gabrielle-Angélique, qui épousa plus tard Bernard de Nogaret, duc d'Épernon.

4. *Let. mis.* de Berger de Xivrey, V, p. 249, 11 juillet 1600.

Ce désir du Roi se réalisa au delà de ses espérances, car il fut père de deux enfants à la fois.

La Reine devint grosse en même temps que la marquise de Verneuil.

« Celle-ci prenait plaisir, dit M. Zeller, à visiter la Reine, pour voir si le dépit et la jalousie ne la rendaient pas malade. Le Roi, ajoute-t-il, n'était pas sans tirer vanité du scandale prochain de sa double paternité et, dans l'expression trop joyeuse de sa bonne humeur, il disait « que lui naîtraient bientôt un maître et un valet, *che presto* « *gli' nascerano un metre et un valetto* [1]. »

Le 27 septembre 1601, Marie de Médicis mit au monde un fils [2].

L'Estoile nous rapporte qu'aussitôt la naissance de son fils, Henri, qui était dans la chambre avec les princes du sang, fort anxieux et agité, lui donna sa bénédiction, et lui plaçant son épée dans la main, lui dit : « La puisses-tu, mon fils, employer à la gloire de Dieu et à la défense de la couronne et du peuple [3]. »

Le Roi était dans la plus grande joie. Il donna à Marie les témoignages de la plus sincère affection.

---

1. Zeller. *Henri IV et Marie de Médicis*, p. 110, 111.

2. Consulter : *Comment et en quel temps la Reyne accoucha de M. le Dauphin, à présent Louis XIII, des cérémonies qui y furent observées, l'ordre y tenu, les discours intervenus entre le Roy et la Reyne sur plusieurs autres occurrences.* T. XI. Nouvelle collection Michaud et Poujoulat.

3. *Mémoires de Pierre de l'Estoile*, t. III, p. 319. *Collection complète des Mémoires relatifs à l'histoire de France,* de M. Petitot. T. XLVII.

Le 27 octobre, Henriette d'Entragues accoucha d'un fils[1].

Ces couches faites, dit de Bellegarde, il fut question de se réjouir l'hyver. La Reine fit un ballet qu'elle estudia deux ou trois mois : la marquise en estoit, dont Alcandre fut si aise qu'il accorda le mariage de Pisandre[2] et permit que la Reine

1. Henri de Bourbon, duc de Verneuil, d'abord évêque de Metz, puis se maria à Charlotte Seguier.

2. « Il estoit venu, écrit de Bellegarde, avec le train de la Reine, un gentilhomme étrurien qui faisoit l'amour à Argie. Je ne dis pas qu'il en fust amoureux, estant telle qu'on ne pouvoit seulement la regarder : mais l'entiere faveur qu'elle avoit auprès d'Olympe la faisoit désirer de plusieurs. Celuy-cy nommé Pisandre fut en cela le plus heureux, pour ce qu'il lui pleut advantage, et qu'elle se le choisit pour mary, croyant que cela lui fut avantageux (estant quasi née de la lie du peuple) d'espouser Pisandre qui véritablement estoit gentilhomme en son païs : mais il y avoit bien de la difficulté de parvenir à ces nopces, le Roi ne l'aimant pas, et estant hay de tous ceux de la maison de la Reyne, d'Olympe ne se voulant pas hazarder d'en parler, de peur d'estre refusée. Pisandre et Argie ayans donc consulté ensemble cette affaire, ils resolurent que Pisandre feroit la cour à la marquise Ismène à qui le Roi avoit donné cette qualité dès sa première grossesse; et cela lui réussit si bien qu'il pouvoit aller chez elle quand bon lui sembloit. Elle lui faisoit bonne mine et en effect elle n'estoit pas marie d'obliger Argie, afin d'empescher Olympe d'éclatter contre elle. Apres qu'il eut pris assez d'accez aupres d'elle, il la supplia de faire trouver bon au Roi qu'il espousat Argie. Elle y fit quelque difficulté au commencement, connoissant l'adversion qu'avoit Alcandre pour ces deux personnes; mais enfin Argie l'en ayant prié, et promis que la Reine lui en parleroit, elle se résolut de faire réussir ce mariage. Ce fut alors que la Reine envoya tous les jours à sa chambre, pour sçavoir de ses nouvelles, et qu'elle lui fit part de tous les presens qu'elle recevoit. Elle la traittoit mieux qu'aucune des princesses, et tout cela alloit fort bien au gré d'Alcandre; mais il falloit attendre que la Reine et la marquise fussent accouchées devant que faire ces nopces. »
L'histoire qu'on vient de lire est celle de Concino Concini, comte

lui donnast beaucoup. Cette bonne intelligence dura tout l'hyver.

De Bellegarde continue son récit en nous faisant assister à une scène de rivalité qui eut pour conséquence d'amoindrir un instant l'influence qu'Henriette avait sur le Roi.

Alcandre avoit autrefois un peu regardé une sœur de la duchesse Crisante, qui n'avoit pourtant d'autre beauté que la jeunesse et les cheveux. Celle cy, nommée Mirtille[1], portoit une extreme envie a Ismene, qui luy avoit, à son opinion, osté la faveur d'Alcandre, ce qui la fit resoudre de la ruiner. Et comme elle estoit fort malicieuse, elle commença à mettre en pratique tout ce qu'elle put pour parvenir à son dessein, et en parla à Olympe, qui, lassée de voir vivre Ismene si audacieusement auprès d'elle, fut bien aise d'entretenir Mirtille en cette humeur. De plus il y avoit longtemps que Filizel estoit amoureux d'Ismene, et il le devint alors de Mirtille, qui le sçeut si bien cajoler qu'elle tira de luy des lettres qu'Ismene luy avoit escrites, où elle se mocquoit d'Alcandre et d'Olympe, et le traittoit fort favorablement. Quand Mirtille eut ces lettres en sa puissance, elle les monstra à la Reine, qui en fut si aise qu'elle ne le pouvoit dissimuler : elle fit des presens à Mirtille et luy persuada de faire voir ces lettres à Alcandre. Au commencement, elle n'y pouvoit consentir, voyant le grand credit d'Ismene et craignant

de La Penna, fils d'un officier du grand-duc, frère d'un ambassadeur, qui devint dans la suite maréchal d'Ancre, et de Léonora Dori, la favorite de la Reine. Ce couple ambitieux eut une fin tragique. Vitry, le capitaine des gardes, assassina Concini le 24 avril 1617, et Léonora, condamnée comme coupable de lèse-majesté, fut brûlée et ses cendres furent jetées au vent.

1. Juliette-Hippolyte d'Estrées, duchesse de Villars. Elle a été secouée par Tallemant, qui la traite d'escroqueuse et de libertine par delà toute créance.

son esprit. Après que cette affaire eut traisné quelques jours, Mirtille, trouvant le Roi à propos, le supplia qu'elle lui pust parler en particulier, ce qu'il trouva bon, et elle prenant sujet de lui parler d'affaires, le fut trouver dans une église, et comme elle fut entrée dans la chappelle où il estoit, il fit sortir tout le monde. Là elle lui monstra ce qu'il n'eust pas voulu voir, qui estoit ces belles lettres qui lui tesmoignoient l'infidélité et le mépris d'Ismene. Elle lui dit en suitte que les obligations qu'elle avoit à sa bonté, et l'amour qu'elle avoit toujours eu pour sa personne, n'avoient pû permettre qu'on lui celast l'outrage qu'on lui faisoit, lui qui estoit le maistre des autres, et veritablement le plus honneste homme du monde. Ce bon prince, qui se laissoit aisément flatter, et particulierement quand on lui parloit de son merite, remercia cette femme de son avis, et impatient de faire éclatter sa colere, envoya par un de ses confidens dire des *injures à Ismene; lui reprochant sa perfidie et protestant de ne la voir jamais.* A cette heure là elle n'estoit pas logée dans le palais; mais dans la ville. Elle fut fort surprise de cette nouveauté, et neantmoins conservant assez d'esprit dans ce désordre, elle respondit froidement : *Comme je suis asseurée de n'avoir jamais rien fait qui puisse offenser Alcandre,* AUSSI JE NE PUIS DEVINER CE QUI L'OBLIGE A ME TRAITER SI MAL. J'ESPÈRE QUE LA VÉRITÉ ET MON INNOCENCE ME VANGERONT ASSEZ DE CEUX QUI LUI ONT DONNÉ DE FAUSSES IMPRESSIONS DE MOY : et sans lui dire autre chose, se retira dans son cabinet, beaucoup plus troublée qu'elle n'avoit fait paroistre. Cependant Florian ayant appris toute cette affaire, en advertit aussitost Milagarde, et bien qu'il n'aymast Filizel, il prevoyoit le deplaisir qu'en auroit sa sœur, si on n'y remedioit : ils en trouverent donc un moyen qui fut tel. Floridor, prince de la Susiane, avoit un secretaire qui contrefaisoit parfaitement toute sorte d'escriture. L'on resolut que Filizel soustiendroit que cet homme, ayant recouvré de l'escriture d'Ismene, l'avoit si bien contrefaite, que Filizel, qui estoit amoureux de Mirtille, et celle cy haïssant mortellement Ismene, avoit résolu avec elle de faire les lettres qu'elle avoit monstrées au Roi. Ismene, ayant sçeu tout cet expédient, envoya supplier Alcandre de permettre qu'elle se justifiast; à quoy il fist quelque peu difficulté au commencement; ne pouvant tenir sa colere, ny quitter son amour, il alla lui mesme entendre ses raisons, qu'elle sçeut si bien deduire qu'il s'appaisa entierement contre elle. Mais Filizel fut contraint d'aller en Hongrie, où le Turc faisoit la guerre, Mirtille chez elle et le secretaire en prison. Voilà comme il est dangereux de donner des advis à son maistre quand il ne les demande pas.

La Reine s'était donc fait illusion sur le choix du moyen pour perdre Henriette d'Entragues dans l'esprit du Roi. Elle se redonna cependant des forces morales, se persuadant que lorsqu'on désire fortement, on obtient.

Une circonstance allait bientôt la servir à merveille.

Le Roi, écrit de Bellegarde, eut advis qu'Ismene avoit quelque intelligence avec le roi des Asturies [1], et la chose passa si avant qu'elle fut arrestée avec quelques uns de ses plus proches parens. Cependant, ajoute-t-il, Ismene eut sa grâce et fut renvoyée en sa maison [2].

Toutefois, Marie de Médicis agit avec résolution et déclara au Roi qu'elle refusait à l'avenir de voir la marquise de Verneuil. Bien plus, elle défendit à tout son

1. Consulter pour la conspiration et le procès d'Entragues : 1° l'ouvrage : *Heinrich IV und Philipp III von Sr Martin Philippson. 3 vol. Berlin, Düncker 1870-76*. — 2° L'étude sur ce sujet donnée par M. Zeller dans son livre : *Henri IV et Marie de Médicis*, p. 212 à 243. — 3° *Histoire du Président de Thou*. Livraisons 132 et 134, etc.

2. Château de Verneuil.

entourage d'entretenir des relations avec elle. A partir de ce moment, c'est la guerre ouverte qui commence.

Il se présenta alors, dit de Bellegarde, une occasion qui causa bien du bruit, et qui véritablement fut estrange. Ce fut qu'Alcandre et Olympe estant allez en une maison[1] proche de Lutecie, et séparée par la riviere, il falloit passer un bac[2] : comme le carosse où ils estoient tous deux, accompagnez seulement de Milagarde et du duc de Micene[3], voulut passer, il versa dans la riviere. Le Roy ny le duc de Micene n'en furent point moüillez, ayans assez à temps sauté pardessus les portieres du carosse; mais les dames beurent un peu sans soif et coururent fortune. — Quelques jours apres, Alcandre estant allé voir Ismene, elle lui dit qu'elle avoit esté en peine, craignant pour lui en cette cheute, et elle y eust esté, le voyant sauvé, pour le reste elle eust crié : *la Reyne boit.*

Qui s'étonnera en nous entendant dire que Marie de Médicis ne tarda pas à connaître ce propos de son ennemie. Il se rencontre toujours des personnes très portées à venir vous rapporter le mal qu'on a dit de vous, soit par vengeance, en voyant votre déplaisir, soit en espérant quelque récompense pour le renseignement donné.

Olympe, ayant appris ce discours, se mit en une telle colere, qu'Alcandre et elle furent plus de quinze jours sans se parler, et fallut que les plus sages de ceux qui avoient plus de credit aupres du Roi l'appaisassent[4].

1. A Saint-Germain-en-Laye.
2. Le bac de Neuilly. Cet accident fut cause qu'on y bâtit quelque temps après un pont, pour y passer la Seine.
3. Henri de Bourbon, prince du sang, dernier duc de Montpensier.
4. Marie de Médicis parvint à décider le Roi à reprendre de force la promesse de mariage qu'il réclamait depuis quatre ans à Henriette

La marquise de Verneuil, qui se vantait naguère de tenir le Roi sur le poing, finit par se souvenir que la Roche Tarpéienne est près du Capitole. Malgré que son royal amant ne pouvait se résoudre à ne la pas visiter, elle sentait de jour en jour sa flamme pour elle s'éteindre.

Elle avait de l'esprit; pour aiguillonner son insensibilité, elle imagina un moyen qui, tout en étant fort original, avorta cependant.

Floridor [1] estoit si amoureux d'Ismène, dit de .Bellegarde, qu'il lui promit de l'espouser, et elle se voulant prevaloir de sa passion, ou pour renflammer Alcandre, qui la negligeoit, ou pour parvenir à ce mariage, fit proclamer des bans de Floridor et d'elle [2]. Cela estant venu à la connoissance d'Alcandre, il se

d'Entragues et à sa famille. Dans un délai de cinq jours qui lui fut fixé, le sieur d'Entragues se rendit à l'hôtel de Zamet, portant la promesse renfermée comme une relique dans une boîte de cristal. Le Roi, accompagné des princes du sang, du grand chancelier, des secrétaires d'État Villeroy et Sillery, du président Jeannin, du procureur général et de M. de Gesvres, étant venu au même lieu, M. d'Entragues fit la restitution du trop fameux écrit, sur lequel reposaient tant de folles espérances et de craintes peut-être exagérées. Une déclaration et protestation écrites de la main de M. d'Entragues au pied de la promesse certifiaient qu'elle était la seule vraie et originale donnée à lui par le Roi et qu'il n'en avait fait aucune copie, envoyé aucun exemplaire en aucun endroit. Cette protestation et déclaration furent signées par le chancelier et les deux secrétaires d'État qui en gardèrent chacun une copie. On dressa ensuite un acte par lequel Entragues déclara qu'il n'avoit point gardé et tenu en considération cette pièce, afin de s'en prévaloir, mais uniquement pour sa satisfaction. Quant à l'original, le Roi pensa rassurer et apaiser entièrement sa femme en le déposant entre ses mains. » Dep. de Baccio Siov. du 5 juillet 1604. Trad. par B. Zeller. *Henri IV et Marie de Médicis*, p. 218 et 219. Sully. Œcon. Roy. C. — CXXXVIII. — CXL.

1. Charles de Lorraine, duc de Guise, frère de Milagarde.

2. Le duc de Guise nia sa signature et argua de faux contre le

mit en grande colere contre tous les deux; mais plus contre
Floridor, de qui les parens firent tant de bruit, accusant Ismene
d'avoir fait cette action d'elle mesme sans son consentement, et
pour le brouïller avec le Roi, que la chose ne passa plus avant,
et Floridor s'en alla en son gouvernement : ce qui assoupit
cette rumeur.

« Enfin, le Roi rompit avec la marquise de Verneuil,
écrit Tallemant; elle se mit alors à faire une vie de Sar-
danapale ou de Vitellius : elle ne songeoit qu'à la man-
geaille, qu'à des ragoûts, et vouloit même avoir son pot
dans sa chambre; elle devint si grasse, qu'elle en étoit
monstrueuse; mais elle avoit toujours bien de l'esprit.
Peu de gens la visitoient[1]. »

Appréciant la liaison de Henri IV avec Henriette d'Entragues, un écrivain distingué, M. de Lescure, écrit :

« Dans cette liaison de roi soudard, de roi paillard, où
il n'apporte plus que les restes d'une ardeur qui s'éteint et
d'une grandeur qui s'oublie, avec les impatiences d'une curiosité qui se déprave et tombe en paroles et en actes à la
lubricité, il n'y a pas de place pour le cœur.

« Elle dura huit ans, cette passion, fondée non sur les
qualités, mais sur les défauts, les vices mêmes du roi, et ce
sont des fleurs sanglantes, ce sont des fruits amers qui devaient sortir de ces racines empoisonnées.

contrat de mariage. Henriette eut beau étaler l'acte en original chez
le comte de Soissons, en présence du cardinal de Joyeuse et du duc
d'Épernon qui n'osèrent lui donner raison.

1. La marquise de Verneuil mourut à Paris en 1633, âgée de cin-
quante-quatre ans.

- « La marquise de Verneuil usa et fatigua l'homme, diminua le Roi, troubla le royaume ; elle coûta plus qu'une guerre ruineuse (jamais prince ne paya plus cher une faute et un repentir), et elle garde une part mystérieuse, une part de juste soupçon, sinon de preuve établie, dans l'assassinat qui trancha une vie encore féconde, qui brusqua si malheureusement pour la France la fin d'un règne glorieux [1]. »

Souvent femme varie, a dit François Ier ; nous disons, nous, qu'il n'y eut jamais femme qui varia plus que Henri IV [2].

Mais comme Alcandre ne pouvoit vivre sans quelque amour nouvelle, Olympe ayant pris la volonté de faire un ballet, entre les dames nommées pour en estre, l'incomparable Florise [3] en fut l'une. Elle estoit si jeune alors qu'elle ne faisoit que sortir de l'enfance ; sa beauté estoit miraculeuse, et toutes ses actions si agréables, qu'il y avoit de la merveille partout. Alcandre, la voyant danser un dard à la main (comme par figure de ballet), se sentit percer le cœur si violemment, que cette blessure luy dura aussi long temps que la vie. Il faudroit un volume entier [4] pour raconter tous les accidens de cet amour, que la

1. De Lescure. *Lettres d'amour de Henri IV.* Préface, p. VIII et IX.

2. Sans avoir l'appétit ni la curiosité, ni la force d'un Auguste de Saxe, qui, dit M. de Lescure (*Lettres d'amour d'Henri IV.* Préface, p. III.), comptait jusqu'à cent cinquante bâtards, il a néanmoins fait assez de consommation du fruit défendu. Nous avons compté jusqu'à cinquante-six maîtresses, dont il existe des traces authentiques ; mais la plupart étaient des maîtresses de hasard, d'occasion, de passage.

3. Charlotte-Marguerite de Montmorency, femme de feu Henry de Bourbon, prince de Condé, décédé en 1640.

4. Voir : *Relazione della fuga del Principe di Condé,* par le cardinal Bentivoglio. *Histoire du règne de Henri IV,* par M. A. Poirson. —*Henri IV et la jeunesse de Condé,* par le colonel Henrard (Bruxelles,

mort de ce prince termina, quand elle le ravit parmy les siens, dont il estoit aimé jusqu'à l'adoration.

L'*Histoire des Amours du grand Alcandre* vient de prendre fin.

Terminons, lecteur, en portant sur cette histoire un jugement général.

Assurément, elle est la plus haute expression du roman historique au xviie siècle.

C'est un livre écrit naturellement et délicatement, d'une lecture agréable, durant laquelle, comme vous avez pu le voir, le gai, le plaisant dominent.

Il y a dans l'action générale beaucoup d'entrain, un rapport intime entre les différentes parties, des détails pleins de charme et d'intérêt. Malgré ses défauts, cette œuvre a un mérite décisif qui explique la popularité dont elle jouit.

Enfin, l'*Histoire des Amours du grand Alcandre* fait tenir au duc Roger de Bellegarde un rang des plus distingués parmi les lettrés de la cour du roi Henri IV.

Elle lui a acquis une célébrité que nul ne saurait lui contester.

Muquardt. 1885). — *Le séjour du prince et de la princesse de Condé en Belgique,* par M. Philippson. Extrait du *Bulletin de l'Académie d'archéologie de Belgique.* Anvers, 1885.)

TABLE DES MATIÈRES

——————

NOTICE D'UN LIVRE INTITULÉ :
Histoire des amours du grand Alcandre

Maison Quantin-Imprimeur

S. Benoit — Z. à Paris

Maison Émanty Imprimeur
S. Benoît, 7, à Paris.

www.ingramcontent.com/pod-product-compliance
Lightning Source LLC
Chambersburg PA
CBHW071623270326
41928CB00010B/1755